대장경,
천 년의 지혜를
담은 그릇

대장경, 천 년의 지혜를 담은 그릇

글 ● 오윤희 전 고려대장경 연구소 소장

불광출판사

추천의 글

해인사 장경각에는 팔만여 장의 대장경 목판이 보존되어 있습니다. 언제 보아도 위엄이 넘칩니다. 고려 고종 19년 임진년(1232), 달단(몽고)의 군대가 부인사 장경각 앞에 닥쳤을 때를 생각해 봅니다. 장경각 안에는 팔만대장경의 두 배에 가까운 목판이 보존되어 있었습니다. 무지몽매한 달단의 무리들은 과연 어떤 생각을 했을까요? 아마 그들도 일본의 학자가 찬탄했던 대로, '공전(空前)의 위관(偉觀)'을 느꼈을 것입니다.

인간은 세 가지 종류의 '시간'을 산다고 합니다. 하나는 체력에 의존하는 개인의 생명인데 이것은 대개 10년 단위로 계산됩니다. 물론 100세 이상 사시는 분도 있지만, 대개는 10년 단위로 계산이 됩니다. 두 번째는 개인의 체력이 아닌 국력을 중심으로 한 나라의 시간입니다. 이것은 대개 100년 단위로 계산이 됩니다. 세 번째로는 1,000년 단위로 계산되는 시간인데, 그것은 바로 국력을 넘어선 문화의 힘 혹은 종교의 힘과 관련됩니다. 이러한 문화의 힘을 일러 '소프트 파워'라고 하고 국력은 '하드 파워'라고 합니다. 몽고의 침입으로 인한 고려의 국난은 무력을 토대로 한 '국력' 즉 '하드 파워'에 의한 것이었습니다. 그러나 우리는 그보다 더 긴 시간대의 힘인 '문화의 힘' 즉 '소프트 파워'로 이겨냈습니다. 당시에 고려에 쳐들어와서 감히 대장경을 불사른 몽고의 하드 파워를 지금은 어디에서 그 흔적이나마 찾아볼 수 있겠습니까?

오늘날 우리는 더 이상 '하드 파워'가 아닌 문화와 종교를 비롯한 '소프트 파워'에 의존하는 시대에 들어섰습니다. 개인의 체력이나, 무력에 근거한 국가의 국력을 넘어서는, 보다 크고 오랜 시간대를 관통하는 문화의 힘인 '소프트 파워'를 염두에 둘 때, 우리는 10년 단위로밖에 살지 못하는 존재를 벗어나 천년만년 억겁의 영원의 삶을 살 수 있게 되는 것입니다. 각각의 종교를 뛰어넘어 세속에서 백 년도 못 사는 인간들에게 만 년의 꿈을 줄 수 있는 것이 바로 종교를 초월한 '소프트 파워'라고 생각합니다.

고려대장경 천 년의 해를 여는 즈음에 선보이는 이 책, 이 안에 담긴 이야기들, 고려대장경이 아니었다면 영영 잊혀졌을 기억들, 천 년을 이어온 글자들에 담긴 기억들을 통해, 천년만년 억겁의 꿈을 함께 꾸어 가기를 바랍니다.

이어령 (전 문화부장관·〈중앙일보〉 고문)

이야기를 시작하며

장(藏)이라는 글자는 묘한 매력을 가진 글자다. 창고나 그릇이라는 뜻에서부터 시작해, 말의 무더기, 기억의 뭉치처럼 쓰이다가, 생각으로, 마음으로 번지는 듯하더니, 어느새 진리가 되고 세계가 된다. 그러다가 문득 '장(藏) 밖에는 아무것도 없다'는 생각으로까지 이어진다. 글자 하나에 이 세상 모든 것을 몽땅 다 담을 수 있고, 이 글자 하나로 세상 모든 일을 다 설명할 수 있다고 한다.

장(藏)이라는 글자는 불교의 기억이 한문으로 막 번역되기 시작하던 시절, 후한의 낙양에 온 인도 승려 축법란이나, 페르시아의 왕자 안세고가 번역했던 초기 문헌들 안에도 들어 있다. 얼추잡아 1900년의 세월이다. 이 글자가 걸어온 시간의 길이는 길고, 생각의 폭은 깊고 넓다. 우리는 아직도 1900년의 세월을 넘어, 이 글자를 읽기도 하고 인용하기도 한다. 글자는 변함없는 바로 그 글자이다. 1900년 전 페르시아 왕자가 골라 썼던 그 글자의 뜻과 지금 우리가 짐작하는 뜻은 과연 같은 것일까?

대장경을 생각하며 살아 온 지도 20년이 훌쩍 넘었다. 처음에는 '고려대장경을 전산화해 보면 어떨까' 하는 생각뿐이었다. 젊은 날의 치기로 장난처럼 시작했던 일이었다. 이때부터 장이라는 글자와의 인연이 시작됐다. 시간이 흘러, 고려대장경이나 한문 불전은 물론, 여러 언어로 번역된 숱한 불전들이 인터넷을 떠도는 시절이 왔다. 전산화라는 말도, 일도 무색한 처지가 되었지만, 저 글자가 품고 있는 생각의 깊이는 여전히 매력적이다. 오히려 이 글자를 싸고도는 의미들은 목판인쇄술의 시대보다 디지털 미디어나 인터넷의 시대에 더욱 잘 어울리는 듯도 싶다. 디지털 미디어 시대에 정보나 지식을 바다에 비유하는 일이 잦아지고 있지만, 해장(海藏)의 상상력은 멋에서나 뜻에서나 몇 수는 위라는 생각도 든다.

괄호 속에 묶여 있던 천 년 세상 밖으로 나오다

2천 년, 밀레니엄의 순간이 얼마쯤 지나서였다. 그때도 놀이처럼 습관처럼, 대장경에 대한 이야기를 읽고 있었다. 어느 순간, 고려초조대장경을 조성하기 시작했다는 시간(1011)이, 괄호 속에 갇혀 있던 숫자가 괄호를 벗어나, 종이를 벗어나 허공으로 솟아오르는 것과 같은 환상을 보았다. '아! 2011년이면 초조대장경 조성을 시작한 지 천 년이 되는구나. 고려대장경이 천 년의 생일을 맞는구나, 또 다른 밀레니엄, 고려대장경의 밀레니엄이구나.' 천 년의 순간은 그렇게 불쑥 찾아왔다. 천 년을 채우는 해, 2011년이면 뭘 해야 하나, 십 년도 아니고, 백 년도 아니고, 천 년인데, 뭔가 색다른 기념을 하긴 해야 할 텐데…. 그런 생각만 품은 채 한동안 시간은 흘러갔다.

　이것도 인연인지, 한참을 떠나 있던 고려대장경연구소로 돌아오는 계기가 생겼다. 그 무렵 고려대장경연구소에서는 일본 하나조노대학 국제선학연구소와 공동으로 '초조대장경 디지털화 사업'을 추진하고 있었다. 다른 일도 아니고 바로 그 천 년의 대장경이었다. 혼자서만 곱씹고 있던 천 년의 일, 그 일을 끄집어 낼 수 있는 절호의 기회라는 생각이 들었다. 하지만 일은 생각처럼 쉽지만은 않았다. 일은 많고 예산도 인력도 관심도 태부족. 일본과의 협력은커녕 소통조차 제대로 되지 않아 사업이 중단되어 있는 형편이었다. 그렇게 또 몇 년이 흘러갔다. 평생 처음으로 겪는 것 같은 어려운 일, 막막한 순간들이 이어졌지만 근근이 일은 풀려갔다. 2008년 초조대장경본 이천여 권에 대한 이미지 데이터베이스를 공개하면서, 비로소 참으로 기이한 인연이라는 생각이 들었다. 초조대장경이 천 년의 생일에 딱 맞추어 제 발로 뚜벅뚜벅 걸어 나오는 듯싶었다.

　천 년의 일이 알려지기 시작하고, 크고 작은 기념사업들이 꾸려지는 사이에도, 생각은 언제나 장이라는 글자를 맴돌고 있었다. 고려대장경을 조성했던 고려인들을 비롯하여, 광대한 지역의 아시아인들이 오랫동안 함께 꿈꾸어 왔던 장의 세계, 천 년의 일은 그렇게 많은 사람들이 공유했던 기억을 기념하는 일이어야 했다. 하지만, 생각을 서로 나누고 일을 도모한다는 게 말처럼 쉽지만은 않았다. 고려대장경이라는 이름만 해도 그랬다. 이 이름에는 언제나 국가나 민족, 종교와 같은 편견들이 개입하곤 했다. 천 년의 일은 그보다 훨씬 더 큰 일이었는데…. 답답했다.

    천 년이란 시간은 누구도 직접 체험할 수 있는 대상이 아니다. 알지도 못하고 맛볼 수도 없는 일을 기념할 수는 없다. 그런 맛을 증언해 줄 사람도 없고, 그저 이런저런 상상을 할 수 있을 뿐이었다. 그런 상상의 여정에서 열두 살의 왕자 승통, 대각국사 의천을 발견했다. 의천의 결집, 의천의 고려대장경, 의천의 천 년, 의천의 장, 이런 모든 것들이 의천 안에 담겨 있었다. 이를 빗대어 과거의 천 년, 현재의 천 년, 미래의 천 년, 이 세 가지 천 년을 그려 볼 수 있었다. 이런 상상 속에서 의천은 화려한 슈퍼 히어로였다. 그는 세 가지 천 년, 광대한 기억의 세계를 넘나들며, 미래의 후학들을 위해 큰 일을 성취했다. 천 년을 이어온 과거의 기억들을 천 년의 미래로 넘겨주는 일이었다.

대장경, 아시아 대륙을 망라하던 기억의 바다

 시간이 흐르면 모든 것이 변한다. 사람도 변하고, 세상도 변하고, 기억하고 소통하는 방식도 변한다. 시간의 흐름에 끊어짐이 없듯이, 기억을 전해 주는 일에도 끊어짐이 있어서는 안 된다. 기억이 끊기면 과거의 기억이 되고, 과거의 기억은 미래로 이어질 수 없기 때문이다. 전생의 석가모니가 노래 반 구절을 듣기 위해 절벽 아래로 몸을 던졌듯이, 숱한 사람들이 기억 한 조각을 찾아서 목숨을 걸고 사막과 설산을 넘나들었다. 대장경은 그들의 모험담이었다. 그들의 모험이 끊이지 않았기에 기억은 늘 생생할 수 있었다. 그리고 의천은 다시 좀먹어 가는 기억들을 되살려 미래로 전해 주었다. 그런 일이 의천의 일, 천 년의 일이었다.

　물론 이 모든 일을 의천 혼자서 다할 수는 없었겠다. 수천 수만이나 되는 좀먹고 찢긴 더러운 책장들, 수집하고 정리하고 교정하여 목판에 새겼던 사람들, 그 일을 후원했던 왕실과 조정, 멀고 가까웠던 스승들, 의천은 다만 그들의 상징일 뿐이다. 대장경 안에 담긴 이야기들, 석가모니로부터 시작된 숱한 사람들의 기억과 지혜들, 대장경은 그들 모두가 힘을 합해 만들어 낸 공동의 창작물이다. 천 년의 대장경, 고려대장경은 장경각에 갇혀 있는 과거의 문화재만은 아니다. 이천오백 년, 아시아대륙을 망라하던 기억의 바다이다. 기억에 대한 태도가 들어 있고, 기억을 다루던 기술도 들어 있다. 인류의 역사를 통틀어도 이런 일은 없었다.

　길고 넓은 이야기들, 한 번에 다할 수는 없다. 그런 이야기들을 제대로 꺼내 본 적도 없었고, 평가를 내려 본 적도 거의 없었다. 이 책만 해도 그렇다. 겨우 글자 한 개, 장이라는 글자, 2500년 불교의 역사, 광대한 기억의 바다를 흘러다니던 글자 하나를 싸고돌던 생각들. 그런 생각들에 기대어 꿈꾸었던 일들. 이십여 년의 몽상에 관한 단편적인 이야기들일 뿐이다.

　장에 대한 몽상은 살아 있는 기억에 대한 몽상이다. 살아 있는 기억을 산 채로 다시 천 년의 미래로 넘겨주기 위한 몽상이다. 우리가 써 가야 할 우리의 모험담이다. 리처드 도킨스(Richard Dawkins)는 생물학적 유전자, 진(gene)에 빗대어, 문화의 유전자 '밈(meme)'이라는 용어를 만들어 썼다. 아이티 강국을 자랑하는 미디어의 나라 한국, 우리 안에는 고려대장경이나 의천과 같은 밈들이 담겨 있다. 아니 우리가 살고 있는 세계가 바로 그런 밈의 바다, 큰 장(藏)이라는 편이 좋겠다. 디지털의 시대, 고려대장경의 나라에서 천 년의 해를 맞이하는 일은 그래서 의미심장하다. 고려대장경에 담긴 천 년의 기억, 천 년의 밈, 천 년의 몽상은 미래를 향해 열린 문이다. 천 년의 해는 그 문 안으로 들어가는 순간이고, 미래의 천 년이 새로 시작되는 순간이다.

    장에 대한 몽상, 천 년의 해를 맞아 우리 곁으로 다가온 천 년의 대장경, 그 일을 우리에게 넘겨준 분들에게 바치는 조촐한 헌사이기를 바랄 뿐이다. '대장경, 천 년의 지혜를 담은 그릇'이라는 제목에는 그런 뜻을 담았다. 아울러 길다면 긴 시간 몽상과 함께 살 수 있도록 참고 도와주었던 가족들에게 감사를 드린다.

2011년 정월, 오윤희

추천의 글 ● 004

이야기를 시작하며 ● 006

일러두기 ● 017

1. 장(藏) 이야기

대장경은 그릇이다 ● 020

아난이라는 그릇 – 다문장(多聞藏) ● 031

여래의 그릇 – 여래장(如來藏) ● 037

여래의 그릇에서 아난의 그릇으로 ● 041

삼장의 결집, 여래의 법장을 지킨다 ● 045

그릇을 깨라, 말씀을 받아내라 ● 050

또 다른 그릇, 성중의 기억 ● 056

모도잡아 다라니, 기억의 기술 ● 059

미래를 위한 설계 ● 066

성문장(聲聞藏), 보살장(菩薩藏), 그리고 대장경 ● 072

진화하는 그릇 ● 082

2. 대장경, 기억을 찾아가는 모험의 역사

구스리 바회예 디신돌 ● 090
한문대장경 ● 101
만국무쌍(萬國無雙)의 고려대장경 ● 113
태워 버려도 상관없는 물건 ● 122
고려대장경은 짝퉁이다 ● 127
숨은그림 찾기 ● 134
대장경으로 세계를 꿈꾸다 ● 141
오랑캐의 대장경 ● 156
고려 오장법사 ● 163
의천의 고려대장경 ● 179
천 년의 순간 ● 196
책을 찾는 여행 ● 205
대장경의 읽기, 쓰기 ● 212

3. 교정 이야기

고려교정각판장 ● 224

재조대장경 교정의 실태 ● 239

    1. 『교정별록』 ● 242

    2. 권말교정기 ● 246

    3. 행간 주석 ● 260

    4. 권차(卷次) – 함차(函次) 교정 ● 264

    5. 본문 교정 ● 268

    6. 표준화 ● 270

    7. 가독성을 높이기 위한 편집 ● 272

    8. 불필요한 정보의 삭제 ● 278

피휘결획의 비밀 ● 285

재조대장경의 목록 체계와 고려대장경의 꿈 ● 291

4. 천 년의 장(藏)

천하를 천하에 담는다 ● 300
천 년의 지혜를 천 년의 미래로 ● 307
디지털대장경 ● 312
바다 그릇(海藏) ● 324
연생(緣生)의 법에는 주인이 없다 ● 330
그릇에 대한 몽상 – 스토리지/메모리 ● 338
고무오리의 의미론 ● 346
도장 찍기 ● 357
꽃과 빛의 장(藏) ● 365
다만 그릇일 뿐 ● 370
마지막 이야기 ● 379

부록 『고려사』 초·재조대장경 조성 시기 대장경 관련 기사 ● 384
　　 亨_재조본 피휘결획의 사례 ● 386
색인 ● 393

대장경 찾기

- 대장경에서 인용한 문헌들은 경전명 옆에 알파벳과 숫자를 표기해 놨다. 이 번호는 영인본을 기준으로 각 행에 주어진 고유번호이다. 예를 들어『대반열반경(大般涅槃經)』권제40, K0105V09P0357b11L에서 'K'는 고려대장경 재조본의 경번호, 'V'는 영인본의 책수, 'P'는 쪽수, abc는 상중하의 단, 'L'은 줄번호를 가리킨다. 영인본을 찾아 볼 수도 있고 고려대장경지식베이스 사이트(http://kb.sutra.re.kr)에서 찾아 볼 수도 있다.

고려대장경에 포함되지 않은 문헌들 중에 'T'로 시작하는 번호는 일본의『대정신수대장경』을 가리키고, 'X'로 시작하는 번호는 일본의『만속장경』을 가리킨다. 'T'는 일본의 SAT 사이트(http://21dzk.l.u-tokyo.ac.jp/SAT/index.html)와 대만의 CBETA 사이트(http://www.cbeta.org/), 'X'는 CBETA 사이트에서 확인할 수 있다.

고려대장경 초조본과 재조본 이미지들은 지식베이스 사이트에서 확인할 수 있다.

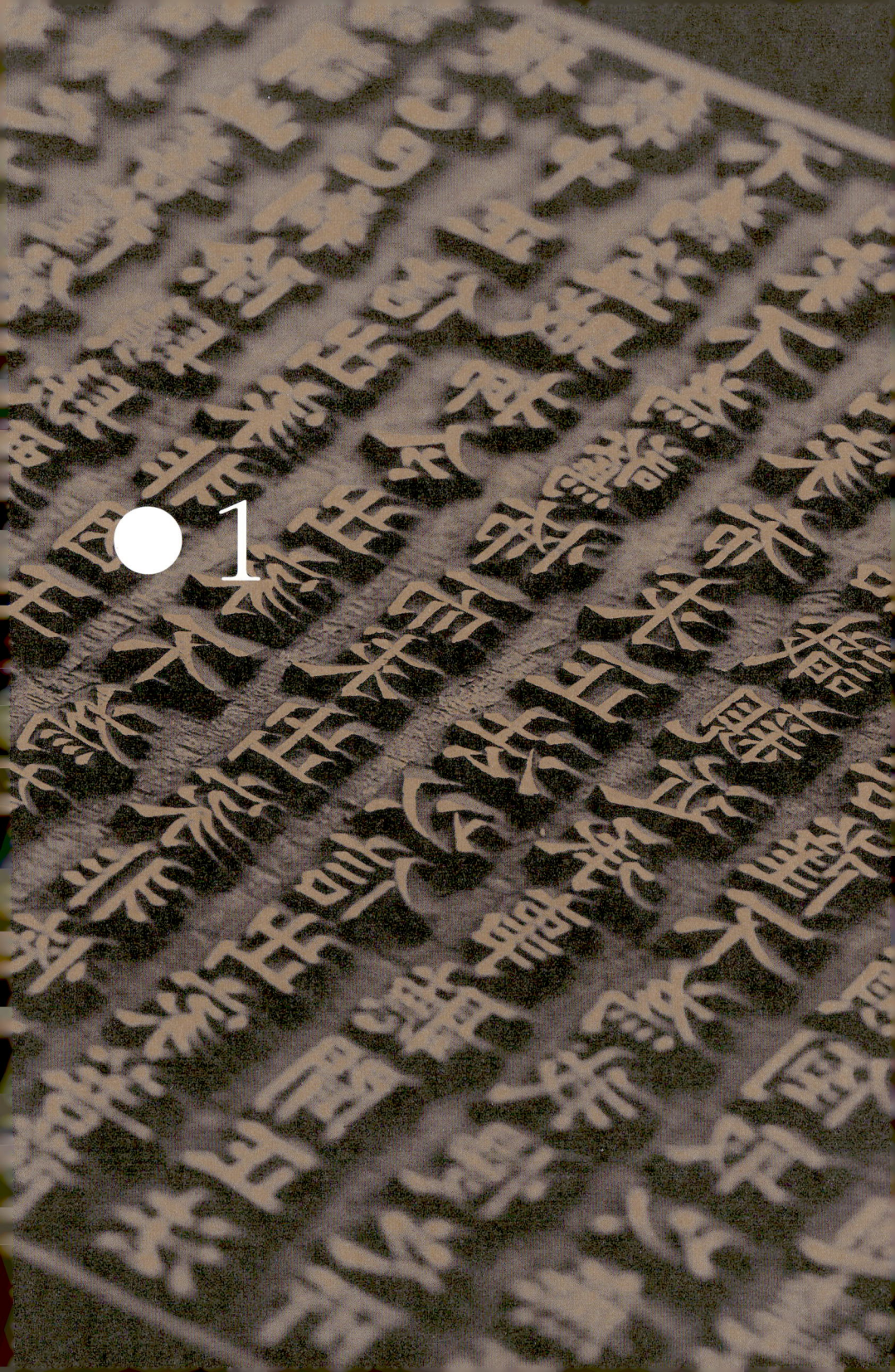

1

장(藏) 이야기

부처님이 열반에 든 이후, 불교는 동서남북 여러 곳으로 널리 퍼지게 되었다. 시간이 흐르고, 장소가 바뀌고, 숱한 사람들이 삼장을 얘기하면서 말씀의 크기와 종류들이 크게 늘어났다. 대장경에는 이런 얘기와 말씀들이 모두 담겨 있다. 시간이 흐르고 장소가 넓어지면서 조금씩 추가된 말씀들의 양이 오히려 이전 삼장의 분량을 훨씬 능가하게 되었다. 어찌 보면 당연한 일이겠다.

아무튼 대장경은 이 모든 얘기들을 통칭하는 표현이다. 대장경이라는 그릇에는 이전의 삼장은 물론, 시간으로 치자면 2~3천 년, 공간으로 치자면 아시아 전역을 아우르는, 오래되고 광범위한 말씀들, 말씀들에 대한 기억이 담겨 있다.

대장경은
그릇이다

> 금구옥설(金口玉說)은 본래 만들거나 망가뜨릴 수 있는 것이 아닙니다. 그 금구옥설이 담기는 곳은 그릇[函]입니다. 그릇이 만들어지거나 망가지는 것은 자연의 운수입니다. 망가지면 다시 만드는 것도 그런 까닭입니다. ●1

이규보가 지은 「대장각판군신기고문」이라는 글의 한 부분이다. 우리나라 고려대장경에 대한 얘기를 할 때 빠질 수도, 뺄 수도 없는 글이다. '대장경판을 새기면서 임금과 신하들이 함께 올린 기고문'이라는 말이다. 522 글자밖에 되지 않는 짧은 글이다. 양은 적어도 많은 내용을 함축해서 담고 있는 명문장이다. 고려 적에 만든 고려대장경, 우리가 알고 있는 대부분의 상식이 이 짧은 글에서 유래했다고 해도 과언이 아니다. 이 글 외에는 당시의 정황을 짐작할 만한 기록이나 증거들이

●1 이규보(李奎報), 「대장각판군신기고문(大藏刻板君臣祈告文)」, 『동국이상국집(東國李相國集)』권제25. 한국고전종합DB (http://db.itkc.or.kr)

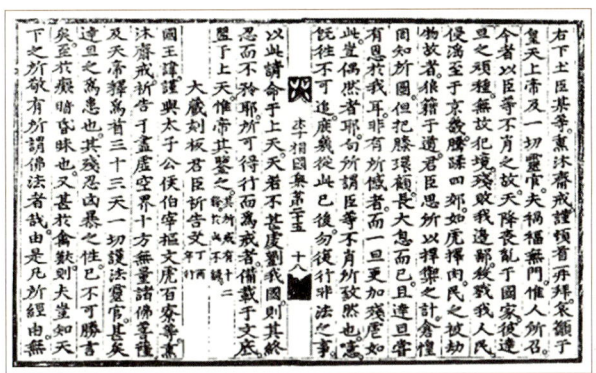

1-1 ● 대장각판군신기고문(한국고전종합DB)

거의 남아 있지 않기 때문이다.

이규보는 대장경●2을 '그릇'이라고 표현했다. 단순하고 명쾌하다. 대장경은 양도 많고 구성도 복잡하다. 그렇기 때문에 대장경을 정의하거나 설명하려다 보면 말도 많아지고 의견들도 분분해진다. 예를 들어 불경의 집성이나, 불교의 총서와 같은 정의들이 널리 사용되고 있지만, 대장경을 설명하기에는 뭔가 부족하고, 뭔가 들어맞지 않는 구석들이 남는다.

대장경은 그릇이다. 그리고 그 그릇에는 금구옥설이 담긴다. '금으로 된 입에서부터 나오는 옥 같은 말씀', 곧 부처님의 입과 그가 하신 말씀을 높여 부르는 표현이다. 부처님은 물론 석가모니라는 실존 인물이다. 보통 금구라는 표현으로 부처님의 가르침을 통칭하기도 한다.

●2 대장경: "[명사]〈불교〉불경을 집대성한 경전. 석가모니의 설교를 기록한 경장(經藏), 모든 계율을 모은 율장(律藏), 불제자들의 논설을 모은 논장(論藏)을 모두 망라하였다." 인터넷 포털 국어사전의 정의이다. 불경의 집성, 삼장의 집성이라지만, 불경과 삼장이 다르듯, 삼장과 대장경도 다르다는 점을 유념할 필요가 있다.

대장경은 부처님이 했던 말씀들을 담은 그릇이다. 이 간결한 문장 안에 대장경에 대한 많은 생각들이 담겨 있다. 이규보가 가진 생각이고, 당시 대장경의 편집자들이 가졌던 생각이다. 이 안에 불에 타 버린 대장경을 새로 조성하려는 까닭과 의도가 모두 담겨 있다. 그들은 대장경을 조성하는 일이 그릇을 새로 만드는 일과 같다고 생각했다. 그릇을 새로 만들고, 새로 만든 그릇에 말씀을 옮겨 담는 일이다. 말씀은 원래부터 있었다. 새로 만들거나 망가지는 것이 아니다. 망가지는 것은 다만 그릇일 뿐이다.

말씀은 비록 망가지지는 않지만 담을 그릇이 없다면 찾아 볼 수도 없다. 물을 담은 그릇이 깨지면 거기에 담겼던 물은 땅속으로 스며들거나 하늘로 증발하고 말 것이다. 그릇이 깨진다고 물 자체가 사라지는 것은 아니겠지만, 어쨌든 당장 마실 물은 없다. 말씀이야 어디엔가 남아 있겠지만 대장경이 없다면 내가 들을 말씀도 없다. '대장경은 그릇'이라는 단순 명쾌한 정의가 의도하는 것이 그런 것이다.

그릇은 물건이다. 언젠가는 망가지게 마련이다. 이규보는 이를 '자연의 운수'라고 표현했다. 대장경도 마찬가지다. 여기서 대장경은 글자를 새긴 목판을 가리킨다. 이것도 물건이다. 망가지게 마련이다. 그릇이 깨지면 새 그릇을 구하듯, 대장경이 타 버리면 새로 새기면 된다. 자연스러운 일이다. 자연스러운 일을 굳이 얘기하는 까닭은 그릇이 깨졌기 때문이다. 새로운 그릇을 준비해야 할 필요가 생겼기 때문이다. 금수만도 못한 달단, 곧 몽고군대가 침략하여 부인사에 소장되어 있던 대장경을 고스란히 태워 버렸다. 대장경은 나라의 큰 보배이다. 소중한 보배가 망가졌으니 후회해도 소용없고, 일이 어렵다고 미룰 수도 없다. 힘이 들어도 애를 써서 새로 만드는 수밖에 없다. 그것이 자연스러운 일이다. 이 글을 쓴 이규보, 위로는 임금과 아래로 백관의 신하들이 하고 싶은 말이다. 부처님과 성현, 삼십삼천에게 기원의 말씀을 고하는, 이를테면 기도문이다.

기원의 내용은 흉악한 달단의 무리가 물러가기를 바란다는 것이다. 대장경과 전쟁이 이렇게 해서 끊을래야 끊을 수 없는 인연을 맺게 되었다. 침략을 밥 먹듯 당하고 산 우리 민족만이 지닌 슬프기도 하고 이상하기도 한 인연이다. 이규보는 그 같은 기원의 전말을 다음과 같이 기록하고 있다.

> (대장경을) 처음으로 조성한 시말을 살펴보면, 옛날 현종 2년에 거란의 임금이 군사를 크게 일으켜 쳐들어오자, 현종 임금은 남쪽으로 피난을 갔습니다. 거란의 군사는 송악성에 주둔하고 물러가지 않았습니다. 이에 여러 신하들과 함께 큰 서원을 세워 대장경 판본을 새겨 완성시키겠다고 맹세하자 그 뒤에 거란의 군사가 스스로 물러갔습니다. 그랬으니, 대장경도 한가지이고 전후로 대장경을 새긴 것도 한가지이며, 임금과 신하들이 함께 발원한 것도 한가지입니다. 어찌 그때의 거란병만 유독 스스로 물러가고, 지금의 달단은 그렇지 않겠습니까? ●3

이 이야기가 전부이다. 여기서부터 초조대장경, 재조대장경, 두 차

●3 이규보(李奎報), 「대장각판군신기고문(大藏刻板君臣祈告文)」, 『동국이상국집(東國李相國集)』 권제 25. 한국고전종합DB(http://db.itkc.or.kr)

1-2 ● 해인사 장경각.
흔히 팔만대장경이라고 부르는 재조대장경이 보관되어 있는 곳이다. 재조대장경은 조선 초기까지 강화도 선원사에 보관되어 있다가 이곳 해인사로 옮겨졌다. 그 많은 경판이 어떻게 어떤 경로를 거쳐 강화도에서 해인사까지 옮겨졌는지는 아직까지 알려져 있지 않다.

ⓒ 하지권

례 대장경을 조성했던 역사와 거란과 몽고의 침략을 받았던 역사가 연결되기 시작했다. 대장경을 조성했던 원인이나 목적이 외적의 침략을 피하기 위한 것이었다는 주장이다. 현종 2년(서기 1011) 때는 조성을 시작하기도 전에, 맹세를 하자마자 외적이 저절로, 제 발로 물러갔다고 한다. 불심이 깊었던 고려시대 사람들에게는 감동스러운 이야기였을지는 몰라도, 우리 시대의 상식으로는 좀 무리가 아닌가 싶다. 대장경과 전쟁이 무슨 직접적인 상관이 있겠는가?

게다가 거란이나 달단도 그렇게 흉악하고 무지몽매한 자들만도 아니었다. 불심이 깊었고 나름의 대장경도 조성했던 나라들이다. 이규보는 '전후로 대장경을 새긴 것이 한 가지고, 발원도 한 가지'라고 한다. 그렇다면 거란이나 달단의 대장경, 그들의 발원은 또 뭔가? 해인사에 완전한 모습으로 보존되어 있는 팔만대장경, 바로 이규보의 기고문을 시작으로 조성되었던 고려 재조대장경이다. 이 안에는 거란이 새긴 대장경에 대한 언급, 단장(丹藏)이나 단본(丹本)과 같은 표현이 무수하게 등장하고 있다. 재조대장경은 초조대장경과 거란의 대장경, 북송의 대장경을 정교하게 대조하고 교정하여 조성한 이른바 교정대장경이기 때문이다.

1-3 ● 「환학품(幻學品)」이라는 제목 밑에 작은 글씨로 '단본(丹本)은 환인품(幻人品)'이라는 주석을 달아 놓았다. '단본'은 거란본 대장경을 가리킨다. 팔만대장경 안에는 이 같은 교정의 흔적들이 무수하게 남아 있다. ●4

1-4 ● 일본 교토 남선사에 소장되어 있는 초조대장경. 재조대장경과 모양이 같다.

●4 고려대장경지식베이스 http://kb.sutra.re.kr

대장경은 물론 성스러운 경전들을 포함하고 있고, 또 그 안에는 경전 자체에 대한 신앙심을 강조하는 내용들도 들어 있다. 지나가는 길에 불경을 스치기만 해도 그 공덕으로 천상에 태어난다는 그런 얘기들이다. 신앙심으로만 치자면 존경스러운 가르침으로부터 큰 도움, 가피를 기대할 수도, 심복할 수도 있겠다. 그렇다 해도 대장경을 새긴다고 외적이 제 발로 물러가지는 않는다. 마음속으로 간절하게 소망을 품을 수야 있었겠지만, 그런 소망만을 가지고 무턱대고 대장경을 새기지는 않았을 것이다.

아무튼 '대장경은 그릇'이라는, 이런 식의 정의는 이규보의 창작이 아니다. 대장경이라는 말 안에 이미 그런 뜻이 담겨 있다. 장(藏)이라는 글자가 그릇이라는 어원에서 비롯됐기 때문이다. 큰 대(大)자, 대장경은 말하자면 큰 그릇이다. 큰 그릇 안에 담긴 큰 말씀들이다. 대장, 곧 '큰 그릇'의 어원은 '세 개의 그릇' 삼장(三藏)에서 유래한 것이다. 손오공 이야기에 나오는 삼장법사를 통해 널리 알려진 바로 그 말이다. 불교는 지금의 인도 지역에 뿌리를 둔 종교이다. 삼장이니 법장이니 하는 말들도 모두 그 지역 언어를 한문으로 번역하는 과정에서 생긴 말들이다. 그 지역 언어라는 것이 산스크리트어나 팔리어 같은 언어들이다. 삼장은 트리피타카(Tri-pitaka)를 번역한 말이다. '트리'는 셋이라는 뜻이고 '피타카'는 광주리나 바구니와 같은, 무언가를 담는 그릇이다.

경은 수트라(Sūtra)를 번역한 말이다. 수트라는 실이나 끈을 가리킨다. 엮거나 짜거나 꿰기 위한 실. 여기서부터 '부처님의 말씀'이라는 뜻이 나왔다. 경(經)이라는 한자 또한 실을 가리키고, 성인이 남긴 말씀들을 가리키니 매우 적절한 번역이라 하겠다. 수트라라는 표현에는 실에 꽃을 꿰어 꽃다발을 만들 듯, 말을 꿰어 말다발을 만든다는 비유가 담겨 있다. 끈이나 실은 꽃을 꿰고, 묶고, 엮어 주는 수단이다. 피타카가 담는 그릇이었다면, 수트라는 또 다른 형태의 그릇이다. 모아진 상태를 유지시켜 주는 수단이다. 장(藏)으로 법(法)을 대변했듯이, 실로써 가르침을 대변한 것이다.

율은 비나야(毘奈耶 Vinaya)를 번역한 말이다. '없애다'는 뜻을 가지고 있다. 몸과 입, 생각으로 지은 잘못을 없앤다는 뜻이다. 계율에 관한 가르침들을 모아 놓은 것이다. 논은 아비달마(阿毘達磨 Abhidharma)를 번역한 말이다. '대법(對法)'이라고도 번역한다. '법에 대한 의논'이라는 뜻이다. 법이 가지고 있는 의미들을 해석하고 논의한다는 뜻이다.

어쨌건 꿰거나 담는 이유는 후세에 남겨 전하기 위한 것이다. 여기저기 흩어진 것을 모아 두기 위해서이다. 이것이 장의 목적이고, 장의 쓰임이다. 꿰거나 담지 않으면 흩어져 사라지기 때문이다.

그런데 이 대장경이라는 말 자체가 조금 어색한 표현이다. 대장경이라는 표현은 한자문화권에서 새로 만든 것이다. 불교가 중국 땅으로 전해지면서 말씀들이 한문으로 번역되기 시작했다. 그 사이에 삼장이라는 전통적인 표현이 대장경이라는 새로운 표현으로 바뀌게 되었다. 세 개의 그릇이 '큰 그릇'으로 바뀌었다는 말이다. 이 말이 어색하게 느껴지는 까닭은 무엇보다 경(經)이라는 글자가 들어가서 그런 것 같다. 경이라는 말은 삼장의 일부이고, 따라서 더 커진 대장의 일부이기 때문이다. 부분이 전체를 다시 대변하는 이름이 되었으니 어색할 수밖에 없다. 어쨌든 경이라는 글자 때문인지 대장경 그러면 대뜸 '불교의 경전'을 연상시킨다. 한걸음 더 나아가 기독교에는 성경이 있고, 이슬람교에는 코란이 있듯이 불교에는 대장경이 있다는 식으로 생각하는 사람들이 많다. 아예 대장경을 불교의 바이블이라고 이야기하기도 한다.

해인사 팔만대장경은 'Tripitaka Koreana'라는 표현으로 유네스코 세계문화유산에 등재되어 있다. 이 말은 더 어색하다. 고려대장경을 서구어로 번역하면서 만든 표현일 텐데, 트리피타카라는 범어에다 고려의 라틴어식 표현을 엇대어 놓았다. 뜻으로만 따지자면 '고려삼장'이 되겠다. 어쨌든 대구는 잘 맞아서 서양 사람들이 부르기는 편할지 몰라도 아무튼 이상하다. 무엇보다 삼장과 대장에는 거리가 있다. 삼장은 대장경의 일부분이고, 대장경에는 삼장이라는 그릇들, 그 범주 안에 담기기 어려운 수많은 문헌, 예를 들면 사전류·목록류·전기류·역사책·여행기, 심지어 이교도의 성전까지 다양한 문헌들이 포함되어 있기 때문이다.

부처님이 열반에 든 이후, 불교는 동서남북 여러 곳으로 널리 퍼지게 되었다. 시간이 흐르고, 장소가 바뀌고, 숱한 사람들이 삼장을 얘기하면서 말씀의 크기와 종류들이 크게 늘어났다. 대장경에는 이런 얘기와 말씀들이 모두 담겨 있다. 시간이 흐르고 장소가 넓어지면서 조금씩 추가된 말씀들의 양이 오히려 이전 삼장의 분량을 훨씬 능가하게 되었다. 어찌 보면 당연한 일이겠다.

아무튼 대장경은 이 모든 얘기들을 통칭하는 표현이다. 대장경이라는 그릇에는 이전의 삼장은 물론, 시간으로 치자면 2~3천 년, 공간으로 치자면 아시아 전역을 아우르는, 오래되고 광범위한 말씀들, 말씀들에 대한 기억이 담겨 있다. 대장경이라는 말이 삼장이라는 말에서 유래한 것은 틀림이 없지만, 대장경을 삼장, 트리피타카로 번역하는 데는 무리가 있다. 그래서 일본이나 중국에서는 서구어로 번역하지 않고, '다짱징(Da Zang Jing)'이나, '다이조쿄(Daizōkyō)'처럼 그냥 소리나는 대로 적기도 한다.

아난이라는 그릇
다문장(多聞藏)

아난 비구는 내 동생으로 내 일을 도와 준 지 20여 년 동안, 얻어 들을 수 있는 법(法)은 모두 다 받아 지녔다. 마치 엎지른 물을 한 그릇에 담는 것과도 같다. ●5

아난은 내 법을 담는 그릇이다. ●6

부처님은 아난을 그릇[器]이라고 부른다. 20여 년 동안 엎지른 말씀들을 모조리 주워 담은 그릇. 이규보가 가리킨 대장경은 목판이라는 그릇이다. 달단의 군대가 태워먹은 대장경은 초조대장경이다. 해인사에 있는 재조대장경은 팔만 장이 넘는 목판대장경이다. 당시 부인사에는 팔만대장경의 두 배쯤 되는 목판들이 보존되어 있었을 것이다. 과연 큰 그릇이다.

●5 『대반열반경(大般涅槃經)』 권제40. K0105V09P0357b11L.
●6 『증일아함경(增一阿含經)』 권제1. K0649V18P0313b10L

그런데 부처님은 아난을 그릇이라고 한다. 목판을 그릇이라고 하는 거야 그러려니 할만도 하겠지만, 사람을 그릇이라고 하다니. 하지만 따지고 보면 그럴 수밖에 없는 까닭이 있다. 당시는 목판인쇄술은커녕 종이도 문자도 없던 시절이었기 때문이다. 담을 수 있는 것은 오직 사람의 기억뿐이었다. 그래서 부처님은 그의 말씀을 아난에게 담아 두었다. 그 시절에는 스승의 가르침을 노래로 만들어 늘 외우고 부르고 다녔다. 굳이 노래로 만들었다기보다는 아예 처음부터 이야기를 노래라는 수단을 통해 나누었을 것이다. 부르기도 좋고 듣기도 좋았겠지만, 무엇보다 그 편이 기억하기가 편했기 때문이다. 늘 외우고 부르다 보면 노래도 그 노래가 담고 있는 가르침도 저절로 몸에 밴다는 이점도 있었을 것이다. 그래서 외우고 부르는 일을 '가르침을 받아 지닌다'고 표현했다.

그때 세존이 문수사리에게 말했다.
내가 성불한 지 이십 년이 지나 왕사성에 머무를 때였다. 그때 여러 비구들에게 말하기를 '여러 비구들이여, 이제 이 대중 가운데 누가, 나를 위하여 여래의 십이부경을 받아 지니고, 긴요한 일들을 좌우에서 챙겨주며, 그러면서도 자신의 일도 잃지 않을 수 있겠는가.'라고 했다. 그러자 교진여가 대중 가운데서 나와 내게 말했다.
'제가 십이부경을 받아 지닐 수 있으며, 좌우에서 챙겨드리면서도 제게 이로운 일도 잃지 않을 수 있습니다.'
'교진여야, 그대도 이미 늙어서 심부름할 사람이 필요한데, 어찌 나를 위해 시봉을 하려고 하는가?'

다시 사리불을 이어 오백나한들이 모두 자청하여 부처님 시봉을 들겠다고 했으나, 부처님이 모두 받아들이지 않았다.

부처님이 아난이라는 그릇을 선택하는 장면이다. 석가모니는 29세에 출가하여 6년간 수행을 거쳐 35세에 큰 깨달음을 성취했다. 다섯 비구를 위해 처음으로 가르침을 편 이후 20년이 흘렀다는 말이다. 그의 나이로 따지자면 55세가 되는 때이다. 그 나이에 부처님을 시봉할 시자, 급사를 뽑겠다고 한다. 세 가지 조건이 있다. 그 중에 첫 번째가 바로 부처님의 말씀을 모두 받아 지니는 일이다. 교진여·사리불·목련은 제자 중에서도 으뜸으로 치는 이른바 상수제자들이다. 순서대로 나서서 말씀을 받아 지니고, 좌우에서 부처님을 모시겠다고 한다. 이들은 물론, 오백나한들은 모두 그만한 자격을 갖춘 분들이다. 이들은 크건 작건 나름대로 제자들을 거느린 승단의 스승들이다. 그러나 부처님은 이미 아난을 마음에 두고 있었다.

아난이 부처님의 그릇이 될 수 있었던 까닭은 20여 년 동안 흘린 물을 한 방울도 빠짐없이 모두 받아 담고 있을 만큼 그릇의 재질이 출중했기 때문이다. 부처님은 그 재질을 칭찬하면서, 20여 년 동안 숱한 경전을 설하였지만, 아난은 한 번 들으면 두 번 묻는 법이 없었다고 한다. 딱 한 번 예외가 있었다.

예전 유리태자가 부처님과 아난의 고향 가비라성을 침략하여 친족들을 무참히 살육한 적이 있었다. 그때 아난은 슬퍼서 대성통곡을 했다. 그리고 부처님에게로 와서 물었다.

"우리 고향이고 한 종족인데, 왜 부처님의 안색에는 변함이 없고, 왜 저는 이리 초췌합니까?"

"나는 공(空) 삼매를 수행하기 때문에 너와는 다르다."

이로부터 삼 년이 흘러 아난이 다시 와서 물었다.

"제가 예전 가비라성에서 여래께서 공 삼매를 수행하신다고 들었는데 그게 사실입니까?"

"그렇다 아난아, 네 말과 같다." ●7

전쟁이 나고 살육이 벌어지고, 친족들이 죽어나가는 마당이다. 단 한 번의 예외는 그런 비상시국에 있었던 일이다. 부처님이야 초연할 수 있었는지 몰라도 아난에게는 아무래도 무리였던 모양이다. 아무튼 이십여 년 동안 아난은 이 일을 제외하고 한 번 들은 얘기에 대해 두 번 물은 적이 없었다고 한다.

그만큼 아난은 좋은 그릇이었다. 그에 걸맞게 부처님도 최고의 찬사를 아끼지 않는다. 물론 아난의 기억력이 그만큼 뛰어나기 때문이겠다. 수많은 제자들 중에서 '총명제일'로 꼽혔던 아난이었다. 그러나 기억력만 가지고 할 수 있는 일이 아니다. 집중도 해야 하고 판단도 해야 한다. 담는다는 일은 일방적인, 수동적인 일만은 아니다. 받아서 담아야 하듯, 능동적인 작용이 더해져야 한다. 부처님은 아난이라는 그릇의 덕성을 여덟 가지로 요약했다.

●7 『대반열반경(大般涅槃經)』 권제40, K0105V09P0356c21L

첫째, 믿음의 뿌리가 단단하다.

둘째, 그 마음이 소박하고 바르다.

셋째, 몸에 병의 고통이 없다.

넷째, 늘 부지런히 정진한다.

다섯째, 외우려는 마음을 갖추었다.

여섯째, 마음에 교만함이 없다.

일곱째, 정(定)과 혜(慧)를 성취했다.

여덟째, 들은 것으로부터 지혜를 얻는 능력을 갖추었다.

이것이 아난이라는 사람의 덕성이요, 그릇으로서의 기능이며, 특성이요, 장점이다. 말씀을 듣고 잘 기억하기 위해서는 기억력도 중요하지만 몸도 튼튼해야 하고 말씀을 있는 그대로 받아들이려는 마음자세도 있어야 한다. 말의 조리를 제대로 이해하고 순서를 잃지 않는 능력도 갖춰야 한다. 그래야 들은 그대로를 빠뜨리지 않고 주워 담을 수 있기 때문이다.

아난은 이렇게 많은 장점을 골고루 갖춘 그릇이었기 때문에 20여 년 간 부처님을 시봉하면서 들은 말씀들, 경전들을 한 방울도 흘리지 않고 받아 담고 지닐 수 있었다. 부처님은 이후로도 25년간 가르침을 계속 폈다. 그리고 그 25년 동안 아난은 엎지른 물을 하나도 남김없이 주워 담듯이 가르침을 기억했다.

아난의 지혜가 깊고 오묘하며, 총명하고 근기가 날카로워서 내가 이제까지 얘기한 법장(法藏)을 아난이 빠짐없이 기억하여

지녀서 잊어버리지 않았다. ●8

　부처님의 급사로서 그릇의 기능을 한 것이 이후 25년간이라는 말이다. 그러나 아난은 급사가 되는 조건으로 이전의 가르침, 이전의 기억들을 모두 전수해 주기를 바랐다. 아난의 기억은 이전 이십 년, 나아가 깨닫기 이전, 불교식으로 보자면 전생의 일에까지 미치고 있다.

●8　『대반열반경(大般涅槃經)』 권중. K0652V19P0170b07L

여래의 그릇
여래장(如來藏)

부처님이 아난을 그릇으로 선택한 시기는 설법을 시작한 지 20년이 되던 때였다. 이 무렵까지 부처님에게는 그릇도 없었고 급사도 없었다. 사람들이 있는 곳이면 사람들의 능력에 맞춰 얘기를 했고, 가르침을 주었다. 그런데 갑자기 왜 급사가 필요했고 그릇이 필요하게 된 것일까?

20년 동안 부처님이 한 일은 말씀을 흘리고 다니는 일이었다. 그 무렵에도 '담는 일'에 대한 얘기들은 있었다. 하지만 의미가 조금 달랐다. 장(藏)이라는 글자에는 여러 가지 뜻이 있다. 흔히 '감출 장'이라고 하듯이 감추어서 쌓아 둔다는 뜻으로 많이 쓰인다. 천자문에 나오는 추수동장(秋收冬藏), 가을에 거두고 겨울엔 감춘다는 뜻, 그래서 장은 저장한다는 동사로부터 저장해 두는 창고와 같은 명사의 의미로 널리 쓰였다.

"선남자야, 비유하자면 여름날 큰 구름과 우레가 일어, 큰 비가 내려 농부들로 하여금 씨를 심어 많은 과실을 얻게 해 주는 것과 같다. 씨를 심지 않은 농부는 과실을 얻을 수 없다. 과실을 얻지 못하는 것이 용왕의 잘못은 아니다. 이 용왕도 마찬가지로 감추고 있는 것이 없다. 지금의 나 여래 또한 이와 같이 『대열반경』이라는 가르침[法]의 비를 내려준다. 만일 여러 중생들이 좋은 씨를 심는다면 지혜의 과실을 얻을 수 있다. 좋은 씨가 없다면 과실을 얻을 수 없다. 과실을 얻지 못하는 것이 여래의 잘못은 아니다. 부처여래는 감추고 있는 것이 없다."

가섭이 다시 말했다.

"제가 이제 여래 세존께선 비밀로 감춘 것[秘藏]이 없다는 사실을 분명히 알았습니다." ●9

이처럼 부처님도 제자들 앞에서 자주 '나는 감추어 쌓아 둔 것이 없다[無所藏積]'는 말을 하곤 했다. 돈 많은 부자들처럼 몰래 쌓아 놓고 감춰 놓은 것이 없다는 말이다. 물론 물질적인 보물이 아니다. 비밀이 없다는 뜻이다. 알고 있는 것은 남김없이 모두 얘기해 준다는 뜻이다. 20년 동안 부처님이 해온 일이 바로 그런 일이었다. 부처님 안에 들어 있던 말씀들, 안에 담고 있던 얘기들, 그런 것들을 법[法]이라고 한다. 남김없이 숨김없이 흘리는 일이었다. 물론 고통에서 허덕이는 중생들을 가엾이 여겼기 때문이다. 가르침을 통해 고통에서 벗어나게 해 줘야

●9 『대반열반경(大般涅槃經)』 권제5. K0105V09P0038c06L

겠다는 자비심 때문이었다.

그런 말씀들은 부처님으로부터 나오는 것들이다. 부처님 안에 담겨 있고 감춰져 있던 것들이다. 그것 또한 그릇이고 창고이고 장이다. 부처님을 부르는 말 중에 여래(如來)라는 말이 있다. 깨달음을 성취한 채로 중생들에게 잘 오셨다는 뜻이다. 그래서 그것을 '여래의 법장(法藏)'이라고 부른다. 여래가 가진 보물창고, 가르침의 창고이다. 부처님이 하는 말씀들이 법이고 가르침이기 때문이다. 그런 가르침은 부처님의 말의 창고, 법의 그릇으로부터 나온다. 그 안에 담겨 있는 법의 총체, 그동안 하고 다녔던 말씀들을 통칭하는 표현이다. 가르침을 편다는 것은 여래의 장, 여래의 창고를 열어젖히는 일이다. 창고를 열고 그 내용을 남김없이, 감춤없이 제자들에게 건네주는 일이다.

그런 일을 해온 지 20년, 부처님은 다시 담는 일에 주목한다. 20년간 그릇을 열고 꺼내어 주는 일에만 몰두했던 부처님이다. 이제는 그 말씀들을 다시 담아 두려고 한다. 흘리는 말씀 하나 하나를 기억해 두라고 한다. 그릇이 필요하고 담는 일이 필요한 까닭은 보존하여 남겨 두려 하기 때문이다. 살아서 부처님의 가르침을 직접 들은 제자들은 그 일을 모두 생생하게 기억하고 있다. 나름대로의 그릇에 나름대로의 기억들을 담아 두고 있다. 아난을 선택하여 말씀들을 남김없이 기억하도록 하는 까닭은 그 목적이 미래에 있기 때문이다. 미래의 중생들, 부처님의 가르침을 직접 들을 수 없는 중생들을 위한 배려이다. 이런 얘기는 앞으로 차차 해 가도록 하겠다.

아무튼 아난이 그런 일을 담당할 재목으로 뽑혔다. 새로운 그릇에 옮겨 담는 일이다. 여래의 그릇, 부처님의 그릇으로부터 아난의 그릇으로 말씀과 기억을 옮기는 일이다. 그 일이 이후 20여 년간 지속된다. 이규보의 그릇, 그릇의 역사, 옮겨 담는 일의 역사, 그 긴 얘기가 여기서부터 시작된다.

여래의 그릇에서
아난의 그릇으로

 부처님의 창고, 부처님의 그릇은 한약방에 가면 볼 수 있는 약장을 닮았다. 부처님은 가르침의 기능을 의사의 역할에 비유한다. 응병여약(應病與藥), 병에 따라 약을 주는 일이라고 했다. 의사는 병을 치료하기에 앞서 환자의 병을 알아야 한다. 그 후 치료 방법을 선택하여 약을 지어 준다. 약의 재료들은 빽빽하게 구분된 약장 안에 들어 있다. 감초처럼 많이 쓰는 약재는 큰 서랍 안에, 귀한 약재들은 작은 서랍 안에 종류별로 분류가 되어 있다. 병에 따라 치료 방법에 맞춰 서랍을 열고 약재들을 꺼내어 약을 짓는다.
 부처님이 했던 일이 그런 일이다. 약장을 열어 약을 지어 중생들에게 주는 일이다. 중생들의 고통을 진단하고 생각과 말을 골라 가르침을 조제한다. 그렇게 환자에 맞춰 조제된 가르침, 맞춤 가르침은 환자들의 고통을 치유하여 깨달음으로 인도한다. 그래서 부처님의 말씀, 그 안에 담긴 생각, 부처님의 법은 계획된 것이고 정제된 것이다. 여래의 약장 안에는 귀한 약재들이 즐비하지만 감춰둔 약재는 없다. 여래의 약장은 중생들을 위해 열린, 공개된 창고이기 때문이다. 약을 아끼지도 않지만 치료를 멈추지도 않는다.

 그렇게 20년을 불철주야 치료에 매진했다. 그러던 어느 날 문득 흘리고 다니던 말씀들을 담아 둘 그릇을 찾게 된 것이다. 예전에 했던 이야기들, 앞으로 하게 될 이야기들, 그런 이야기들을 모두 담아서 정리해 두기를 바란 것이다. 이유는 하나, 시간이 흘러 나이를 먹고 몸이 쇠약해지기 시작했기 때문이다. 여래의 약장을 열어 약을 짓고 병을 치료하는 일이 천년만년 무한히 이어질 수 없기 때문이다. 의사가 사라지면 치료도 사라진다. 약장도 사라지고 약장 안에 담겨 있던 약재들도 뿔뿔이 흩어져 버린다. 부처님이 걱정했던 일이 바로 그런 일이다. 언젠가 열반에 들 때가 올 것이다. 부처님의 그릇이 깨지는 때이다. 부처님의 그릇이 깨지면 말씀과 가르침도 함께 사라질 것이다. 그래서 부처님의 말씀을 담아 둘 그릇이 필요하게 되었다. 의사가 떠나도 약장과 약재가 건재하다면, 의사가 조제하던 처방들이 남아 있다면, 치료도 계속될 것이고 덕분에 중생들은 건강한 삶을 살 수 있을 것이다.

 그때에 세존이 아난에게 고하여 말씀하셨다.
 "너는 고통스러워하면서 '하늘과 사람의 스승께서 열반에 들게 되면 이제 다시는 해탈할 기약이 없다.' 이런 말을 해서는 안된다. 왜냐하면 내가 이야기했던 모든 법장(法藏)을 내가 열반에 든 이후에도 생각하고 받들어 지켜, 부지런히 수행 정진하면 머지않아 반드시 해탈하게 될 것이기 때문이다." ●10

●10 『대반열반경(大般涅槃經)』 권중. K0652V19P0170c12L

부처님이 열반에 들려고 하자, 누구보다 아난의 슬픔이 컸다. 원래부터 여린 성격에다가 20여 년 동안 가장 가까이서 부처님을 모셔왔기 때문이다. 게다가 같은 석가족 출신에 가까운 친족 사이이다. 이런 아난에 대해 부처님도 애틋한 마음을 가지고 있었던 것 같다. 공식적인 자리에서도 아난을 간혹 '내 동생'이라고 부르기도 했다. 아난은 슬픔에 겨워 나무 밑에서 하염없이 눈물만 흘렸다. 그런 아난을 불러다 타이르는 말씀이다. 그릇이 그릇으로서 감당해야 할 기능이다. 말씀을 담아 두었던 아난의 역할이다. 가르침을 전해 주던 스승이 사라진 이후에도 가르침과 깨달음, 해탈의 길은 사라지지 않는다. 그 말씀의 기억들이 아난이라는 그릇 안에 차곡차곡 담겨 있기 때문이다.

이것이 열어서 흘리는 일과 모아서 담는 일의 차이이다. 부처님이 하는 일과 아난이 하는 일의 차이. 부처님은 흘리고, 아난은 담는다. 그러는 까닭은 열반 이후를 준비하기 때문이다. 부처님의 그릇으로부터 흘러나온 말씀들을 아난이라는 다른 그릇에 옮겨 담는 일이다. 그리고 그 일은 부처님의 그릇, 부처님의 몸이 망가질 때를 예비하기 때문이다. 부처님이 열반에 들면 아난의 그릇에서 퍼내 쓰면 된다.

> 사람은 비록 평범하지만, 법(法)은 부처님과 같다. 마치 병에 들어 있는 물을 전해 주는데, 흘린 물을 다른 그릇에 담는 것과 같다. 병은 비록 다르지만 흘리는 물은 한가지이다. ●11

●11 연수(延壽), 『종경록(宗鏡錄)』 권제2, K1499V44P0009c16L

그릇이 만들어지고 망가지는 일은 자연의 운수이다. 이규보가 하고 싶었던 얘기와 똑같은 얘기이다. 그릇은 망가져도 옮겨 담을 그릇이 있다면 말씀과 기억은 영원히 보존될 수 있다. 아난에게 타이르는 말의 뜻이 그것이다. 그릇으로서의 역할에 충실해라. 법의 그릇, 법장을 지켜라. 그게 자연스러운 일이다.

삼장의 결집,
여래의 법장을 지킨다

사부대중 돌아보고 허공을 우러르니 슬픔에 겨워 눈물을 뿌리네
문득 온화한 안색으로 빛을 뿜으니 아침 햇살처럼 중생들을 비추고
미륵이 빛을 보니 제석과 범천도 따라서, 정신을 수습하여 무상법 듣기 기다리네
사부대중 고요하게 한마음으로 법을 듣고 어지럽지 않길 바라네
존장 가섭과 성스러운 대중들 얼굴을 직시하며 눈도 깜짝하지 않네 ●12

아난이 법상에 올라 이제 막 돌아가신 부처님의 유훈에 따라 생전에 했던 가르침들을 결집하려는 바로 그 순간이다. 『증일아함경』에 나오는 구절이다. 불경의 화법은 대단히 시각적이다. 한 구절씩 따라 읽

●12 『증일아함경(增一阿含經)』 권제1. K0649V18P0313b18L

다 보면 저간의 장면이 저절로 눈앞에 떠오르는 듯하다. 장면을 한번 따라가 보도록 하자.

　사부대중이 둘러 앉아 있다. 한쪽에는 역시 부처님의 유훈에 따라 승단을 이끌게 된 가섭과 고명한 대덕들이 모여 있다. 게다가 도솔천에서 미륵이 내려오고, 제석천과 범천왕까지 한 자리에 모였단다. 그들은 모두 숨을 죽이고 혹시 한 마디라도 놓치지 않을까 노심초사, 뚫어져라 아난의 얼굴, 아난의 입만을 바라보고 있다. '눈도 깜짝하지 않고', 『증일아함경』에 나오는 게송, 결집의 순간을 노래로 만들어 부른 사람은 그 순간을 그렇게 얘기했다.

　그 앞자리에 아난이 법상에 올라 있다. 부처님이 생전에 했던 가르침들, 그 가르침들을 모두 기억하고 있는 아난이다. 이제 대중 앞에서 기억들을 하나하나 암송해 들려줘야 한다. 하지만 대중을 돌아보고 허공을 보고, 슬픔에 겨워 눈물을 거둘 도리가 없다. 아난은 부처님이 열반하리라는 것을 안 이후로 눈물을 거둬 본 적이 없었다. 오히려 석존과 주위 대중들이 모두 아난을 걱정했다. 아난은 그런 사람이다. 그런 아난을 보고 앉았던 대중들의 마음은 어땠을까? 슬펐을까 답답했을까?

　그런 그가 정신을 한번 돌이키니 다른 사람이 된다. 안색은 따뜻하고 광명이 비추는 듯하다. 그 빛이 사부대중을 모두 비추고 미륵과 제석, 범천왕에게까지 미친다. 이제 그는 스승을 먼저 보내고 슬픔에 겨워 흐느끼는 약한 존재가 아니다. 그 입을 통해 부처님의 사자후가 다시 울려퍼진다. 부처님이 오래전부터 준비해 둔 일이다. 부처님이 믿었고 대중이 간절히 바랐듯이, 아난은 당당하고 밝은 빛으로 기억을 풀어 놓기 시작한다.

"간곡히 아난에게 발언하길 청하여, 여래의 가르침 사라지지 않게 하네."

아난이 눈물을 머금고 자리에 오른 까닭은, 가섭과 대중은 물론 심지어는 미륵과 범천, 제석과 사천왕 등이 모두 간곡하게 부탁을 했기 때문이다. 일은 순탄하게 흘러간다. 아픔이야 있지만 스승을 잃은 자연스런 아픔이다.

>아난이 끝도 없이 경을 설하니
>누구라 한꺼번에 기억할 수 있으리
>내 이제 마땅히 세 가지로 분류하고
>열 가지 경전을 한 노래로 부르리
>경전이 한 부분, 계율이 둘째 부분, 아비달마 셋째 부분
>과거 부처님도 셋으로 나눴으니, 경률론 삼장이라
>경전은 마땅히 네 단으로 나누리니
>첫째는 증일아함, 둘째는 중아함,
>셋째는 장아함 영락이 무성하고, 잡아함경은 마지막 네 번째
>아난 존자 생각하니 여래의 가르침 망가지지 않겠네. ●13

눈물이나 질질짜던 아난이 아니다. 기억은 쏟아져 나오지만 치밀하고 주도면밀하다. 많이 듣고 총명한, 좋은 그릇, 아난의 진면목이

●13 『증일아함경(增一阿含經)』 권제1. K0649V18P0313b23L

1-5 ● 화성 용주사 삼세불화 부분. 단원 김홍도의 그림이다. 왼쪽이 아난, 오른쪽이 가섭이다. 부처님 당시는 책이 없던 시절인데 아난이 책을 들고 있는 모습이 특이하다.

다. 이렇게 단계별로 경전을 결집하고 계율과 아비달마, 곧 논장도 결집을 마친다. 『증일아함경』의 이야기에 따르면 아난과 가섭이 결집의 두 축이다. 부처님이 아난에게 '내 법을 네게 맡긴다'고 선언한 지 20여 년, 아난은 부처님의 법장이었다. 하지만 말년에 말씀을 바꾸신다. 느지막이 큰 무리를 이끌고 승단에 들어온 가섭에게 똑같은 선언을 하신다. 『증일아함경』에서는 가섭이 지혜와 안목을 갖추었기 때문이라고 한다.

가섭은 부처님이 열반한 이후의 일을 책임질 실질적인 승단의 책임자이자 최고 지도자이다. 여기에는 유명한 일화가 전해 온다. 이른바 '분반좌(分半座)', 부처님이 자신의 자리를 가섭에게 나누어 주었다는 말이다. 부처님의 자리는 법을 설하는 자리이다. 법을 설하는 자리를 나누었다는 것은 법을 나누었다는 의미가 있다. 이 일을 계기로 승단 내에서 가섭의 지위는 절대적인 권위를 지니게 된다.

지혜와 안목을 갖춘 가섭과 여래의 그릇 아난이 힘을 합해 말씀과 기억을 결집했다는 것이다. 그렇다면 아름답고 좋은 일이다. 하지만 이와는 전혀 딴판인 이야기들도 있다. 훨씬 더 고통스럽다. 갈등이 있고 다툼이 있다. 가섭과 아난의 갈등과 아픔이다.

그릇을 깨라,
말씀을 받아내라

대가섭이 아나율(阿那律) 가전연(迦栴延)과 함께 의논하였다.
"아난이 부처님을 따른 지 가장 오래되어 혼자만이 부처님을 가까이 모셨습니다. 부처님께서 가르침을 널리 펴셨지만 아난은 모두 기억하여 작은 일이라도 모르는 것이 없습니다. 아난으로부터 법과 계율을 받아 자세하게 기록해 두는 것이 좋겠습니다. 아난은 아직도 공부를 하는 사람이어서 탐내는 마음이 남아 묘한 말씀들을 감추고 모두 이야기하지 않을까 걱정이 됩니다."
비구 스님들이 말했다.
"반드시 깨뜨려서 무너뜨려서 말씀들을 받아내야 합니다. 자리를 하나 높이 설치하고 여러 아라한들이 모여서 비구 스님들로 하여금 자세하게 따져 물어야 합니다. 위아래가 경전의 요점들을 물어봄으로써 성실한 이야기를 들을 수 있을 것입니다." ●14

●14 『불반니원경(佛般泥洹經)』 권하. K0653V19P0203c11L

대가섭과 아나율이 함께 비구 스님들에게 알렸다.

"불경을 결집하여 4아함경이라고 부르려고 합니다. 아난이 부처님을 따라다니면서 혼자 친밀하게 모셨습니다. 부처님은 중생들이 음탕하고 무도하기 때문에 아함경 한 부를 지으셨고, 흉폭하고 패역하기 때문에 아함경 한 부를 지으셨습니다. 어리석고 바른 법에서 멀리 떨어져 있기 때문에 아함경 한 부를 지으셨고, 부모님께 불효하고 현명한 스승을 따르지 않으며 부처님의 은혜를 받고도 보답할 생각을 하지 않기 때문에 아함경 한 부를 지으셨습니다."

사문의 대중들이 말했다.

"4부아함은 오직 아난만이 알고 있습니다. 당연히 아난으로부터 나와야 합니다. (중략) 이전의 일을 가지고 아난을 질책해야 합니다. 아난을 높은 자리에 앉히고 현명하신 대중들이 아래에서 경에 대해 질문을 해야 합니다." ●15

앞의 이야기와는 판이하게 다르다. 결집에 앞서 당시 승단을 대표한다는 거물들이 모여 공모를 했다고 한다. 결집이 아난의 의지와는 아무 상관없이 이들의 공모에 의해 계획적으로 진행되었다는 말이다. 물론 앞에서 소개한 이야기에서도 이들의 간곡한 청에 의해 아난이 결집에 나서게 되었다고는 한다. 하지만 이 『불반니원경(佛般泥洹經)』의 내용은 간곡히 청하고 마지못해 응락하고 뭐 이런 아름다운 이야기가 아니

●15 『불반니원경(佛般泥洹經)』 권하. K0653V19P0203c22L

다. 무엇보다 아난에 대한 강한 불신감을 밑에 깔고 있기 때문이다.

첫째, 아난만이 유독 부처님과 오랫동안 친밀하게 지냈기 때문에 다른 사람들은 알지 못하는 기억들을 배타적으로 독점하고 있다. 은장묘어(隱藏妙語), 곧 묘한 말씀들을 몰래 감추고 있다.
둘째, 아난은 비록 많은 말씀을 들어 기억하고는 있지만, 아직 수행이 모자란 사람이기 때문에 욕심이 남아 있다.
셋째, 그렇기 때문에 부처님에 대한 기억, 말씀에 대한 기억들을 순순히 풀어 놓지 않을 것이다.
넷째, 아난이 감추고 있는 기억들을 듣기 위해서는 특별한 방법을 쓰지 않으면 안 된다.
다섯째, 그런 특별한 방법에는 승단의 원로들은 물론, 대중 모두가 함께 대처를 해야 한다.

승단의 거물들이 공모한 내용이다. 이들은 합의 하에 이를 실천에 옮긴다. 먼저 대중들에게 아난의 허물과 의심을 공개하고, 대중들의 동의를 구한다. 그리고 대중들도 적극적으로 공모에 참여한다. 그렇게 공모하여 내린 결론은 우리가 아는 두타제일의 인격자, 대가섭이 했다고는 믿어지지 않을 정도로 천박해 보인다. 어리석은 아난 하나를 두고 벌이는 왕따놀음 같기도 하고, 아무튼 수행자들이 하기에는 조금 비겁해 보이기까지 한다. 아무리 목적이 고상하다고 해도 말이다.

위에 인용한 글 중에 '깨뜨리다'라는 표현을 사용했다. 이는 '궤(詭)'라는 글자를 번역한 것이다. 솔직히 이게 올바른 번역인지 확신이

가지는 않는다. 자전에는 '속이다, 윽박지르다, 무너뜨리다'는 등의 뜻이 나온다. 문맥으로 보아 뭔가 억지를 써서라도 아난 속에 담긴 말씀을 받아내야 한다는 뜻인 것 같다. 어떤 뜻이건 간에 뭔가 음흉스럽고 부정적인 냄새를 풍기는 글자임에는 틀림없다. 아난이라는 사람은 그냥 좋게 상대해서는 안 될 사람으로 단정짓고 있다. 정상적으로 얘기를 해서는 말이 통하지 않을 것이기 때문에 뭔가 극단적인 수단이 필요하다는 것이다.

대중들이 찾아낸 방법은 요즘의 청문회와 비슷한 것이다. 모든 대중을 소집하고 아난을 가장 높은 자리에 모신다. 아난을 높이 모시는 명분은 부처님의 말씀을 대변하기 때문이란다. 마지못해 자리에 오른 아난에게 대중들은 질문을 하기 시작한다. 말씀에 대한 질문에 들어가기 전에 먼저 아난이 과거에 지었다는 일곱 가지 잘못에 대해 질책을 시작한다. 예를 들어 부처님은 좀 더 오래 사실 의향이 있었는데 아난이 이를 의도적으로 무시하고 오래 사시길 부탁드리지 않았다는 것이다. 아난이 부탁을 드렸으면 부처님께서 이처럼 일찍 열반에 드시지 않았을 거라는 얘기다. 무서운 말이다. 속된 말로 '애비 잡아 먹은 놈', 뭐 그런 막말이 아닐까 싶다. 가섭과 큰스님들, 그리고 대중들이 아난 한 사람을 높이 올려놓고 이구동성 그런 무시무시한 공격을 해댄다. 말도 거칠지만 방법도 거칠다. 게다가 마음이 여린 아난이다. 부처님이 열반에 든 후 눈물을 달고 살던 아난이다. 딱한 일이다.

어쨌거나 대중들이 이렇게까지 해야 하는 까닭은 '말씀을 받아내야' 하기 때문이다. 그 말씀이란 게 아난의 것이 아니기 때문이다. 여래의 법장이기 때문이다. 여래의 그릇에 비밀이 없고, 감춤이 없었던 까닦은 미래의 중생들을 위해 열린 그릇이었기 때문이다. 부처님이 열반에 든 마당에 이제 그 그릇은 대중의 것이어야 한다. 열린 그릇이 아난의 그릇에 갇혀서는 안 된다는 뜻이겠다. 말하자면 빚쟁이를 닦달하는 식이다. 남의 것을 가지고 내놓지 않으니 비상한 방법이라도 써야겠다는 것이다. 아난이 제 것도 아닌 말씀을 혼자서 독점하려고 했고, 자발적으로 말씀을 공유하려고 하지 않았기 때문이다. 그래서 어떻게 해서든 아난이 지니고 있는 모든 기억들을 남김없이 모두 그 자리에서 토해놓도록 하겠다는 뜻이다.

아난은 그릇이다. 그게 아난의 역할이고 아난이 부처님 옆에 딱 붙어 있었던 이유이다. 그릇의 역할은 담아 두는 일이다. 담아 두는 까닭은 언젠가는 꺼내서 쓰자는 것이다. 꺼낼 수도 없고 쓸모도 없다면 방법은 하나다. 그릇을 깨뜨려야 한다. 자발적으로 열지 않으니 억지로라도 깨뜨려야 한다. 우여곡절을 거쳐 드디어 아난이 말문을 연다. 기억들을 토해내기 시작한다. '내가 이렇게 들었다'는 말 한 마디에 대중들은 새삼 부처님이 돌아가셨다는 사실을 절감한다. 그렇게 아난의 그릇은 깨졌다. 그렇게 삼장의 결집이 시작되었다.

결집, 모으는 일의 뒷면에는 이렇게 깨뜨리는 일, 깨지는 아픔이 있었다. 옮겨 담기 위해서 겪을 수밖에 없는 필연적인 아픔이다. 이처럼 모으는 일은 깨지는 일이기도 하다. 결집의 과정에 있었던 갈등에 관한 이런 이야기들, 사실 이런 이야기들은 액면 그대로 받아들이기는 쉽지 않다. 말투나 내용이 거칠기도 하거니와 기록마다 어감에 사뭇 차이가 나기도 한다.

삼장의 결집이 아난의 기억을 중심으로 이뤄졌듯 이후의 전승도 기억에 의존한다. 결집의 자리에 모였던 스승들, 그들이 기억했던 이야기들이 사람을 따라, 집단을 따라 옮겨 간다. 시간이 흐르면서 사람이나 집단 사이의 관계가 소원해지면 기억의 전승도 따라서 고립되게 마련이다. 삼장의 전승은 오랜 기간에 걸쳐 광범위한 지역에서 이뤄져 왔다. 어떤 기억은 넓은 지역에 오래도록 이어지기도 했고, 어떤 기억은 특정한 지역에 고립되기도 하였다. 당연히 기억의 전승에 미묘한 차이들이 생길 수밖에 없었을 것이다. 대승과 소승의 이야기에 차이가 나는 것도 마찬가지다. 전승의 계통이 다르기 때문이다.

또 다른 그릇,
성중(聖衆)의 기억

한문대장경의 전통에서 결집에 관한 전승은 대개 세 가지 종류의 전거에 의존한다. 첫째는 아함경과 부처님 열반의 시기를 기록한 열반경류, 둘째는 율장, 셋째는 대승경론의 전승 등이다. 열반경도 소승계열의 것과 대승계열의 것이 따로 전해 온다. 물론 내용에도 차이가 있다. 물론 전승에 따라 내용에 차이가 나긴 하지만, 삼장의 결집이 가섭과 아난, 그리고 부처님의 제자들을 대표하는 아라한들이 합의하여 이뤄졌다는 이야기의 큰 줄거리는 변하지 않는다.

과정이야 어찌 되었든 삼장의 결집을 통해 아난의 기억은 대중의 기억이 되었다. 이들 대중은 성중(聖衆)이라 불리던 스승들, 오백아라한이다. 여래나 아난이 개인이었다면 대중은 집단이다. 개인의 기억을 집단의 기억으로 옮겨 담는 일, 삼장의 결집은 이런 의의를 갖고 있기도 하다. 부처님은 특별한 이유를 근거로 특별한 절차를 거쳐 아난을 그릇으로 정했다. 당시에도 부처님은 모든 제자들에게 기회를 주었고, 제자들이 자발적으로 아난을 인정할 때까지 말없이 기다렸다. 그렇게 해서 아난은 부처님이 인증하고 대중들이 따르는 공식 그릇이 되었다. 법장을 담는 그릇. 삼장의 결집도 나름의 근거를 바탕으로 적절한 절차를 거쳤다. 부처님이 열반에 든 이후의 일이니 자연스레 더 엄격한 근거와 절차가 필요했다. 아난의 기억이 부처님의 자발적인 가르침으로부터 자연스럽게 채워진 것이었다면, 이들 성중의 기억은 자의반 타의반 갈등을 겪으며 깨뜨려져 나왔다. 아난이 스스로 기억을 내놓지 않았기 때문이라고 한다. 그렇게 해서 성중의 삼장은 새로운 그릇, 여래표 공식 인증 그릇이 되었다.

부처님은 아난을 '법장을 지키는 사람'이라고 불렀다. '나의 법장을 담는 그릇'이라고도 했다. 그런 까닭도 자세히 설명했다. 출중한 기억력에 그릇으로서의 덕성들을 고루 갖추었다고 했다. 그렇다면 오백 성중은 어떤가? 개인의 그릇으로 치자면 아난에 비할 자가 없다. 집단이라는 그릇이 갖는 덕성들도 검증된 적이 없다. 아난이 아직도 건장하고 멀쩡한데 새삼스레 왜 새로운 그릇이나, 결집이 필요했던 것일까? 아난이 건재하는 동안만이라도 '법장을 지키는 사람'으로서의 기능이나 자존심 정도는 유지시킬 수도 있지 않았을까?

하지만 가섭은 아예 아난을 배제시켜 버렸다. 그릇만 깨뜨리면 된다고 했다. 완전한 기억기계, 아난을 제쳐두고 기억력도 시원찮고 의견들도 분분한 대중을 선택했다. 가섭의 선택이라고 했지만 결집에 관한 기록들을 살펴보면 가섭과 대중은 늘 한 편으로 그려지고 있다. 가섭은 부처님과 대중이 함께 인정한 대중의 대표자였기 때문이다. 그래서 가섭의 의견은 개인의 의견이라기보다는 종종 '가섭과 오백성중은'이라는 복수의 주어로 표현된다. 주어로만 따지자면 가섭과 성중은 한 몸이다. 부처님은 말년에 여래의 법장을 가섭과 아난 두 사람에게 부탁했다. 어찌 보면 오백성중의 결집은 이미 이 부탁 안에 들어 있었다고 보아야 할 것이다. 아난만이 지니고 있던 법장을 가섭의 대중과 함께 나누라는 뜻이었다는 말이다. 부처님의 선택이 그랬고 가섭과 대중의 선택이 그랬다.

따지고 보면 당연한 선택이다. 여래의 법장, 45년간 설했던 숱한 얘기들, 그 얘기들은 대중에게 했던 얘기들이기 때문이다. 아난에게 해 준 얘기가 아니라는 말이다. 아난은 다만 그걸 담고 있었을 뿐이다. 그게 아난의 기능이고 아난의 역할이었다. 여래의 법장은 처음부터 대중을 향해 활짝 열려 있었다. 무소장적(無所藏積), 처음부터 갇혀 있었던 말씀, 비밀은 하나도 없었다. 법장의 진짜 주인은 대중이었다는 말이다.

적어도 이론적으로는 그렇다. 여래의 법장은 중생들의 법장이다. 부처님이 누누이 했던 말이고, 아난이나 가섭, 오백성중도 다 아는 얘기다. 이처럼 법장은 아난이 독점할 수 있는 물건이 아니듯, 가섭의 오백성중이 독점할 물건도 아니다. 말세의 미래중생을 포함하여 모든 중생들이 공유해야 할 공통의 기억이다.

모도잡아 다라니,
기억의 기술

이러한 방편으로 하나의 법 깨닫고
둘째는 두 가지 법, 셋째는 세 가지 법을 따라
사오육칠팔구십
열한 가지 법까지 모두 깨닫네. (중략)

옹기장이 그릇 빚듯
마음껏 만드니 의심도 없어
이처럼 아함경 증일의 법은
삼승을 교화하여 차별이 없네. (중략)

오롯한 마음으로 증일의 법 기억하면
이것이 바로 총지여래장(總持如來藏). ●16

●16 『증일아함경(增一阿含經)』 권제1, K0649V18P0314b10L

『증일아함경』의 앞부분에 나오는 구절들이다. 『증일아함경』은 글자 그대로 하나의 법(法)으로부터 열한 가지 법까지 숫자를 하나씩 늘려가는 방식으로 구성되어 있다. 아난은 이런 구성을 방편이라고 부른다. 『증일아함경』에는 472종의 짧은 경전들이 담겨 있다. 이들 경전들은 모두 다른 시기, 다른 장소에서 이뤄졌던 다른 가르침들이다. 아난은 증일이라는 방편, 숫자를 통한 분류법을 이용하여 경전들을 결집했다. 이러한 방편을 쓰는 까닭은 기억과 이해를 돕기 위해서이다. 숫자를 따라 한 단계씩 이어나가면 열한 가지 법까지 전체를 체계적으로 기억하고 이해할 수 있다는 것이다.

아난은 이와 같은 방편을 옹기장이가 그릇을 빚는 일에 빗대어 설명한다. 말씀을 결집하는 일이 그릇을 빚는 것과 같다고 한다. 그릇의 비유, 계속 이어지는 이야기이다. 그릇을 만드는 데에도 방편이 필요하다. 대충 흙을 빚어 불에 굽는다고 모두 그릇이 되는 것은 아니다. 기술이 필요하다. 아름답고 쓸모있는 그릇을 만들기 위하여는 무엇보다 적절한 디자인, 설계가 필요하다. 술병은 술병답고 김치독은 김치독다워야 한다. 그래야 오래도록 그릇의 기능을 다할 수 있다. 옹기장이는 만들고자 하는 그릇의 쓰임새와 재료의 성격을 따져 적절한 설계도를 그려야 한다. 쓰임새도 문제지만 모양도 좋고 튼튼해야 할 것이다.

말씀을 담는 그릇도 마찬가지로 설계가 필요하다. 사람마다 재주와 능력에 차이는 있겠지만 좀 더 많은 사람들이 쉽게 알아 듣고 편하게 수긍할 수 있어야 한다. 말씀의 목적이 가르침에 있기 때문에 이 그릇을 통해 가르침이 재현되어야 하기 때문이다. 그래서 아난은 정성을 다해 설계도를 그렸다. 좋은 방편을 찾았다. 방편에 맞추어 그릇을 만들었고, 그 그릇에 말씀들을 담았다. 체계적으로 설계하고 정성껏 담았기 때문에 의심이 있을 수 없다. 인용문에서는 그냥 '의심'이라고 번역했지만 원문에서는 여우의 의심, 호의(狐疑)라고 했다. 여우의 성품이 본래부터 의심이 많기 때문에 여우의 의심이라고 한다. 차별이 없다는 말은 누구나 의심없이 쉽고 편안하게 받아들일 수 있다는 뜻이다.

그릇을 만들고 말씀을 담고, 하지만 아난은 여기서 멈추지 않는다. 총지여래장(總持如來藏). 이게 좀 복잡한 사연을 지닌 표현이다. 총지라는 말도 그렇고, 여래장이라는 말도 그렇다. 오해의 소지도 많고, 설명을 하기도 딱한 말들이다. 딱히 번역할 말을 찾기도 어려워서 우리말로 번역하지 않고 그냥 두었다.

총지(總持)는 '모도잡다'라고 하는 말이니, 다라니(陀羅尼)라. ●17

'모도잡다'는 모아서 모두 잡거나 가진다는 뜻이다. 언해본의 번역은 글자에 충실하다. 모을 총, 잡을 지, 글자를 있는 그대로 번역했다. '총지 - 모도잡다'라는 말은 다라니(dhāranī, 陀羅尼)를 번역한 말이다. 다라니라 하면, 『천수경』의 다라니처럼 알쏭달쏭 발음하기도 어려운 범어 주문을 연상시킨다. 마법의 주문처럼 소리내어 달달 외우면 마법의 공덕이 줄줄 흘러나온다. 그러나 다라니는 원래 '기억하다'라는 말에서 유래했다. 지(持)라는 말에 '기억한다'는 뜻이 담겨 있다. 문지(聞

●17 『월인석보』 권제12, 64. 국가기록유산사이트 http://www.memorykorea.go.kr/

持), 곧 말을 듣고 말을 기억하는 일이다. 수지(受持), 보통 '받아 지니다' 라고 번역하는 말도 마찬가지다. 말을 받아 지닌다거나, 잡아 가지는 일 모두 잘 듣고 잘 기억한다는 뜻이다. 총지는 여기서 한 걸음 나아간, 조금 더 강한 표현이다. 놓치거나 흘리는 일 없이 몽땅 한꺼번에 기억하는 일이기 때문이다.

『아함경』에는 총명한 제자들을 묘사하면서 박문총지(博聞總持), 곧 '두루 듣고 몽땅 기억한다'라는 표현을 쓰곤 한다. 이런 표현들은 모두가 문자를 쓰지 않던 시절, 입으로 얘기하고 귀로 듣던 시절, 기억 외에는 남길 방법이 없었던 시절의 유산이다. 긴 이야기를 기억하기 위하여는 타고난 총명도 필요하겠지만, 특별한 기술도 필요했다. 이를테면 운율에 맞춰 노래를 만들어 부르는 기술 같은 것이다. '하늘천 따지' 『천자문』 노래도 그런 전통에서 유래한 것이다. 염불을 하고 경전을 독송하는 일도 모두 리듬을 따라 노래의 형식으로 전해져 왔다. 기억의 기술이다.

총지는 말씀 전체를 체계적으로 한꺼번에 기억하는 일을 가리킨다. 길고 복잡한 이야기를 체계적으로 몽땅 기억하기 위하여는 물론 특별한 재능이나 기술, 방편이 필요하다. 다라니는 그런 기술이나 방편, 나아가서 기술과 방편을 익히고 체득하는 과정을 가리킨다.

아난의 표현으로 돌아가 보자.

오롯한 마음으로 중일의 법 기억하면,
이것이 바로 총지여래장(總持如來藏)

여기서 아난이 목적하는 바는 말씀 그 자체가 아니다. 아난의 뜻은 증일의 법, 바로 방편에 있다. 증일의 법을 잘 기억하라는 말이다. 마음을 집중하여 방편을 기억하고 익히면 말씀 전체를 체계적으로 몽땅 기억할 수 있다. 여래장은 여래의 그릇이다. 여래의 그릇을 몽땅 받아서 한꺼번에 기억할 수 있다는 말이다. 아난은 증일의 법을 오롯하게 기억할 수 있다면 그것이 바로 총지, 여래의 가르침을 통째로 몽땅 기억할 수 있다고 한다.

예삿일이 아니겠다. 아무나 할 수 있는 일도 아니고, 누구나 다 그래야 할 필요가 있는 것도 아니다. 그래서 대승불교에서 다라니는 보살의 상징이 된다. 다라니를 익히는 까닭은 널리 중생들을 이롭게 하기 위해서이다. 그러기 위해 여래의 그릇을 몽땅 기억하자는 것이고, 그런 기억으로부터 가르침이 재현될 수 있고, 그래서 중생들을 위한 온갖 공덕들이 흘러나올 수 있기 때문이다. 세월이 흘러 다라니는 최고의 수행, 공덕의 원천이 되어 갖가지 공덕을 생산해 내는 마법의 주문이 되었다.

사실 이런 식으로 따지고 들자면 불교는 그저 기억의 기술 이외에 아무것도 아니다. 부처님의 말씀을 기억하는 일이다. 그렇다고 말씀을 그냥 들은 대로 기억하라는 것은 아니다. 특별한 방편, 특별한 기술을 통해 체계적으로 전체를 기억하자는 것이다. 모든 경전은 '여시아문-내가 이렇게 들었다'라는 말로 시작하여 '수순근기 신수봉행-근기에 따라 믿고 받아서 받들어 행하였다'라는 말로 끝난다. 부처님이 정해 준 형식이라고 한다. 이처럼 누구나 총지를 얻지는 못한다. 깜냥대로 받아서 깜냥대로 행할 뿐이다. 이런 정도로 기억하고 받아 지니는 일은 그런 깜냥만큼의 공덕을 지닌다.

하나를 들으면 열을 안다는 말이 있다. 이런 것이 바로 기억의 기술, 총지의 기술을 터득한 경지이다. 『증일아함경』에서는 숫자를 따라 하나씩 더해 가는 기술이다. 그 기술에 전념하면 하나로부터 열하나까지 전체의 여래장을 기억하고 알게 된다. 『증일아함경』에 그런 기술, 그런 방편이 담겨 있다면, 다른 경전들에는 또 다른 기술, 또 다른 방편들이 담겨 있다. 예를 들어 관세음보살, 세상의 소리를 관하는 일도 또 다른 기술이고 방편이다. 총지의 기술은 여래의 기술이고, 아난의 기술이다.

삼장의 결집 안에는 이처럼 '모도잡이' 기술이 담겨 있다. 이런 기술은 우리가 보통 상상하던 경전의 기능과는 다른 요소, 다른 목적을 갖고 있다. 보통의 수행자들, 개개인의 불자들에게는 이런 기술이 꼭 필요한 것은 아니다. 경전에도 나오듯 개개인의 근기에 맞춰 한두 가지 가르침에 집중하면 그만이다. 그렇게만 해도 병을 고치고 깨달음을 성취할 수 있다고 했다. 모든 중생들이 여래의 법장을 모도잡아 기억할 필요가 없다는 말이다. 모도잡이 기술은 여래의 법장을 온전한 전체로 보존해야 한다는 당위로부터 나온 기술이다.

총지여래장(總持如來藏), 여래장을 모도잡는다는 말에는 두 가지 목적이 담겨 있다. 첫째는 여래의 법장을 하나의 완전한 전체로 이해해야 한다는 점이다. 둘째는 여래의 법장이 불교의 가장 근본적인 원천이어야 한다는 점이다. 완전한 근원, 모든 가르침은 여래의 법장 안에 들어 있고, 모든 공덕도 그래서 그곳으로부터 나온다. 부처님은 열반에 앞서 여래의 법장은 과거에도 있었고, 현재에도 있으며, 미래에도 있을 것이라는 말씀을 하곤 했다. 완전한 근원으로서의 법장의 보편성을 강조했던 것이다.

　실존했던 석가모니 부처님, 그의 법장은 그 자체로 온전한 전체였다. 모든 가르침이 석가모니로부터 나왔고 그에게 의존했다. 아난의 기능도 마찬가지다. 석가모니 부처님이 했던 말씀들을 온전한 전체로 기억하는 일이었다. 그렇기 때문에 아난의 기억을 다른 제자들의 기억과 구별하여 '법장을 담는 그릇'이라고 불렀던 것이다. 이제 그 법장이 결집이라는 과정을 거쳐 성중의 기억으로 옮겨 갔다. 부처님으로부터 아난을 이어 온전한 근원으로서의 법장을 대중이 함께 통째로 기억할 수 있는 길이 열린 것이다. 그리고 그 길은 총지여래장, 모도잡이 기술이 있었기에 가능했다.

미래를 위한
설계

만일 어떤 비구가 있어, "여러 현명하신 분들이여, 나는 저 동네, 저 성, 저 나라에서 몸소 부처님으로부터 들었고, 몸소 이 가르침을 받았습니다. 이 말을 들은 사람들은 믿지 않으면 안 되고, 망가뜨려서도 안됩니다."라고 한다면, 여러 경전으로부터 허실(虛實)을 따져 보고, 계율에 의지하고, 법에 의지하여 본말(本末)을 깊이 헤아려 봐야 한다.

만약에 그 말이 경전에도 맞지 않고, 계율이나 법에도 맞지 않다면 응당 그 비구에게 "부처님은 그런 말을 하지 않았습니다. 당신이 잘못 들은 것이 아닙니까? 왜냐하면 내가 여러 경전에 의거하고 계율과 법에 의거해 보니 당신이 먼저 한 이야기는 법에 어긋나기 때문입니다. 현명하신 분이시여, 그렇게 기억하지도 말고, 많은 사람들에게 이야기하지도 말고 응당 버려야 합니다."라고 이야기해 줘야 한다.

만약에 그 말이 경전에 의거하고, 계율과 법에 의거했다면 응당 그 비구에게 "당신이 한 말은 진짜 부처님이 했던 말입니다. 왜냐하면 내가 여러 경전에 의거하고 계율과 법의 의거해 보니 당신이 먼저 한 이야기는 법과 상응(相應)하기 때문입니다. 현명하신 분이시여, 마땅히 잘 기억하고, 많은 사람들을 위해 이야기해 주고, 절대로 버려서는 안됩니다."라고 이야기해 주어야 한다. ●18

부처님으로부터 직접 들었다는 이야기, 성문중으로부터 직접 들었다는 이야기, 여러 비구들로부터 직접 들었다는 이야기, 어떤 비구로부터 직접 들었다는 이야기, 그 어떤 이야기도 그냥 듣고 믿고 따라서는 안 된다는 말이다. 부처님은 이를 '네 가지 큰 교법(敎法)'이라고 표현했다. '가르침을 따르는 네 가지 큰 원칙'이라는 뜻이겠다. 네 가지라고 했지만 원칙은 한 가지이다. 그냥 듣고 믿고 따라서는 안 된다는 것이다.

네 가지라고 한 것은 네 가지 종류의 믿을만한 스승들로부터 '직접' 들은 이야기를 지목한 까닭이다. 아무리 믿을만한 사람이라 할지라도, 설혹 그 사람이 부처님과 분명히 함께 지냈던 비구라 할지라도, 다문장 아난이라 할지라도, 성중을 이끌던 가섭이라 할지라도, 여러 스승들이 이구동성으로 설득한다 할지라도 그냥 믿고 따라서는 안 된다. 법에 관한 이야기를 들으면 여러 경전과 비교하여 허실을 따져 보고, 계율과 법에 의거하여 본말을 헤아려 보아서 법과 상응하는지 위배되는

●18 불설장아함경 권제3, 『유행경(遊行經)』 제2. K0647V17P0835b23L

지를 반드시 따져 봐야 한다. 경전의 법과 상응한다면 잘 기억하고 널리 이야기하고 지켜야 하지만, 위배된다면 기억해서도 이야기해서도 안 되고 당장 잊어버려야 한다. 이것이 가르침을 따르는 큰 원칙이다.

부처님께서 아난에게 말씀하셨다.
"여러 대중들이 나에게 원하는 것이 있는가? 어떤 사람이 '내가 대중들을 지키고 다스린다'고 한다면, 그 사람은 대중들에 대하여 가르침이나 명령이 있어야 할 것이다. 여래(如來)는 '내가 대중들을 지키고 다스린다'라고 이야기하지 않는다. 어찌 대중들에 대하여 가르침이나 명령이 있겠는가? 아난아, 내가 법(法)에 대해 이야기한 것은 안팎으로 모두 다 끝냈다. 그래도 내 스스로 소견(所見)이 통달했다고 한 적은 없었다. 나는 이제 늙어 나이가 팔십이나 되었다. 마치 낡은 차를 방편으로 고쳐서 목적지에 도착하는 것처럼 내 몸도 마찬가지로 방편의 힘으로 잠깐 더 목숨을 연장하고 있다. 내 힘으로 정진하여 이 고통을 견뎌냈다. 모든 생각을 끊고 무상정(無想定)에 드니 그때 내 몸이 편안해지고 괴로움과 근심이 사라졌다. 그러므로 아난아, 의당 자신의 불을 밝히고 법의 불을 밝혀야 하며 다른 불을 밝혀서는 안 된다. 의당 자신에게 돌아가 의지하고 법으로 돌아가 의지하며, 다른 것에 돌아가 의지하여서는 안 된다." ●19

●19 불설장아함경 권제2, 『유행경(遊行經)』 제2. K0647V17P0832b01L

자등명(自燈明) 법등명(法燈明), 자기 자신을 등불로 삼고 법을 등불로 삼아 자기 자신과 법에 귀의해야 한다는 부처님의 마지막 유언으로 널리 알려진 구절이다. 솔직하고 간결하고 단호하다. 늙은 몸으로 마지막 가르침을 위해 고통을 견뎌가며 수명을 연장하고 있다. 여래라고 해서 특별한 비법이 있는 것도 아니다. 스스로의 힘으로 애를 써서 법의 방편에 의지하는 것뿐이다. 그것뿐이다. 팔십평생 했던 이야기들, 담아 두고 감춰 둔 것 하나 없이 모두 열어서 몽땅 해 주었던 이야기들, 그 이야기대로 스스로를 견뎌내는 것뿐이다. 하물며 늙은 여래조차 스스로 견뎌내고 있는데 대중들이 여래에게 기대고 원할 것이 뭐가 있겠는가? 그렇게 늙은 여래는 늙은 몸을 가누며 마지막 가르침을 몸소 실천해 보인다.

내가 열반에 든 뒤에 이렇게 법을 수행하는 자가 있다면 그가 바로 진짜 나의 제자이고 제일가는 학자이다.

죽음을 앞둔 교단의 교주, 이천오백년 전 석가모니의 선택은 특별하다. 그는 죽음을 눈앞에 둔 늙은이의 모습을 나투었다. 불교에 시병(示病)이라는 표현이 있다. 병을 보여 준다는 뜻이다. 스승이 병에 걸려 아픈 모습을 이렇게 표현한다. 스승이 아픈 까닭은 제자들에게 아픈 모습을 보여 제자들을 자극하기 위해서이다. 반면교사(反面敎師)라는 말과 비슷한 뜻으로 쓰인다. 이 같은 표현은 시현(示現)이라는 표현에서 유래한 것이다. 교육적인 목적을 위해 스승이 몸을 변화시켜 보여 준다는 뜻이다.

얼마 전 〈아바타〉라는 영화가 큰 성공을 거두었다. 아바타라는 말이 그런 말이다. 인도의 전통에서 유래한 표현이고 불교에서 즐겨 쓰는 표현이다. 석가모니 부처님의 선택은 평범한 늙은이였다. 망가진 몸을 간신히 추스리고 마지막 유언을 남기는 늙은이. 그 늙은이는 법에 의지하고, 남은 힘에 의지하여 몸과 마음을 추스린다. 그것이 그가 보여 줄 수 있는 유일한 일이라고 덧붙인다. 법에 의지하고 자신에게 의지하는 일.

남과는 다른, 비범한 사람의 삶에는 뭔가 신비한 구석이 남게 마련이다. 탄생으로부터 성공에 이르기까지 남과는 달랐던 행적들을 기억으로 남기기 때문이다. 칠성님의 점지를 받아 등짝에 일곱 개 점을 갖고 태어난 아이라든지, 용이 여의주를 품고 들어 왔다는 태몽이라든지, 그런 얘기는 헤아릴 수도 없이 많다. 물론 불교에도 그런 얘기들은 넘쳐난다. 넘쳐나는 정도가 아니다. 불교의 기억은 신통력과 판타지 그 자체라고 할 정도로 풍성하고 걸쭉하다.

어느 문명세계나 나름의 신화와 전설들을 전통으로 이어오고 있지만 불교의 상상력은 말 그대로 타의 추종을 불허한다. 물론 그런 상상력의 중심에 부처님이 있다. 그가 평생에 했던 숱한 이야기들이 있다. 탄생으로부터 큰 깨달음을 거쳐 특별한 교화의 방식으로 오랫동안 숱한 사람들을 이끌고 길러 왔던 부처님이다. 신통력이나 상상력으로만 따져도 부처님은 그 방면의 초절정 고수이다. 그러나 그가 보여 주는 마지막 모습은 평범하다 못해 초라해 보인다. 신격화나 우상화 따위의 여지는 눈곱만큼도 허용하지 않는다.

그런 몸을 이끌고 부처님은 아난에게 얘기한다.

법에 관한 얘기들은 안팎으로 모두 다 했다.

　모두 끝난 이야기, 그 이야기들을 모도잡아서 법장이라고 부른다. 그리고 그 이야기들은 한 방울의 흘림도 없이 아난이라는 그릇에 담겨 있다. 미래를 위한 준비는 모두 끝났다. 법에 비추어 스스로 판단하고 스스로 실천할 수만 있으면 된다. 이외에는 달리 부처님도 필요 없고, 교주도 필요 없고, 교단을 이끌 스승도 필요 없고, 하물며 늙고 망가진 노인네는 더더욱 필요 없다. 이 마지막 유언을 빼놓고는 유별난 신통력도 가피력도 아무것도 소용이 없다. 이것만이 미래의 중생들을 위해 예비한 일이다.
　모도잡아 여래장, 아난은 숙련된 옹기장이가 그릇을 빚듯, 삼장을 빚어 대중들에게 돌려 주었다. 대중의 기억 속에 통째로 남은 부처님의 법장. 아난과 가섭, 오백아라한은 법장에 기대어 허실을 따져 보고 본말을 헤아리는 일, 이 일을 위해 삼장을 정교하게 설계하고, 설계에 따라 법장을 결집했다. 이로서 불교는 사라지지 않고 영원히 이 세상에 남을 수 있게 된 것이다. 미래 중생들을 위한 준비도 이로써 모두 끝났다.

성문장(聲聞藏) 보살장(菩薩藏)
그리고 대장경

총지여래장, 부처님이 평생 했던 모든 이야기들, 그 이야기들 전체를 통째로 기억하는 일. 앞에서도 잠깐 언급하고 넘어가긴 했지만, 쉽게 상상할 수 있는 일도 아니고 누구나 할 수 있는 일도 아니다. 그 많은 이야기들을 기억하는 일도 그렇거니와, '여러 경전으로부터 허실(虛實)을 따져 보고, 계율에 의지하고, 법에 의지하여 본말(本末)을 깊이 헤아리는 일'은 더더욱 어려워 보인다. 아난이나 가섭은 특별한 사람들이다. 총명제일, 지혜제일 따위의 호칭이 그냥 생기지는 않았을 것이다. 삼장의 결집이 미래의 중생들을 위한 것이라지만, 중생들이 감당할 수 있는 일은 아니다. 아난이 그랬고 가섭이 그랬듯, 그런 일은 특별한 능력을 가진 특별한 스승들의 몫이다. 하나도 빼놓지 않고 기억하는 일, 그리고 기억한 법의 창고로부터 따지고 헤아리는 일, 그런 일들을 법을 지키는 일[護法]이라고 했다. 그래서 삼장의 설계와 결집은 법을 지키는 일, 법을 지킬 수 있는 능력을 지닌 사람들의 일일 수밖에 없었다. 말하자면 교단의 엘리트들이다. 오백 명의 아라한, 이른바 성문(聲聞)의 무리들이다.

문수사리가 말했다.

"사갈라 용왕의 딸은 나이 여덟 살에 뛰어난 지혜로 중생들의 여러 가지 행업(行業)을 잘 알았고, 다라니를 얻어서 여러 부처님들이 말씀하신 매우 깊은 비장(秘藏)을 모두 받아 지닐 수 있었다. 선정(禪定)에 깊이 들어 모든 법을 깨닫고 찰나의 순간에 보리심(菩提心)을 내어 물러서지 않았다. ……" ●20

이야기의 구조는 똑같다. 여러 부처님들의 법장을 모도잡아 다라니, 몽땅 한꺼번에 얻어 기억할 수 있었다는 말이다. 아난이 설계했던 일이고, 가섭의 성중이 결집했던 일이다. 다만, 용왕의 딸, 여덟 살 먹은 용녀가 그 자리에 섰을 뿐이다. 공인된 기억기계, 아난조차 간신히 기억했던 이야기들, 가섭을 비롯하여 승단을 대표하던 오백아라한들도 얼굴 붉히며 결집해야 했던 삼장, 미래의 중생들을 위해 정교하게 설계하여 이어받은 법장, 용녀라는 계집아이가 대중들이 지켜보는 현장에서 모도잡이를 증명해 보였다는 말이다. 그 아이는 거기서 멈추지 않는다. 총지여래장을 바탕으로 선정에 들어 깨달음을 얻고 법을 결단할 수 있는 능력도 한꺼번에 보여 준다.

그 현장에는 부처님이 생전에 가장 신임했다던 측근인 사리불도 등장한다. 그는 부처님 생존 당시 교단의 엘리트, 성문의 대중을 상징하던 분이다. 어린 용녀는 부처님과 똑같은 깨달음을 성취하여 중생들을 돕겠다는 소원을 이야기한다. 가소로운 일이다. 사리불은 그저 담

●20 『묘법연화경(妙法蓮華經)』 권제4, 「제바달다품(提婆達多品)」 제12. K0116V09P0766b03L

담히 타이른다. 부처님도 끝도 없는 여러 생애에 걸쳐 온갖 고난을 거쳐 그 덕으로 간신히 얻은 깨달음인데, 가볍게 얘기하면 못 쓴다는 타이름이다. 게다가 여자의 몸은 더럽다고 한다. 더러운 몸은 법의 그릇(法器)이 될 수 없다고도 한다. 그래서 여자의 몸으로는 부처는커녕 마왕(魔王)조차도 될 수 없다.

그때 모인 대중들은, 용녀가 순식간에 남자로 몸을 바꿔 보살의 수행을 모두 마치고 남쪽 무구세계(無垢世界)로 가서 보배연꽃에 앉아 등정각(等正覺)을 성취하고, 삼십이상(三十二相) 팔십종호(八十種好)를 갖추어 시방(十方)의 모든 중생들을 위해 묘한 법을 연설하는 모습을 보았다.

눈앞에 벌어진 일, 사리불은 아무 말도 하지 못하고 잠잠히 이 사실을 받아 들인다. 사실이라곤 했지만, 문수사리와 사리불, 용녀가 한자리에 모여 앉았던 적이 정말로 있기나 했을까? 아무튼 딱한 장면이다. 법기(法器), 법을 담는 그릇, 법을 판단할 수 있는 그릇, 미래 중생들을 위해 준비하고 설계했던 그릇, 부처님이 직접 했던 말이다. 부처님 스스로 아난을 법기로 선정하면서 아난이 지닌 여덟 가지 특성, 불가사의한 공덕을 찬탄하지 않았던가? 법장을 수지하기 위하여는 그릇으로서의 조건을 갖춰야 한다. 사리불도 그 자리에 있었고, 그 자신 법기를 자원하기도 했다. 하지만 오백아라한 가운데 누구도 그런 조건을 갖춘 자는 없었다. 그런데 용녀라니. 사리불은 그저 들은 대로 시킨 대로 따랐을 뿐이다.

이 이야기가 실려 있는 『법화경』은 이른바 대승(大乘)의 경전이다. 용녀가 서원했던 일도 대승의 가르침이고, 가고자 했던 길은 보살의 길이다. 어린 용녀가 사리불에 맞서듯 대승의 경전들은 성문들이 주도했던 삼장의 결집에 맞서 있다. 용녀의 이야기를 이끌어 가는 주체는 문수사리보살이다. 아난이나 가섭, 성문의 무리들은 실존했던 근거라도 분명한 분들이다. 문수사리는 성문의 무리들과는 존재하는 방식 자체가 다르다. 문수사리는 오랜 옛날, 불교식으로 표현하자면 무량무변불가사의 아승지겁(無量無邊不可思議阿僧祇劫) 이전에 부처를 이뤘던 분이다. 사백사십만 년 동안을 살면서 숱한 중생들을 제도했다고 한다. 부처님이 가섭에게 해 주는 얘기이다. 가섭과는 체급 자체가 다르다는 말이다. 문수사리는 환상적인 숫자와 환상적인 이야기로 포장된 환상적인 존재이다. ●21

　주인공의 체급이 다르듯, 이야기를 풀어가는 방식도 다르고 이야기의 내용도 급이 다르다. 석가모니 부처님의 생애, 80년 전후를 오고 가던 숫자들이 갑자기 헤아릴 수도 없는 아승지겁으로 확장된다. 왕사성이나 사위국처럼 익숙하던 동네를 벗어나 수미산과 용궁을 오고 간다. 이런 얘기들을 어떻게 읽고, 어떻게 받아 들여야 하나. 사리불이 용녀 앞에서 말을 잊었듯, 사리분별에 익숙한 사람들, 성문의 삼장에 익숙한 사람들도 말을 잊을 수밖에 없겠다. 이거 부처님이 한 말 맞아? 유언대로 법에 견주어 스스로 판단해 볼 도리밖에 없겠다.

　대승의 경전에서는 이런 법장을 아난과 가섭의 법장, 곧 성문(聲聞)

●21　『불설수능엄삼매경(佛說首楞嚴三昧經)』 권하. K0378V12P0316c03L

의 법장과 구별하여 보살장이라고 부른다. 대승이니 소승이니 하는 말이 후대에 나왔던 말이듯, 성문장이니 보살장이니 하는 표현들도 후대에 나온 말이다. 아니 대승경전의 견지에서 보자면 후대라는 말도 맞지 않는다. 문수사리의 경우를 보더라도 대승의 이야기들은 시간과 공간의 한계를 넘어 있기 때문이다. 시공의 한계를 넘든 말든, 어쨌든 아난과 가섭이 삼장을 결집하던 순간에는 없었던 표현들이다. 시간과 공간의 한계 안에서, 실제로 존재했던 말에 대한 기억만을 따지자면, 대승의 법장은 황당무계하다.

여래의 법장이 보살장에 이르러서는 부처님이 했던 이야기나 그에 대한 기억 정도를 훌쩍 뛰어 넘어 버린다. 여래의 법장은 시간과 공간은 물론, 언어와 형상, 모든 분별조차 모두 초월해 버린다. 성문장과 보살장이 맞서면서 바야흐로 법장의 파노라마가 시작된다. 미래의 중생들을 위해 필요했던 법장, 세월이 흘러도 변하지 않고 여러 중생들에게 보편적인 가치를 줄 수 있다던 가르침. 그런 이야기나 기억들은 법성이 되고 불성이 된다. 보리가 되고 열반이 된다.

이런 얘기는 밑도 끝도 없다. 한번에 다할 수 있는 얘기들도 아니고, 아무 데서나 아무렇게나 시비를 붙을 일도 아니다. 그래도 분명한 것은 보살장이라는 새롭다면 새로운 법장은 부처님의 마지막 유언을 바탕으로 하고 있다는 점이다. 성문의 권위에 기죽지 말고 법장에 기대어 자신이 '직접' 허실을 판단하고 본말을 따져 보라는 유언이다. 보살장도 그렇게 따져서 나온 것이다. 아난이나 가섭, 오백성중이 그 자리에 있었건 있지 않았건, 부처님으로부터 직접 들었건 말았건, 그런 것들은 문제가 되지 않는다. 부처님의 법장이 의도했던 본말에 부합하지 않는다면 그때는 말해 주어야 한다.

부처님은 그런 말을 하지 않았습니다. 당신이 잘못 들은 것이 아닙니까? 왜냐하면 내가 여러 경전에 의거하고 계율과 법에 의거해 보니 당신이 먼저 한 이야기는 법에 어긋나기 때문입니다. 현명하신 분이시여, 그렇게 기억하지도 말고, 많은 사람들에게 이야기하지도 말고 응당 버려야 합니다.

말인즉슨 그렇다 쳐도 쉬운 얘기는 아니다. 그런 얘기를 꺼내려면 우리도 직접 허실과 본말을 따져 봐야 한다. 아무튼 이 자리에서 할 얘기는 아니다. 그런데도 이런 얘기를 이 자리에서 꺼내는 까닭은 대장경의 구성이 이런 얘기를 바탕으로 짜여 있기 때문이다.

보살장(菩薩藏)은 대승의 내용을 담고 있는 가르침이다. (보살장을) 가르치는 주체(敎主)는 법신(法身)으로 항상 존재하며, 나지도 죽지도 않는다. 가르치는 내용의 이치는 방광진여(方廣眞如)로 이름과 모양을 벗어났다. 묶으면 삼장(三藏)의 차이가 있고, 나누면 열두 가지 과목이 있다. 발심(發心)에서 시작하여 십지(十地)에서 끝나니 삼명(三明) 팔해(八解)의 가르침과 육도(六度) 사섭(四攝)의 글을 나누어 보살장이라고 한다. 한나라 명제(明帝) 정묘년(서기 67)으로부터 지금 개원(開元) 경오년(서기 730)에 이르기까지 유통을 확인할 수 있는 것은 모두 686부 2,744권 258질이다. 대승법장(大乘法藏)으로 결집하니 과조(科條)를 따로 나누어 뒤에 열거한다.

보살 계경장(契經藏) 563부 2,172권 203질
보살 조복장(調伏藏) 26부 54권 5질
보살 대법장(對法藏) 97부 518권 50질 ● 22

성문장(聲聞藏)은 소승의 내용을 담고 있는 가르침이다. 성문장(聲聞藏)을 가르치는 주체는 나고 죽는 모습을 보여 주고 사물에 대응하여 인연을 따른다. 가르침의 내용은 9부 4아함, 아비담, 계율이다. 선남선녀(善男善女)들은 이 가르침을 받아 번뇌의 고통을 벗어나고, 연각(緣覺)과 성문(聲聞)은 이 가르침을 받들어 피안으로 올라간다. 진승(眞乘)으로 나아가는 작은 수레이며, 보리(菩提)로 향해가는 도중에 지어진 화성(化城)●23이다. 초심자를 유혹하여 인도하는 데 이보다 뛰어난 것이 없다. 녹야원에서 시작하여 구시라성의 금하(金河)에서 끝난 반자(半字)의 말이 바로 성문의 장이다. 모든 개천들을 채우고 세 가지 수레를 함께 타고 나란히 묘각(妙覺)에 올라 함께 열반을 증득하니 어찌 작고 크다는 다른 이름이 있을 수 있겠는가. 우리 세존께서 방편으로 이끄는 가르침으로 믿어야 할 것이다. 한나라 명제(明帝) 정묘년으로부터 지금 개원(開元) 경오년에 이르기까지 소승의 삼장으로 유통을 확인할 수 있는 것은 모두 330부 1,762권 165

●22 지승(智昇), 『개원석교록(開元釋敎錄)』 권제11, 「별분승장록(別分乘藏錄)」 하. K1062V31P1121b05L
●23 화성(化城): 『법화경』에 나오는 일곱 가지 비유의 하나. 대승의 가르침으로 가는 어려운 수행의 과정에 잠깐 쉬어 갈 수 있도록 신통력으로 변화시켜 지은 임시방편의 성. 성문과 연각의 이승이 얻은 열반은 방편으로 지어진 가짜 성과 같다는 것.

질이다. 성문법장(聲聞法藏)으로 결집하니 과조(科條)를 따로 나누어 뒤에 열거한다.

성문 계경장(契經藏) 240부 618권 48질
성문 조복장(調伏藏) 54부 446권 45질
성문 대법장(對法藏) 36부 698권 72질 ●24

전기록(傳記錄)은 부처님이 열반에 든 후에 성현(聖賢) 제자들이 짓거나 모은 것들이다. 삼장(三藏)의 정전(正典)은 아니지만 부처님의 교화에 도움을 준다. 여기에 다섯 가지 종류가 있다. 첫째는 부처님의 덕(德)을 찬양하는 종류이고, 둘째는 법의 진리를 밝히는 종류이고, 셋째는 스님들의 행적을 적은 종류이고, 넷째는 사악한 것을 눌러 법을 보호하는 종류이고, 다섯째는 다른 종파의 집착에 관한 종류들이다. 부처님의 덕을 찬양하는 것에는 『불소행찬(佛所行讚)』 『석가보(釋迦譜)』 등이 있다. 법의 진리를 밝힌 것에는 『수행도지경(修行道地經)』 『경율이상(經律異相)』 등이 있다. 스님들의 행적을 적은 것에는 용수(龍樹), 마명(馬鳴), 법현(法顯), 현장(玄奘) 등의 전기(傳記)들이 있다. 사악한 것을 눌러 법을 보호하는 것에는 『변정론(辯正論)』 『홍명집(弘明集)』 『파사론(破邪論)』 『십문변혹론(十門辯惑論)』 등이 있다. 다른 종파의 집착에 관하여는 수론(數論)과 승론(勝論) 파의 두 가지 논(論)

●24 『개원석교록(開元釋敎錄)』 권제13. K1062V31P1155b03L

이 있다. 종류별로 나눠 보면 이 다섯 가지를 넘지 않는다. 이 다섯 가지의 내용은 대승과 소승에 통한다. 이를 다시 두 가지로 나누어 범본(梵本)을 번역한 것을 앞에 두고, 이 땅에서 지은 것을 뒤에 둔다. 동서(東西)가 섞이지 않아 보는 이들이 의심을 갖지 않게 하기 위해서이다.

성현전기록(聖賢傳記錄) 108부 541권
범본번역집전(梵本翻譯集傳) 68부 173권
차방찬술집전(此方撰述集傳) 40부 368권 ● 25

『개원석교록(開元釋敎錄)』, 당(唐)나라 개원(開元) 18년(서기 730) 지승(智昇)이 지은 불전목록에 들어 있는 내용이다. 불교가 중국으로 처음 전래했다고 하는 서기 67년 한나라 명제 때부터 개원 18년까지 664년 동안, 176명의 번역자들이 한문으로 번역·저술한 문헌들을 상세하게 고증하여 만든 목록이다. 불전을 보살장과 성문장, 곧 대승과 소승으로 크게 나누고, 대승과 소승을 다시 경률론 삼장으로 구분하였다. 여기까지는 삼장결집의 전통을 그대로 따른 것이다. 이 목록의 특징은 대소승 삼장 외에, 후대에 저술되어 삼장의 구분에 포함시키기 어려운 문헌들을 현성집(賢聖集)이라는 항목으로 나누어 포함시켰다는 점이다.

최초의 목판대장경인 개보대장경은 『개원석교록』의 분류방식을

● 25 『개원석교록(開元釋敎錄)』 권제13, 「성현전기록(聖賢傳記錄)」 제3. K1062V31 P1170b02L.

그대로 따라 조성되었다. 이후 대소승의 삼장에 인도와 중국에서 저술된 성현집을 추가하는 분류방식이 한문대장경을 구성하는 기본적인 분류방식으로 정착하게 된다. 고려 재조대장경, 해인사 팔만대장경도 이러한 분류방식을 그대로 채택하고 있다. 개보대장경의 전통을 그대로 따랐기 때문이다. 물론 이런 전통 또한 『개원석교록』에서 불쑥 생긴 것은 아니다.

『개원석교록』은 서기 730년에 저술된 목록이다. 『개원석교록』의 저자 지승은, 서기 67년부터 664년간, 번역·저술된 문헌들의 집성이라고 못을 박는다. 그것이 지승의 대장경이다. 초기의 고려대장경은 지승의 대장경이었다. 그의 목록에 따라 집성한 대장경을 복각한 대장경이기 때문이다. 가섭의 삼장이 지승의 대장경과 다른 까닭은 새로 결집한 기억들을 차례로 추가시켜 왔기 때문이다. 마찬가지로 대장경의 역사는 지승의 대장경에서 멈추지 않았다. 시간과 공간은 서기 730년, 당나라 장안으로부터 또 흐르고 확장됐기 때문이다. 고려대장경도 여러 차례 증보와 수정을 거쳐 해인사 팔만대장경으로 이어졌다. 마찬가지로 고려대장경만 대장경이 아니다. 산스크리트나 팔리어, 한문은 물론, 서하(西夏)나 서장(西藏), 몽고, 여진, 언해본 불전이나 현대의 한글대장경까지 숱한 언어, 숱한 민족들이 대장경을 조성했다.

고려대장경의 목록 체계는 좀 복잡하다. 체계라고 하기에는 뭔가 부족하고 어수선한 부분들도 많이 있다. 목록에 대하여는 나중에 좀더 부연하도록 하겠다.

진화하는
그릇

성문장과 보살장, 거기에 후대에 저술된 현성집까지 대장경 안에 담긴 문헌들의 성격을 따져 보면 큰 그릇으로서의 대장(大藏)의 그림이 그려진다. 부처님이 직접 했던 말, 경장(經藏)에서 시작한 그릇, 곧 장(藏)의 역사가 아난의 다문장과 성문의 삼장을 거쳐 보살장으로 이어지고, 현성집으로 확장된다. 그 많은 이야기를 모두 담은 그릇, 그런 그릇이 바로 큰 그릇, 대장경이다.

    대장경이란 표현이 언제부터 쓰이기 시작했는지는 사실 명확하지 않다. 이전에는 이런저런 장들을 묶어서 일체경(一切經)이라는 표현을 썼다. 물론 경장(經藏)만을 지칭하는 것은 아니다. 시간과 공간이 확장하면서 누적된 기억들을 몽땅 담는 것이다. 기억들을 결집하고 집성하는 까닭은 그 목적이 모도잡이, 총지여래장에 있기 때문이다. 부처님 법의 총체, 오래도록 기억되어 중생들을 이롭게 하기 위하여 흘림없이 몽땅 모아야 했기 때문이다.

    아난으로부터 가섭의 성중으로 이어지던 기억의 역사는 이후에도 몇 차례의 논란과 결집을 거쳐 확장되고 변화된다. 그릇으로서의 장(藏)의 역사도 몇 차례 극적인 전환을 겪는다. 양적인 변화야 시간이 흘러가면서 늘어갈 수밖에 없는지라, 그러려니 할 수도 있다. 하지만 그릇이 바뀌는 과정에서 기억 자체에 질적인 변화가 초래되기도 하였다.

그 가운데 가장 극적인 변화는 바로 기억을 문자로 기록하기 시작한 일로부터 시작됐다. 이 일을 통해 생긴 가장 큰 변화는 사람의 몸 안에 담아 두었던 기억들이 사람의 몸 밖으로 이동하기 시작했다는 점이다. 요즘 표현으로 치자면 기억이 메인 시스템으로부터 벗어나 외부 보조기억장치에 영구 보존되기 시작한 셈이다.

이로부터 사람과 사람의 관계로 전승되던 기억과 그릇의 관계가, 사람 중심에서 그릇 중심으로 옮겨가기 시작했다. 보조기억장치가 분명하게 몸 밖에 존재하게 되었기 때문에 그릇의 존재나 담고 담기는 일도 더욱 선명해지기 시작했다. 사람과 사람의 관계 사이에 외부의 그릇이 개입하게 되었고, 시간이 갈수록 그 기능은 확장될 수밖에 없었다. 이로부터 기억을 보조기억장치인 문서에 저장하는 행위와 문서로부터 기억을 재생하는 행위에 대한 문제가 사람들간의 관계를 대체하기 시작했다. 그리고 그 과정에서 소통의 수단이 말로부터 글자라는 매개를 거치게 됨으로써, 소통하는 방식이나 생각하는 방식도 함께 바뀔 수밖에 없었다. 소리를 통해, 귀를 통해 직접 소통하는 일과, 글자의 매개를 통해 빛과 눈으로 소통하는 일에는 질적인 차이가 있기 때문이다.

인쇄술의 등장은 문자의 그릇이 가져온 변화만큼이나 큰, 후대에 끼친 영향으로만 치자면 오히려 훨씬 더 큰 변화를 초래했다. 불교문헌의 역사에서 인쇄술은 곧 목판인쇄술을 의미한다. 한문대장경의 관점에서 보자면 10세기 전후에 변화의 정점을 맞는다. 중국의 방산석경이나 우리나라의 화엄석경 등의 석판인쇄술도 있고, 이어진 목활자나 금속활자의 발명도 있었지만, 목판인쇄술의 영향력과는 비교가 되지 않는다. 이런 점은 구텐베르크로부터 시점을 잡는 서구의 역사와는 큰 차이가 있다. 시기상으로도 다르고 인쇄술이 가져온 영향이나 방식도 아주 다르다. 구텐베르크의 인쇄술이 서구사회에 매체혁명과 지식해방을 가져왔다면, 불교문헌 나아가 아시아 한자문화권에서는 그와 비슷한 일이 10세기 목판인쇄술에서 벌어졌다고 할 수 있다.

서구의 영향 때문인지, 금속활자의 혁신성을 강조하는 사람들이 많이 있다. 물론 금속활자가 기술적으로 발전된 형태의 인쇄술일 수는 있겠다. 그러나 인쇄술이나 매체혁신은 금속활자만으로 이뤄지는 것은 아니다. 목판인쇄술은 금속활자가 나온 이후로도 오랫동안 인쇄 환경을 지배했다. 금속활자를 이용한 인쇄술은 근대의 활판인쇄술이 도입되기 이전까지도 목판인쇄술의 보조적인 기능을 벗어나지 못했다. 불교문헌의 역사, 한문대장경의 역사는 그래서 목판대장경의 역사와 겹칠 수밖에 없다. 천 년이 넘는 세월 동안, 말세의 중생들은 목판인쇄술, 목판대장경을 통해 여래의 법장을 체험하고 수용했기 때문이다.

불교문헌과 인쇄술의 관계는 오히려 시간이 많이 흐른 뒤, 20세기 전후에 활판인쇄술이 도입되면서 더 큰 변화를 초래했다고 할 수 있다. 특히 일본 대정신수대장경의 조성을 계기로 불교문헌을 다루는 방식에 근본적인 변화가 일어난다. 이 대장경은 다량의 데이터를 읽기에 편한 근대식 장정으로 출간함으로써 문헌에 대한 접근성을 극적으로 높이는 동시에, 데이터의 선정이나 교정, 분류방식 등을 합리적으로 개선시켰기 때문에 국제적 표준의 성격과 지위를 지니게 되었다. 대정신수대장경이 지닌 이 같은 지위는 부처님이 인정한 아난이라는 그릇, 가섭이라는 그릇, 오백성중의 그릇으로 이어온 법장의 권위를 잇는 것이다.

오랜 대장경의 역사 속에서도 이 같은 지위를 지녔던 대장경은 존재하지 않았다. 한동안 고려대장경이 제한된 공간 안에서 유사한 권위를 지녔던 적은 있었지만 지금의 대정신수대장경과는 많은 차이가 있다. 이런 지위와 권위는 부처님이나 누가 가져다 준 것도 아니다. 오늘날 불교문헌을 연구하는 학자의 절대다수가 대정신수대장경의 체계를 기반으로 연구를 진행하고 인용을 한다. 오백성중이 아난의 기억을 여래의 기억으로 공인함으로써, 여래의 기억이 아난의 기억을 통해 오백성중이라는 집체의 기억이 되었듯이, 20세기의 독자들은 대정신수대장경을 여래의 기억으로 인정함으로써, 여래의 기억을 20세기 독자들의 기억으로 받아들인 셈이다.

여래의 장, 그릇의 역사에서 빠뜨리기 쉬운 또 하나의 장이 있다. 선불교(禪佛敎)가 만들어낸 이야기들, 선장(禪藏)이라는 범주 안에 들어가는 기억의 역사이다. ●26 이른바 언어도단(言語道斷) 심행처멸(心行處滅), 언

●26 선원제전집(禪源諸詮集)은 선문(禪門)의 근원이 되는 도리를 설명한 제가(諸家)의 저술들을 베껴 기록한 것들로, 문자구게(文字句偈)를 일장(一藏)으로 묶어 후대로 전해 주기 위한 것이다. 종밀(宗密), 『선원제전집도서(禪源諸詮集都序)』 권상. T2015_.48.0399a16
같은 책에 대한 서문에서 배휴(裵休)는 선장(禪藏)이라는 표현을 바로 거론하며, 미증유(未曾有)의 일이라고 했다. '일장(一藏)으로 묶은(集爲一藏)'이라는 표현만 보면, 의천(義天)의 교장(敎藏)도 이 표현으로부터 영향을 받았을 개연성도 있다.

어의 길이 끊기고 마음이 움직이는 자리가 사라진 세계. 그래서 삼장이나 대장경을 '부처의 말'이요, 말의 흔적일 뿐이라는 사람들의 기억들이다. 이들의 기억은 양만 따져도 대장경 안에 담긴 보살장(菩薩藏)보다 크고, 후대에 끼친 영향, 특히 동북아시아 한문문화권에 끼친 영향은 강하고 진하다. 이들의 그릇은 모양도 다르고 담는 방식도 다르다. 무엇보다 그릇의 역사에서 보조기억장치로서의 문자의 기능이 전면으로 부각된다. 이를테면 보조기억장치의 도움 없이도 기억의 재생과 보존, 소통이 가능하다는 주장 같은 것이다. 하지만 이런 논란도 역시 보조그릇의 관계 속에서 발전하고 진화한다. 그릇은 이미 사람의 몸을 벗어났고, 몸에 담고 있기에는 너무나 커져 버렸다.

그릇 이야기, 이 이야기는 고려대장경 천 년의 해를 맞아 천 년의 대장경에 바치는 헌사(獻詞)에 불과하다. 초조대장경 천 년의 생일에 바치는 축시(祝詩)라 해도 좋겠다. 그 길고 먼 이야기를 다할 수도 없거니와, 온전하게 채울 수도 없다. 선장(禪藏)을 그릇의 측면에서 바라보는 일만해도 그렇다. 말을 꺼냈어도 민망하기만 하다. 그래도 지금은 그렇게 넘어가려고 한다. 얘기를 꺼내 놓은 일만 해도 할 일은 했다는 생각도 든다.

아무튼 이제 컴퓨터와 인터넷, 이른바 디지털이라고 부르는 새로운 그릇의 시대이다. 그릇 이야기가 새삼스러운 것은 우리가 사는 시대가 바로 그릇의 시대이기 때문이다. 디지털이라는 요령부득의 그릇으로 인해, 그릇의 세계가 유례를 찾아 보기 힘들 정도로 폭발적으로 요동치고 있기 때문이다. 과거의 그릇들을 불편하고 불안한 마음으로 지켜볼 수밖에 없는 처지가 되었기 때문이다. 담고 담기는 환경, 그 안에서 벌어지는 일이 질과 양에서 너무도 빠르게 변화하고 있기 때문이다.

 그릇 이야기를 '진화하는 그릇'이라고 표현하기는 했지만, 그릇이 정말로 진화해 왔다는 확신이 있어서도 아니고, 진화라는 표현 자체를 충분히 이해하고 쓴 것도 아니다. 다만 여래의 그릇이 그러했듯, 아난의 기억이 오백성중이라는 집체의 기억으로 해방되었듯, 기억과 그릇의 역사가 미래의 말세 중생들을 향해 조금씩 확장되고 개선되어 왔다는 생각을 표현하고는 싶었다. 여래가 남겨 둔 것도 없이, 감춰 둔 것도 없이 모조리 흘려 놓았듯이, 대장경이라는 그릇을 통해 미래의 우리도 그것을 맛볼 수도 있고, 쓰레기통에 버릴 수도 있는 그릇의 진짜 주인이 될 수 있었기 때문이다. 이런 일은 아무튼 좋은 일이다. 그리고 이런 좋은 일이 있을 수 있었던 것은 무엇보다 좋은 그릇들이 있었기 때문이다. 최상의 그릇, 아난의 그릇이 정교한 설계를 거쳐 대중의 그릇으로 옮겨갈 수 있었듯이, 그런 정교한 설계의 전통을 이어 더 좋고 더 큰 그릇으로 옮겨 담을 수 있었기 때문이다. 그런 뜻에서 진화라는 표현을 쓴 것이다.

 이제 디지털이라는 그릇은, 여래가 뿌려 놓은 그릇에 대한 생각들을 극단으로까지 몰고 가는 것 같다. 아직은 소용돌이의 와중에 있어서 그런 생각이 드는 것일 수도 있다. 어쩌면 디지털이 그려 갈 그릇의 세계는 여래의 그릇에 딱 맞는 것일 수도 있겠다는 생각도 든다. 이 또한 두고 볼 일이다. 그릇 이야기는 어차피 디지털 그릇으로 마감을 하게 정해져 있다. 그래서 일단은 이야기를 여기서 돌릴까 한다.

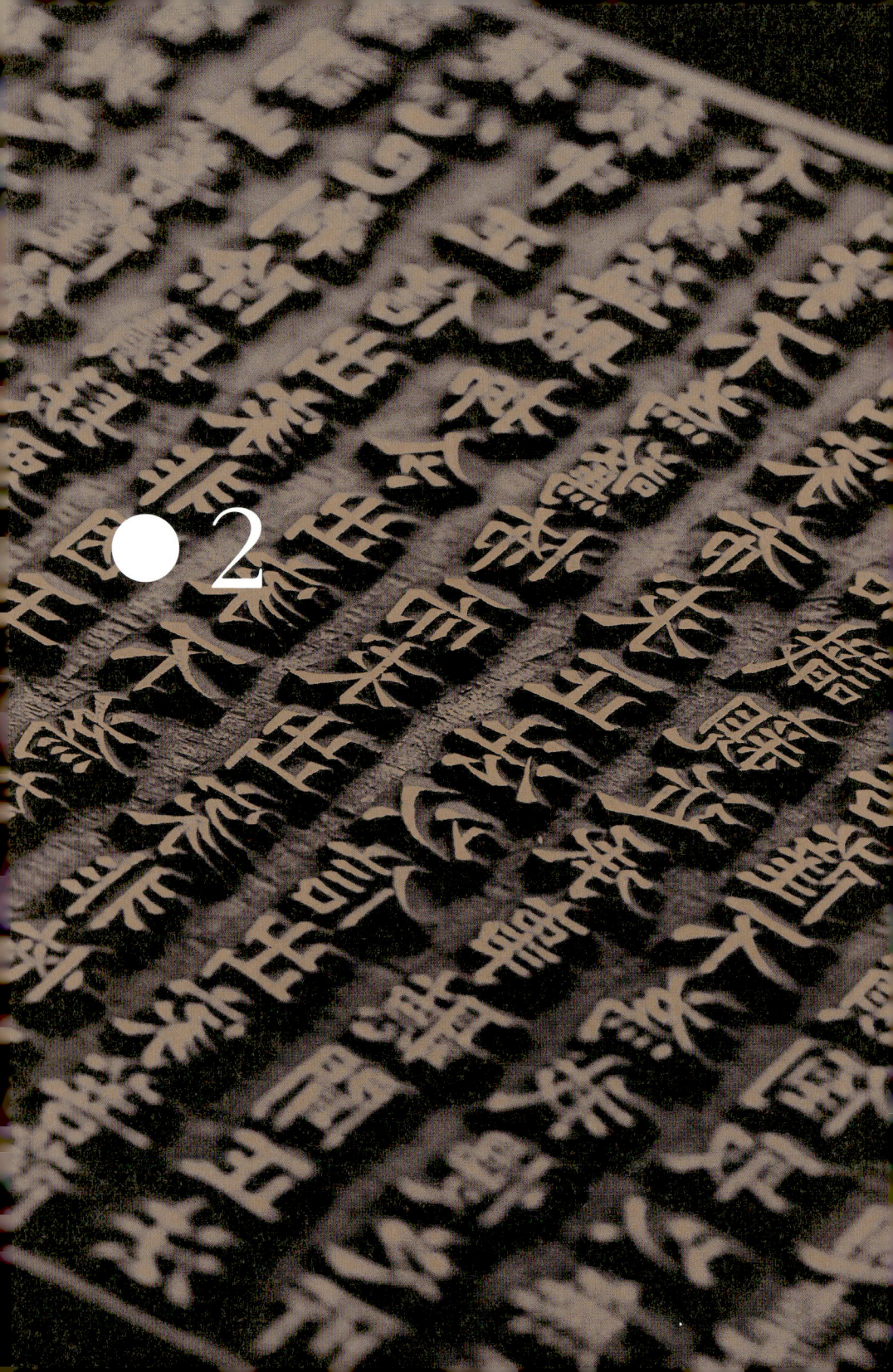

대장경,
기억을 찾아가는 모험의 역사

초조(初雕)라는 말은 '처음으로 새긴'이라는 말이다. 목판에 도장을 새기듯 글자를 새기고, 도장을 찍듯 찍어서 책을 만드는 이른바 '목판인쇄술'로 만들었기 때문에 '새겼다'고 부른다. 초조대장경은 앞에서도 언급했듯이 고려 현종 2년(1011)에 새기기 시작했던 목판대장경으로, 송나라 개보대장경(開寶大藏經)에 이어 역사상 두 번째로 새겨진 대장경이다. 이 대장경을 초조 '처음 새긴 대장경'이라 부르는 까닭은, 두 번째로 새긴 재조(再雕)대장경이 있기 때문이다. 해인사에 보존되어 있는 팔만대장경이 그것이다. 몽고 침략으로 초조대장경이 불에 타 없어졌기 때문에 '다시 새긴' 대장경이라고 한다. 세간에서는 보통 해인사의 대장경을 그냥 '고려대장경'이라고 부른다. 굳이 틀렸다고 할 수는 없겠다. 그것도 '고려시대에 만들었던' 대장경이기 때문이고, 넓은 의미로 고려대장경의 일부이기 때문이다.

구스리 바회예
디신돌

저는 새천년, 세계가 모두 축하했던 기독교의 밀레니엄행사를 한국에서 총 주관했던 새천년준비위원회 위원장으로 있었습니다. 그때 저는 천년이라는 말이 한국인에게 있어선 기독교와는 또 다른 의미에서 깊은 뜻을 가지고 있다는 것을 알았습니다.

고려가요에 보면 '즈믄 해'라고 하는 말이 나옵니다. 이제는 잊어버렸지만, '하나' '열' '온' 그 다음에 '천'이 순수한 우리나라 말로 '즈믄'이었던 것입니다. 우리는 한자의 영향 밑에서 천 단위까지 못가고 백 단위에서 '온'에서 우리나라 말을 잊어버렸지만 고려 때의 가요를 보면 '천'을 의미하는 '즈믄'이라는 순수한 우리말이 있다는 것을 여러분은 아실 것입니다.

오늘 고려대장경 초조본 발원한 지 천 년을 기리는 것은 바로 즈믄 해는 마음에 있어서의 영원한 한국인의 하나의 정신적 단위였던 것입니다. 그렇기 때문에 고려가요에는 "구스리 바회예 디신돌 긴힛둔 그츠리잇가" 구슬이 바위에 떨어진다 하더라도 그 끈이야 끊어질 리야 있겠습니까? "즈믄 히룰 외오곰 녀신둘 신(信)잇둔 그츠리잇가" 천 년을 혼자 외롭게 지낸들 님과 나와 맺어진 그 사랑의 끈이야 끊어질 리가 있겠습니까? 하는 아주 아름다운 시가를 남기고 있습니다.

그 증거로 우리는 고려대장경 천 년의 끈, 천 년이라고 하는 한국인의 영원의 단위였던 그 천 년의 해가 지난 오늘날, 우리가 이 자리에 모인 것도 바로 그 고려 때의 가요에서 연년이 읊어지던, 하나하나의 구슬은 깨어져 사라져도 그것을 맨 끈은 끊어질 리 없다는 그러한 끈으로 하여 오늘 우리는 이 자리에 있는 것입니다. ●27

    2007년 4월 3일, 세종문화회관에서 '고려대장경 천 년의 해 선언식'이라는 행사가 있었다. 2011년은 고려 초조대장경 조성을 시작한 지 꼭 천 년이 되는 해, 그 천 년의 해가 다가오고 있다는 사실을 내외에 널리 알리고, 천 년의 해를 기념하기 위한 준비위원회를 결성하는 행사였다. 인용한 글은 당시 준비위원회 공동위원장이었던 이어령 선생이 했던 기조연설의 일부이다. 명불허전, 종교계·문화계·학계를 대표하여 참석했던 160여 명의 전문가들은 묘한 감흥에 빠져야 했다.

●27   이어령, '고려대장경 천년의 해 선언식' 기조연설, 2007년 4월 3일.

2011년은 말하자면 고려 초조대장경이 천 년을 맞는 생일이다. 천년의 생일을 맞는 고려 초조대장경의 기이한 인연을 이 이상 적절하게 표현할 수 있을까 싶었다. 그 인연의 의미를 고려인들의 노래 고려가요에서 찾은 것만 해도 극적이었지만, 그 노래에 담긴 부서진 구슬과 천년으로 이어지는 믿음의 끈이라는 비유는, 천 년 초조대장경의 운명이랄까, 너무나도 잘 어울리는 멋진 비유였다.

역사 교과서에도 실려 있듯, 천 년 동안 소실되어 사라진 것으로 알려졌던 대장경, 깨어져 흩어진 구슬처럼 이리 저리 흩어져 고향에서는 존재조차 잊혀졌지만, 타국의 수장고에 감추어져 있다가 천 년의 생일을 맞아 고향으로 돌아오는 사연.

구슬이 바위에 떨어진들 끈이야 끊어지리까.
천년을 외롭게 지낸들 믿음이야 끊어지리까.

필자는 1965년 유네스코 연구 계획으로 북해도(北海道)로부터 구주(九州)에 이르기까지의 주요 공사장(公私藏)에서 한국 전적을 두루 조사한 바 있었는데, 그때 동사(同寺) 정인암(正因庵) 주지 사쿠라이 가게오(櫻井景雄) 스님의 호의로 실사한 것도 그 여장(麗藏) 중의 일부분에 지나지 않는다. 필자가 확인한 초조본으로서는 다음과 같이 일곱 종이며 그 중 세 종은 1975년 김두종 교수가 발표한 바도 있다.

한편 필자는 근년에 고려본의 연구를 위해 해인사 동서재(東西齋)의 사간판 조사에 이어 전국적인 규모로 공사비장은 물론 삼남에서 올라오는 전적을 조사해 왔는데 천만 뜻밖에도 그 비장과 진적(珍籍) 속에서 초조본을 여러 종이나 계속 발굴해 냈다. 그것이 거질의 전장(全藏) 중 비록 구우일모(九牛一毛) 격에 지나지 않지만 국내에는 전혀 미전(未傳)되고 있는 것으로 단념하고 있던 차에 처음으로 발견된 것이니 실로 국가적 내지 민족적인 수확임에 그 발굴의 환희를 새삼 만끽한다. ●28

고려 초조대장경을 비장(秘藏)이라고 부르는 까닭은, 초조대장경이 일본의 한 사찰 수장고 안에 감춰진 채 오랜 세월 동안 그 정체를 알 수 없었기 때문이다. 일본 교토에 있는 남선사(南禪寺)라는 사찰이다. 바로 그 남선사의 비장(秘藏)에서 초조대장경의 일부를 처음으로 만나게 되었고, 이를 계기로 우리나라에 산질되어 전하던 초조대장경을 발굴할 수 있었다는 것이다.

1965년, 이때가 한국 학자에 의해 초조대장경의 존재가 처음으로 확인되는 순간이다. 이때까지 초조대장경은 공식적으로 '몽고군의 침략 때 소실된 대장경'이었다. 물론 이전부터도 일부 학자들 사이에는 초조대장경 인쇄본의 일부가 일본에 보존되어 왔다는 정도는 알려져 있었다고 한다. ●29 다만 남선사의 비장에 접근할 수 있는 길

●28 천혜봉(千惠鳳), 『나려인쇄술(羅麗印刷術)의 연구』, pp. 72-74.
●29 「京都南禪寺で大藏經の高麗版を發見 – 東洋文化史上刮目に値す」, 『조선연구(朝鮮研究)』 3권 3호, p. 14, 조선연구사(朝鮮研究社), 1930, 서울.
     이 기사에서 일본 대정신수대장경의 편찬자로 유명한 타카쿠스 준지로(高楠順次郞)가 대장경 간행사업의 일환으로 남선사 서고를 조사하던 중에 두 종류의 고려판을 처음으로 발견했다고 소개하고 있다.

2-1 ● 일본 교토에 있는 남선사. 초조대장경의 인쇄본이 남아 있는 곳이다. 1965년 우리에게 처음 그 존재가 확인됐다. 초조대장경은 전질이 1만 권이 넘을 것으로 추정되나 현재 한국과 일본을 포함해 그 존재가 확인된 것은 약 3천 권이다.

이 없었기 때문에 확인할 방법이 없었을 뿐이었다. 그때까지는 그런 걸 본 적조차 없었기 때문에 옆에 있었다 해도 확인할 길이 없었다는 말이다.

발견의 주인공은 '국가적 민족적 수확과 환희'의 감상을 토로하고 있다. 이 또한 과연, 감격스러운 장면임에는 틀림이 없는 것 같다. 잊었던 역사를 처음으로 발굴해 내는 일이다. 그것도 고려대장경이다. 세계에 자랑할 만한 나라의 보물일뿐더러 인류의 유산이라고 하는 그런 역사이다.

"보지 않으면 알 수도 없다."

고문헌을 연구하는 학자들이 하는 말이다. 고문헌이라는 것이 어디 여기저기 널려 있는 물건이 아니기 때문이란다. 한 개밖에 없는 물건이라면, 그런데 볼 수가 없다면, 물론 알 수도 없다. 물건을 가진 사람이 내어 놓지 않으면 그것으로 그만이다. 보지 않으면 존재하지도 않는 것이고, 이론도 없고 학문도 없다. 초조대장경이 그랬다. 한 번본 이후로 이 땅에서 발굴된 초조본만 해도 삼백 권에 달한다. 그때 남선사 스님들이 비장을 열어 초조본을 공개하지 않았다면, 아직도 그저 그런 오래된 두루마리려니 했을 것이다. 알고 보니 오리가 아니라 백조였던 셈이다. 실제로 그 두루마리들은 그 뒤에 국보가 되고 보물이 되었다.

    초조대장경의 천 년, 이 모두가 일본 남선사의 덕택이다. 만일 남선사에 대량의 초조본이 남아 있지 않았다면 어찌 되었을까? 수세기 동안 정식으로 공개한 적이 한 번도 없었다는 남선사일체경, 아직도 공개되지 않은 채로 수장고에 갇혀 있어야 했다면, 국보가 되고 보물이 된 초조본들은 어떤 운명일까? 애물단지 미운 오리새끼일까?

    일본에는 5만여 종이 넘는 우리 문헌들이 소장되어 있다고 한다. 그 가운데 적지 않은 자료들이 아직도 공개되지 않은 채 이곳 저곳에 비장되어 있다. 그래도 이 정도나마 윤곽이 드러난 것도 일본의 한 학자가 오랫동안 절치부심 자료를 정리한 결과이다.●30 이 땅에서 출간된 문헌들, 우리의 지난 날 우리의 역사를 이해하기 위해서는 꼭 필요한 자료들이다.

●30 후지모토 유키오(藤本幸夫), 『일본현존조선본연구(日本現存朝鮮本研究)』, 교토대학학술출판회(京都大學學術出版會), 2006.

얼마 전 인기리에 방영되었던 선덕여왕 이야기, 이런 상상력조차 일본 어딘가로 유전하던 이야기책에서 얻어 온 것이라고 한다. 그런 이야기책이나마 마음껏 볼 수 있다면. 그래도 어디에 있는 줄, 그거라도 안다면 찾아가서 부탁을 하면 언젠가는 보여 주기는 하겠지만 말이다. 일본의 수장고에서부터 '발굴되어 나와' 천 년의 생일을 앞둔 초조대장경의 기연, 또는 기쁨에 앞서 느끼는 사족과 같은 감상이다.

여기서 잠깐 정리를 하고 넘어 가도록 하자.

> (대장경을) 처음으로 조성한 시말을 살펴보면, 옛날 현종 2년에 거란의 임금이 군사를 크게 일으켜 쳐들어오자, 현종 임금은 남쪽으로 피난을 갔습니다. 거란의 군사는 송악성에 주둔하고 물러가지 않았습니다. 이에 여러 신하들과 함께 큰 서원을 세워 대장경 판본을 새겨 완성시키겠다고 맹세하자 그 뒤에 거란의 군사가 스스로 물러갔습니다. 그랬으니, 대장경도 한 가지이고 전후로 대장경을 새긴 것도 한 가지이며, 임금과 신하들이 함께 발원한 것도 한 가지입니다. 어찌 그때의 거란병만 유독 스스로 물러가고, 지금의 달단은 그렇지 않겠습니까? ●31

앞에서도 했던 얘기다. '옛날 현종 2년'이 바로 서기로 1011년이

●31 이규보(李奎報), 「대장각판군신기고문(大藏刻板君臣祈告文)」, 『동국이상국집(東國李相國集)』 권제 25. 한국고전종합DB (http://db.itkc.or.kr)

다. 그때 대장경 조성을 시작했다는 기록이다. 이 대장경을 '천년의 대장경'이라고 부르는 까닭이 여기에 있다. 부인사에 보관해 두었던 이 대장경이 몽고 침략 때 불타 버렸다는 것이고, 그래서 새로운 대장경을 새기겠다는 것이다. 처음 새긴 대장경을 초조대장경이라 부르고, 이때에 새로 새긴 대장경을 재조대장경이라고 부른다.

초조(初雕)라는 말은 '처음으로 새긴'이라는 말이다. 목판에 도장을 새기듯 글자를 새기고, 도장을 찍듯 찍어서 책을 만드는 이른바 '목판인쇄술'로 만들었기 때문에 '새겼다'고 부른다. 초조대장경은 앞에서도 언급했듯이 고려 현종 2년(1011)에 새기기 시작했던 목판대장경으로, 송나라 개보대장경(開寶大藏經)에 이어 역사상 두 번째로 새겨진 대장경이다. 이 대장경을 초조 '처음 새긴 대장경'이라 부르는 까닭은, 두 번째로 새긴 재조(再雕)대장경이 있기 때문이다. 해인사에 보존되어 있는 팔만대장경이 그것이다. 몽고 침략으로 초조대장경이 불에 타 없어졌기 때문에 '다시 새긴 대장경'이라고 한다. 세간에서는 보통 해인사의 대장경을 그냥 '고려대장경'이라고 부른다. 굳이 틀렸다고 할 수는 없겠다. 그것도 '고려시대에 만들었던' 대장경이기 때문이고, 넓은 의미로 고려대장경의 일부이기 때문이다.

일반 사람들이 보통 해인사의 팔만대장경을 고려대장경이라고 부르는 데 비해, 학자들은 초조대장경과 재조대장경 그리고 그 중간의 교장(敎藏)이라고 부르는 또 다른 대장경(교과서의 표현은 속장경)을 합하여 '고려대장경'이라고 정의한다. 우선은 이런 정도로 넘어가는 것이 좋겠다. 천 년의 세월이다. 말도 많고 사연도 많을 수밖에 없다.

예를 들어 초조대장경을 완성한 시기에 관해서도 이견들이 있다.

예전에는 『고려사』의 기록에 의지하여 1087년에 완성했다는 설이 강했지만, 요즘에는 현종 때에 1차로 대장경을 완성했고, 이후 여러 차례 증보를 했다는 설이 유력해지고 있다. 아무튼 그런 이야기들을 한 번에 다할 수도 없다. 그러니 시간을 좀 뛰어넘어 보도록 하자.

고려대장경연구소에서는 2004년부터 2010년까지 일본 교토의 하나조노대학(花園大學) 국제선학연구소(國際禪學硏究所)와 공동으로 '초조대장경 디지털화사업'을 추진했다. 문화체육관광부의 지원으로 추진된 이 사업의 핵심은 남선사 소장 초조대장경 인쇄본 1,800여 권과 국내 소장본 300여 권을 정밀하게 촬영하고 조사하는 일이었다. 연차적으로 촬영한 디지털 이미지들을 기반으로 데이터베이스를 구축, 2008년부터 인터넷으로 서비스를 하고 있다. ●32

지금은 '책 권(卷)'이라고 부르는 글자는 원래 '두루마리'를 의미했다. 고려대장경을 만들던 당시에는 인쇄한 종이들을 길게 이어 붙여 두루마리로 만들어 유통하였다. 초조대장경은 6,000여 권의 두루마리 책으로 구성된, 큰 규모의 총서(叢書)이다. 현재까지 남선사의 1,800여 권과 국내 소장본 300여 권, 그리고 이 외에도 일본 대마도에 600권 정도가 확인되고 있다. 이들을 다 합하면 3,000권에 가까운 분량이 된다. 초조대장경 전체 분량의 절반에 육박하는 양이다.

6,000여 권이라는 책의 양은 지금의 기준으로 보아도 결코 적지

●32 고려대장경지식베이스 http://kb.sutra.re.kr

2-2 ● 남선사 소장 초조본의 보존 상태

2-3 ● 남선사 소장 초조본 학술 조사

않은 분량이다. 목판은 타 버렸지만, 그 인쇄본은 절반이 멀쩡하게 남아 있었다는 말이다. 생각하면 할수록 기이한 일이다. 한두 권도 아니고, 한두 해도 아니고 어떻게 그런 걸 모를 수 있었을까? 이 땅에 남아 있다는 300권의 존재는 더욱 기이하다.

디지털화사업이 끝난 것이 천 년을 딱 한 해 남긴 때였다. 이런 인연은 신비롭기까지 하다. 천 년을 숨어 있던 대장경이 천 년의 생일을 맞아 제발로 터벅터벅 걸어 나온 셈이다. '병도 깊어지면 친구가 되고 의사가 된다'는 말이 있다. 수년 간 초조대장경 이미지들을 '일로써' 들여다보고 있자니, 일을 넘어 이런 저런 감상에 젖을 때가 있다. 기묘한 인연이 마치 정해진 운명처럼 느껴지는 것 같은 감흥이다. 깨어진 구슬과 천 년으로 이어지는 믿음의 끈, 그래서 그런지 이런 말에 남다른 감흥을 느끼게도 된다.

어쨌든 비록 디지털 매체를 빌어서나마 이제 우리는 초조대장경을 볼 수 있게 되었다. 언제 어디서나 인터넷만 열면 디지털로 화현한 숱한 장면들을 볼 수 있고 읽을 수 있다. 그리고 그 이야기들을 통해 천 년 동안 숨겨졌던 비밀들이 열리고 있다.

한문 대장경

천 년의 대장경, 고려대장경은 한문대장경이다. 한문대장경이란 말은 그다지 어려울 것도 없겠다. 한문으로 씌어진 대장경이라는 말이니까. 문제는 대장경이라는 말이다.

앞에서 잠깐 고려대장경을 'Tripitaka Koreana'라고 번역한다는 말을 한 적이 있다. 유네스코 문화유산에 등재된 이름도 이것이고, 고려대장경연구소의 영문명칭에도 이 표현을 쓰고 있다. 유네스코 세계 문화유산이라면 정부간에 체결된 국제협약이다. 국제적으로 공인된 표현이다. 그러니 당장에야 어쩔 도리도 없겠지만, 사실 이것이야말로 오리무중의 것이다. 의미상으로도 오해의 소지가 너무 많고, 무엇보다 이 말이 어디서부터 온 것인지조차 분명치 않다.

1942년, 조선기독교서회 편집총무였던 백낙준이 시라하라(R. Shirahara)라는 이름으로 조선총독부도서관 기관지『문헌보국(文獻報國)』에 'Tripitaka Koreana'라는 글을 네 차례에 걸쳐 연재한 바 있다. 영문으로 작성한 글을 일본어 번역과 함께 소개하였다.●33 일본어 제목은 물론 '고려대장경'이다.

　1960년대부터 고려대장경과 인연을 맺고 영문 목록을 출간했던 루이스 랭카스터는 조선총독부 조선사편찬위원회 위원으로『조선불교통사』를 저술한 이능화가 이 용어를 처음 썼을 것이라고 추정한다. 하지만 분명한 근거는 없다. 이능화는 법어학교(法語學校)에서 한국 사람으로는 처음으로 불어를 가르쳤을 정도로 서구언어에 능통했고 라틴어에도 밝았다고 한다.

　백낙준이 이 용어를 아무런 설명 없이 제목으로 사용했던 것으로 미루어, 어쨌든 식민지 식자층 사이에 어느 정도 알려져 있던 용어로 보인다. 그 글만 보아도 고려대장경에 대한 상당한 수준의 지식을 바탕으로 비교적 상세한 소개를 하고 있다. 약간의 손질만 거친다면 지금 당장 우리말로 번역해서 내 놓아도 손색이 없을 정도로 훌륭한 글이다.

　문헌보국(文獻報國), 어찌 보면 요즘 유행하는 'IT 강국'이라는 말의 식민지 버전이었겠다는 느낌을 준다. 문헌보국 시대의 식민지 지식인들이 가졌던 고려대장경에 대한 이해, 그리고 IT 강국 시대의 고려대장경에 대한 이해, 어떤 차이가 있을까? 아무튼 그때나 지금이나 고려대장경이라는 키워드는 특히 지식과 정보, 인쇄술이라는 측면에서 뺄래야 뺄 수가 없는 중요한 요소였다는 생각이다. 'Tripitaka Koreana'라는 표현은 그런 시대, 문헌의 역사를 반영하는 표현이다.

●33　『문헌보국(文獻報國)』 8권 9호, 1942-09-01, 조선총독부도서관.

어쨌거나 고려대장경은 'Tripitaka Koreana' 즉, 고려삼장과는 어원도 의미도 다르다. 대장경은 한자문화권에서 생겨난 새로운 용어이다. 삼장은 물론이고 인도에서 저술되어 번역된 문헌과 이후 한문으로 저술된 문헌들을 포함하는 더 포괄적인 결집의 소산이다. 대장경은 인도나 남방불교에서 사용하는 트리피타카의 전통과는 엄연히 다른 새로운 체계를 지칭하는 표현이다.

일본 학자들이 남방불교의 팔리삼장을 '팔리대장경'이나 '남전대장경(南傳大藏經)'이라고 표현했던 것도 비슷한 오해를 불러 일으킨다. 대장경이라는 말과 삼장이라는 말을 굳이 구별해야 한다고 강조를 하는 까닭은, 대장경을 삼장과 동일시하게 되면 대장경이 지닌 특성들을 무시하거나 간과하게 될 위험이 있기 때문이다.

대장경이란 말 또한 언제부터 쓰이기 시작했는지 분명치는 않다. 예전 일본 학자들은 『수천태지자대사별전(隋天台智者大師別傳)』에 나오는 "지자대사(智者大師)께서 대장경 15장(藏)을 조성했다"는 구절을 근거로 수나라 무렵부터 이 말을 쓰기 시작했다고 이해하고 있었다. 그러나 중국의 방광창은 이 구절이 그 책의 저자가 쓴 게 아니라 '선법사(銑法師)'라는 시대가 불분명한 사람이 달아 놓은 주석이라는 근거로 이를 뒤집었다. 사실 『삼국유사』에도 "신라 말엽에 보요선사(普燿禪師)가 오월(吳越)에 가서 대장경을 가져 왔다"는 기록이 보인다. 역시 이 기사에 대장경이라는 표현이 나온다고 해서 보요선사 시대에 쓰던 용어라는 증거가 되지는 못한다.

방광창은 돈황사본의 전문가답게, 돈황사본에서 근거를 찾아 제시하고 있다. 아울러 돈황사본에 "서천(西天) 대장경 팔만사천억오백권"이라는 표현을 근거로 대장경이 중국에서 만들어진 용어이긴 해도, 한문 대장경에 국한해서 쓰던 용어는 아니었다고 주장한다. ●34

　　대장경이라는 용어가 보편적으로 쓰이게 된 것은 10세기 목판대장경이 출현한 이후라고 할 수 있다. 이전에는 일체경(一切經)이라는 표현을 주로 썼다. 초조대장경본을 다수 포함하고 있는 일본 남선사의 대장경도 공식명칭이 '남선사일체경'이다. 이후 10세기가 흐르도록 대장경이란 용어 자체에 대해 정의를 내리거나 구체적으로 집어 의심을 한 사람은 없었다. 다만 대장경 안에 들어 있는 문헌들의 성격에 준해, 전통적인 삼장에 일부 중요한 문헌들을 포함시킨 '불교문헌의 집성' 정도의 공감이 있었을 뿐이다.

　　하지만 그 사이 조성되었던 대장경마다 '일부 중요한 문헌'의 범위가 많게는 수천 권씩 차이가 났기 때문에 공감의 범위에도 차이가 있었고, 그런 애매한 상태가 오래 지속될 수밖에 없었다. 대장경이란 용어에 대해 어원을 찾고 정의를 내리려는 시도도 근대 이후의 일이었고, 나아가 대장경이 지닌 특성을 구체적으로 규명하려는 노력이 시작된 것은 더욱 최근의 일이었다.

　　대장경을 불교라는 특정 종교의 성전(聖典), 또는 성전의 집성 정도로 생각하는 사람들이 의외로 많다. 굳이 틀렸다고 할 필요까지야 있을지 모르겠으나, 그런 선입견이랄까 오해로 인해 오랜 세월에 걸쳐 축적

●34　방광창(方廣錩), 『중국사본대장경연구(中國寫本大藏經硏究)』, pp. 3-5, 상해고적출판사, 2006. 두 종류의 돈황사본과, 「금강정경대유가비밀심지법문의결(金剛頂經大瑜伽秘密心地法門義決)」, 「양부대법상승사자부법기(兩部大法相承師資付法記)」 등의 근거를 들어 대장경이라는 용어는 당나라 정원(785-805) 연간으로부터 회창(841-846)의 폐불(845) 사이에 쓰기 시작했다고 한다.

된 숱한 이야기들이 속된 말로 도매금으로 넘어가는 경향이 있었다. 경(經)이라는 글자가 주는 선입견이 주된 원인이 아니었을까 싶다. 삼장의 하나인 경장(經藏)은 분명 불교의 교주 석가모니가 직접 했던 말씀들, 세속적인 의미에서 성전이라 불러도 무방하겠다.

방광창은 한문불교권에서 경(經)은 세 가지 단계로 의미가 확장되었다고 한다. 첫째는 가장 좁은 의미로 삼장의 경(經), Sūtra의 번역어로서의 경이다. 둘째는 좀더 넓은 의미에서, 불전을 한문으로 번역할 때 경장에 속하지 않은 문헌들도 '경'이라고 번역하는 경우들이 많았다. 셋째는 대장경의 경은 가장 넓은 의미로, 점차 중국에서 지어진 문헌들도 모두 포함시키게 되었다는 것이다. ●35

실제 고려대장경 안에는 삼장에 속하지 않는 문헌들 가운데, 인도와 서역에서 저술한 문헌 68종이 포함되어 있다.●36 이들 가운데 46종이 경(經)이라는 제목을 달고 있다. 예를 들어 『나선비구경(那先比丘經, K.1002)』은 나선 비구와 사갈국의 왕 미란(彌蘭) 사이에서 벌어졌던 토론에 대한 기록이다. 남전불교에서는 '밀린다팡하(Milindapanha)'란 제목으로 전승된 문헌이다. '밀린다왕의 질문'이란 뜻이다. 밀린다왕은 그리스계의 후손이다. 그리스적 전통을 이은 왕과 불교의 비구가 철학적 종교적인 주제들을 두고 나누는 이야기들이다. 그리스철학과 불교철학

●35 앞의 책
●36 『개원석교록(開元釋敎錄)』 권제13, 「성현전기록(聖賢傳記錄)」 제3. K1062V31 P1170b02L
성현전기록(聖賢傳記錄) 108부 541권; 범본번역집전(梵本翻譯集傳) 68부 173권; 차방찬술집전(此方撰述傳) 40부 368권
성현전기록, 혹은 현성집(賢聖集) 안에 포함된 문헌들이다. 이 부분은 인도에서 저술되어 한문으로 번역한 문헌들(梵本翻譯集傳)과 중국에서 저술된 문헌들(此方撰述傳)로 분류되어 있다.

의 만남, 기원전 1-2세기 사이에 벌어졌던 동서철학의 대화라는 평가로 인해 일찍부터 주목을 받아 왔던 문헌이다.

물론 부처님과도 '수트라 – 경'의 전통과도 아무런 상관이 없다. 『현우경(賢愚經)』『출요경(出曜經)』『백유경(百喻經)』『보살본연경(菩薩本緣經)』『잡비유경(雜譬喻經)』『법구경(法句經)』『가섭결경(迦葉結經)』 등 모두 '수트라 – 경'의 전통과 헷갈리기 쉬운 문헌들이다. 반면에 한문으로 지어진 문헌 가운데 경이라는 제목을 가진 문헌은 하나도 없다. 인도와 서역에서 들어온 문헌들을 한문으로 번역하는 과정에서 이처럼 '경(經)'이라는 글자가 혼용되었던 것은 틀림없다.

물론 대장경에는 이런 분류 안에조차 포함되지 않는 문헌들도 다수 포함되어 있다. 대표적인 것이 『금칠십론(金七十論, K.1032)』과 『승종십구의론(勝宗十句義論, K.1045)』의 이른바 외도(外道), 다른 종교의 문헌들이다. 『금칠십론』은 인도 육파철학의 하나인 수론종(數論宗), 상키야 학파의 문헌이다. 금칠십이라는 제목은 수론의 학자가 불교의 학자와 토론을 하여 칠십행송론(七十行頌論)이라는 글을 지었는데, 임금으로부터 금(金)을 상으로 받았다고 해서 생긴 이름이다.

국왕이나 대중들 앞에서 공식적으로 벌이는 논전(論戰)은 인도의 오랜 전통이다. 논전의 결과에 따라 종종 종파나 대중의 운명이 갈리기도 했기 때문에 사생결단의 결과도 있었고, 그래서 무협지류의 상상력을 부추기기도 했던 전통이다. 『금칠십론』은 말하자면 불교가 그런 논전에서 패했던 기억이다. 『승종십구의론』은 역시 육파철학의 하나인 승론종(勝論宗), 바이세시카 학파의 문헌이다. 승론종의 중심 교리인 십구의(十句義)에 대해 상세한 설명을 하고 있다.

대장경이 이런 것이다. 대장경의 역사가 계속 발전하여 미래에 대장경을 새로 조성해야 할 필요가 생길 수 있다면, 미래의 대장경 안에는 기독교의 신약성서라든지, 이슬람의 코란 등은 물론이고, 종교간의 대화나 논전에 대한 기억들이 포함될 것이 틀림없다. 그리고 그때도 이런 기억들을 통칭하여 경(經)이라고 부를 것이다.

실제 근대에 들어 일본 대정신수대장경을 편찬하면서 경교(景敎)의 문헌 3종을 대장경에 포함시켰다. 중국 당나라 때 장안으로 들어와 정착했던 기독교의 일파, 이른바 네스토리우스 파의 성서들이다. 『서청미시소경(序聽迷詩所經, T.2142)』은 '메시야가 설한 경'이란 뜻으로, 역시 경(經)이란 이름을 달고 있다. 『경교삼위몽도찬(景敎三威蒙度讚, T.2143)』의 삼위(三威)는 성부, 성자, 성령의 삼위(三位)를 가리킨다. 삼위일체를 찬양하는 찬송가이다. 이들 문헌들은 1900년 돈황 천불동에서 발견된 돈황 사본들이다. 프랑스의 펠리오가 가져간 이후 프랑스에 보존되어 있다. 『경교삼위몽도찬(景敎三威蒙度讚)』은 이후 곡을 붙여 찬송가로 사용되기도 했다.

> 묘신(妙身) 황부(皇父) 아라아(阿羅訶), 응신(應身) 황자(皇子) 미시아(彌施訶), 증신(證身) 노아령구사(盧訶寧俱沙)●37에게 경례합니다. 이상의 세 몸은 함께 한 몸으로 돌아 갑니다.

7세기 기독교의 성경, 아라아(阿羅訶), 미시아(彌施訶) 등의 구절을 한

●37 『경교삼위몽도찬(景敎三威蒙度讚)』, 노아령구사(盧訶寧俱沙)는 시리아말로 '성령(聖靈)'이라는 뜻이라고 한다. T.2143

문대장경 안에서 읽는 일은 경이롭기까지 하다. 이런 문헌들을 대장경 안에 포함시키는 까닭은 이들이 불교의 석굴사원에서 대량의 불전과 함께 발견되었기 때문만은 아니다. 한문으로 번역된 이들 기독교 성경들은 역시 한문으로 번역된 불전들과 아주 닮았다. 중동에서 유래하여 서구에서 단련된 기독교와 인도에서 유래하여 서역에서 단련된 불교가 당나라 장안에서 만났던 기억들을 담고 있기 때문이다. 개방적이고 역동적이던 서역과 장안의 지적, 종교적 분위기도 담겨 있다. 대정신수대장경에 포함된 기독교의 성경들은 한문대장경의 전통을 충실히 따른 것일 뿐이다. 필요한 기억들을 사라지지 않도록 정리하여 후세에 물려 주는 일이다.

어쨌거나 대장경의 경(經)은, '수트라 – 경을 포함하여 기타 등등 불교를 기억하고 이해하기 위해 꼭 필요한 문헌들' 정도로 애매하고 넓은 의미로 이해할 필요가 있다. 그런저런 문헌들을 대표하여 '경'이라고 지칭했다는 말이고, 부처님이 했던 말씀으로서의 상식적인 경전이나 성전이 아니라는 말이다. 이런 애매해 보이는 표현은 삼장의 결집으로부터 시작된 독특한 지식관에서 비롯된 것이다.

가섭과 아난은 삼장을 결집했다. 앞에서 살펴본 바와 같다. 삼장은 결집의 내용적 구분이다. 그렇다면 삼장을 통틀어서는 뭐라고 불렀을까? 물론 삼장 안에 대답이 들어 있다. '여래의 법장(法藏)'이다. 아난이 『증일아함경』을 결집하며 노래 불렀듯, '모도잡아 여래장(如來藏)'이다. 부처님도 아난에게 결집을 조언했던 장로들도 법장(法藏)의 결집을 얘기했다.

내가 이야기했던 모든 법장(法藏)을 내가 열반에 든 이후에도 생각하고 받들어 지켜, 부지런히 수행 정진하면 머지않아 반드시 해탈하게 될 것이기 때문이다. ●38

제가 불법이 오래도록 사라지지 않도록 하는 방법을 알았습니다. 경·율·논의 세 가지 법장(法藏)을 모아 두어야 할 것입니다. 그렇게 하면 불법이 오래도록 사라지지 않도록 하여, 미래의 세상 사람들도 수행을 할 수 있을 것입니다. ●39

    부처님의 가르침을 결집하고자 했던 것이지, 삼장을 결집하려고 했던 것이 아니다. 법장을 삼장이라는 형식, 분류방식으로 결집했을 뿐이다.
    그런데 이상한 것은 이후로 점차 결집의 결과를 삼장이라고는 부르면서, 법장이나 여래장이라고 표현하지는 않게 되었다는 점이다. 여러 가지 원인이 있었을 것이다. 『개원석교록』의 분류 체계만 보더라도 후대에 대승불교가 성장을 하면서 이전의 결집, 아난과 가섭의 삼장을 법장으로 간주하지 않으려는, 이를 성문장으로 국한시키고 새로 결집한 보살장을 법장 안에서 우위에 두려는 경향이 나타났음을 짐작할 수 있다. 물론 보살장도 삼장의 형식을 충실히 따른다. 이전의 삼장과 이후의 삼장, 두 종류의 서로 다른 삼장이 생겨났다는 말이다.

●38 『대반열반경(大般涅槃經)』 권중. K0652V19P0170c14L
●39 승우, 『출삼장기집(出三藏記集)』 권제1. K1053V31P0284c20L

이로써 삼장이라는 표현은 더 이상 법장을 대변하기 어렵게 되었고, 형식적인 구분이라는 제한적인 의미로 쓰일 수밖에 없었다. 보살장의 존재 자체가 삼장의 전통과 대장경의 전통을 뚜렷하게 대비시키는 주요한 요인이다. 게다가 보살장에서는 법장이나 여래장이라는 표현이 말씀에 대한 기억이라는 구체성을 벗어나 추상화되는 경향이 있다. 말씀 전체를 가리키기도 하고, 말씀의 핵심인 대각(大覺)을 상징하기도 하고, 가르침과 깨달음의 원천인 불성(佛性)으로까지 이어져 '여래장 사상'이라는 독특한 사상 체계로까지 발전하기도 한다.

대장경이라는 용어를 제대로 이해하기 위하여는 이 용어 가운데 자리잡고 있는 글자, 장(藏)에 방점을 두어야 한다. 삼장의 결집도 한문 대장경의 결집도 법장의 계보를 잇고 있기 때문이다. 이규보의 정의대로 대장경이 '금구성언을 담는 그릇'이라면 금구성언이라는 부처님의 말은 부처의 기억을 담는 그릇이다.

말에는 생각이 담기고, 기억이 담긴다. 그리고 생각이나 기억은 다시 부처님의 체험, 깨달음을 담는 그릇이다. 담고 담기는 일, 부처님은 말에다 생각과 의도를 담아서 얘기하고, 제자들은 말을 받아서 말로부터 생각과 의도를 해독해 낸다. 그리고 해독해 낸 생각과 의도를 자기 몸에 재현시키기 위해 실험을 계속한다.

그것이 수행이고 그 결과가 해탈이고 그렇게 가르침이 완성된다. 그런 점에서 보자면 부처님의 가르침, 불교는 담고 담기는 일, 장(藏)을 매개로 부처님의 기억을 내 몸에 재현시키기 위한 실험, 끊임없는 시뮬레이션의 과정 외에 아무것도 아니다. 그릇에 담는 기술, 그릇에서 꺼내는 기술, 『대비바사론(大毘婆沙論)』과 같은 초기 논서(論書)에는 그 같은 기술들을 자세히 논의하고 있다. 말하자면 '모도잡이 여래장'의 기술이다.

대장경은 부처님의 말씀에 대한, 말씀에 담긴 생각과 의도에 대한 기억들을 재현하기 위한 새로운 결집의 소산이다. 아난과 가섭의 시대에는 삼장으로서 모두가 만족할 수 있었을 것이다. 그러나 시간과 공간이 확장되면서 이에 따라 기억들도 확장되었다. 확장된 기억들을 위해서는 당연히 새로운 그릇, 삼장보다 훨씬 더 큰 그릇이 필요했다. 대장경이란 용어는 그런 요구들을 담고 있다. 미래로 갈수록 확장될 수밖에 없는 기억들을 충분히 담을 수 있는 큰 그릇이 대장(大藏)인 것이다.

천 년의 고려대장경은 한문대장경이다. 목판인쇄술로 조성된 목판대장경이다. 전면적인 교정을 거쳐 완성한 교정대장경이다.

아무튼 이제부터 고려대장경에 대한 얘기들을 해 보려고 한다. 초등학교만 나와도 다 아는 고려대장경이지만, 막상 말을 꺼내다 보면 낯선 이름들도 많고, 한문투의 설명도 많아서 편하게 느껴지질 않는다. 그간 조성된 한문대장경만 해도 20여 종이 넘는다. 이들간의 계통이랄까, 관계를 따라가는 일은 전문가들에게도 어지러운 일이다.

그래서 우선, 주요한 한문대장경을 간결하게 도표로 만들어 소개한다. 간결하다고는 했지만 그래도 번잡하고 어지럽다. 도표에 포함된 내용 가운데, 특히 조성연대라든지, 문헌의 숫자 등에는 정확하지 않은 내용도 들어 있다. 연구나 근거가 부족한 경우도 있지만, 학자들 간에 이견이 있는 경우도 있다. 따지자면 한도 없다. 우선은 이야기를 따라가는 길에 도움이 되는 정도로 충분하겠다.

　아울러, 한문대장경의 역사는 목록의 역사와 함께 시작됐고, 발전해 왔다. 한문 불전의 목록을 경록(經錄)이라고 부른다. 특히『개원석교록』이 한문대장경의 역사에 끼친 공헌은 지대하다. 한문대장경의 이야기를 따라가기 위해서는 아무래도 경록에 대한 이해가 필요하다. 참고로 대만 CBETA에서는 불교장경목록수위자료고(佛教藏經目錄數位資料庫, Digital Database of Buddhist Tripitaka Catalogues)●40를 구축, 21종의 한문 경록(經錄)은 물론 팔리, 산스크리트, 티베트, 만주어 불전의 경록과 대장경목록 검색 서비스를 하고 있다.

●40　http://jinglu.cbeta.org/index.htm

한 문 대 장 경

만국무쌍(萬國無雙)의 고려대장경

당·송·원의 세 나라의 대장경들이 오래 전에 우리 땅에 들어와 아직까지 훼손되지 않고 여러 지역 명산고찰에 남아 있다. 그러나 이들 경본들은 지극히 아름답기는 하지만, 지극히 완전하지는 않다. 또 우리나라에는 예로부터 당·송·원나라의 20여 종의 대장경 외에 조선교정각판장본(校正刻板藏本)이 있다. 우리나라 여러 지역, 십여 사찰에 남아 있어 간간이 볼 수 있다. 이것이야말로 아름다움의 극치일뿐더러 완전함의 극치이다. 만국에 견줄 데가 없는 완전한 경본이다. ●41

●41 「사곡백련사인징화상행업기(師谷白蓮社忍澂和尚行業記)」, 『정토집전서(淨土集全書)』 제18권, pp. 28-30. 아래의 논문에서 재인용.
가와세 유키오(河瀨幸夫), 『일본 인징의 대장경(大藏經) 대교(對校)에 대한 연구 – 고려대장경(高麗大藏經)과의 관계를 중심으로–』, 동국대학교출판부, 2005.
마쓰나가 지카이(松永知海), 「고려판(高麗版)과 황벽판(黃檗版)의 대장경 대교(對校) – 인징 화상의 대교사업 발단의 검토」, 『고려대장경의 연구』, pp. 237-251, 동국대학교출판부, 2006.

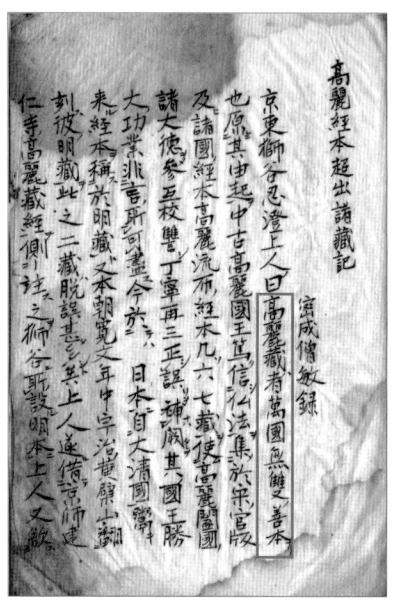

2-4 ● 고려경본초출제장기(高麗經本超出諸藏記), 앞부분에 '고려장은 만국무쌍의 선본'이라는 인징의 말을 인용하고 있다.

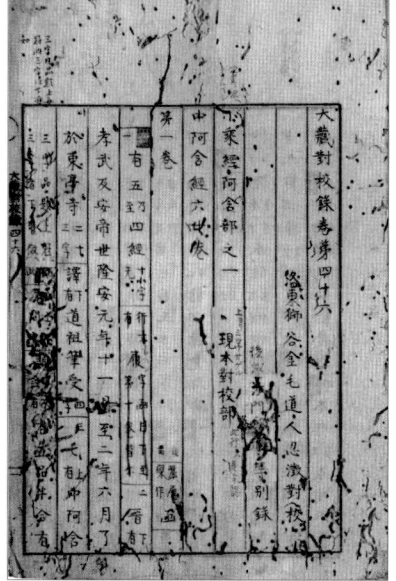

2-5 ● 대장대교록(大藏對校錄)의 초교 ●42

●42 　인징은 대장경 대교를 완성한 후에 「대장대교록(大藏對校錄)」 100권의 간행을 시작할 생각이었지만, 사실은 한 권도 간행하지 못하고 사망했다. 1850년까지 후학들이 출간을 했지만, 56권 이후는 확인되지 않고 있다.
　　　가와세 유키오(河瀨幸夫), 『일본(日本) 인징(忍澂)의 대장경(大藏經) 대교(對校)에 대한 연구 －고려대장경(高麗大藏經)과의 관계를 중심으로－』, pp.102-103, 동국대학교 출판부, 2005
　　　대교작업은 1706년 2월 19일에 시작하여, 1710년 4월에 완료했다. 3차례 이상 대교하여 대교본을 완성하였으나, 대교록의 출간은 뒤로 미뤄졌고, 완성을 보지도 못했다.
　　　이미지는 「일본불교(日本佛敎)와 고려판대장경(高麗版大藏經)」 전시회 도록에서 인용, 2010년 10월, 佛敎大學宗敎文化ミュージアム.

천 년의 대장경, 어쨌든 듣기만 해도 좋은 일이니 듣기 좋은 얘기부터 시작해 보도록 하자.

앞에 인용한 구절은 일본의 인징(忍澂, 1645-1711)이라는 학승이 남긴 말이다. "지극히 아름답고, 지극히 완전한, 만국에 비길 데가 없는[萬國無雙] 완전한 경본[善本]"이라고 극찬하고 있다. 정토종의 승려였던 인징은 『심지관경(心地觀經)』이라는 경전을 읽으면서 당시 일본에 유통하던 '황벽장(黃檗藏)'에서 다수의 오류들을 발견하고 교정의 필요성을 절감하였다.

이후 대장경의 대교(對校)를 필생의 과업으로 생각하다, 1706년부터 1710년까지 4년에 걸쳐 고려대장경과 명북장(明北藏)에 대한 대교(對校)를 완성하였다. 여기서 '조선교정각판장본(校正刻板藏本)'이 바로 고려대장경이자 재조대장경 곧 해인사 팔만대장경이다. 당·송·원 등 오랜 세월에 걸쳐 조성되었던 어떤 나라의 어떤 대장경도 고려대장경에 필적할 수가 없다는 말이다.

'지극히 아름답고[盡美], 지극히 완전한[盡善]'이라는 말, 칭찬도 칭찬 나름이겠다. 말 그대로 '다할 진(盡)'이다. 칭찬도 극에 달하면 당황스러운 법이다. 과연 그럴까? 어째서 그럴까? 의아하기도 하고, 이런 저런 의문이 들기도 한다. 아무튼 인징의 얘기를 좀더 들어 보기로 하자.

> 조선의 목판경본이 만들어진 경위를 살펴보자면, 오래전 고려의 임금이 불법에 독실하게 귀의하여 국내에 유통하는 대장경판들을 대강 살펴보게 되었다. (경판들은) 매번 훼손되었다가 다시 조성하고, 단절되었다가 다시 이어져 왔다. (임금은) 긴

세월에 걸쳐 여러 차례 새로 판을 새기면서 책을 선택해 베끼는 과정에서 왜곡되거나 누락되는 경우가 적지 않아 마음이 매우 아팠다. 그래서 송나라 정부에서 새긴 판본과 여러 나라에서 간행한 경본들, 고려에 유행하던 경본들을 모두 수집하니 여섯 일곱 종의 대장경이 되었다. 고려의 여러 대덕 스님들에게 맡겨 서로 서로 교정을 보기를, 자세히 여러 차례 반복하게 하였다. 틀린 곳을 바로잡고 빠진 곳을 채워 교정한 대장경을 판각하여 새로 고려에 유통하게 하였다. 그 임금의 열린 마음과 먼 미래를 향한 배려, 법을 지키려는 드문 정신으로 불후의 과업을 이루었다. 참으로 후대에 온 천하가 대장경을 보는 모범으로 삼아야 할 것이다. 그 넓고 크고, 아름답고 빼어난 과업의 공적은 말로써 찬양할 수 있는 것이 아니다. 아, 참으로 완벽하구나. 그러나 슬프다. 이 목판은 후대에 전쟁통에 불에 타 재가 되어 버려 온 나라가 모두 슬퍼했으니, 이 또한 가슴 아픈 일이다. 이것이 조선의 교정대장경본이 만국에 견줄 수 없는 완전한 판본인 까닭이다.

칭찬이 아무리 극에 달했다 하더라도, 팔만대장경 목판이 불에 타 재가 되었다는 등 사실과 다른 얘기들도 있고, 좀 과장되었다는 느낌도 드는 글이긴 하다. 그래도 어쨌든 두 종류의 다른 대장경을 일일이 대조했던 분이다. 4년 동안 10여 명의 스님이 눈이 오나 비가 오나 하루도 빠짐없이 대장경을 소장하고 있는 곳을 드나들며 대교를 했다고 한다. 이 또한 희유한 일이다.

우리나라에도 '고려대장경에는 오자가 없다'라는 따위의 평가들이 전해오긴 한다. 하지만 이러한 평가는 과학적인 평가라기보다는 신비함을 지닌 전설에 가깝다. 일본에도 인징 이전부터 고려대장경의 우수성에 대하여는 널리 알려져 있었던 것으로 보인다. 인징은 어쨌거나 그와 같은 우수성의 심증을 대교를 통해 입증했다. 그렇기 때문에 인징의 찬탄은 남다른 데가 있다. 실제 '가장 정확한 고려대장경'이라는 우리의 자부심, 세계적인 평판 밑에는 인징의 노고가 있었다. 인징의 찬탄과 노고가 없었다면 고려대장경은 아직도 전설이나 신앙의 영역에 남아 있었을지도 모른다.

인징은 고려대장경을 '교정각판장본(校正刻板藏本)'이라고 불렀다. 이러한 명칭은 교정본(校正本)이라는 측면과 목판대장경이라는 또 다른 측면을 묶어 지칭하는 것으로 고려대장경의 특성과 가치를 적절하게 표현한 것으로 보인다. 교정본이라 함은 대장경이 담고 있는 내용에 대한 평가이며, 각판장본이라 함은 내용을 담는 매체에 대한 평가이다.

불교에서는 보통 능소(能所)의 개념을 가지고 형식과 내용을 구분한다. 예를 들어 전(詮)이라는 동사를 매개로 능전(能詮)과 소전(所詮)을 구분하는 식이다. 언어학에 기표(記標)와 기의(記意)라는 용어가 있다. 'signifier/signifiant'와 'signified/signifié'를 번역한 것으로, 의미를 담아서 전달해 주는 소리와, 소리에 담겨 전달되는 의미를 구분한 것이다. 이처럼 기표-기의는 능전-소전과 똑같은 뜻을 가지고 있다. 담고 담기는 관계, 이런 관계를 능소(能所)의 관계로 구분한 것이다. 전(詮)이라는 동사를 매개로 능소를 구분하듯, 'signify'라는 동사를 매개로 능

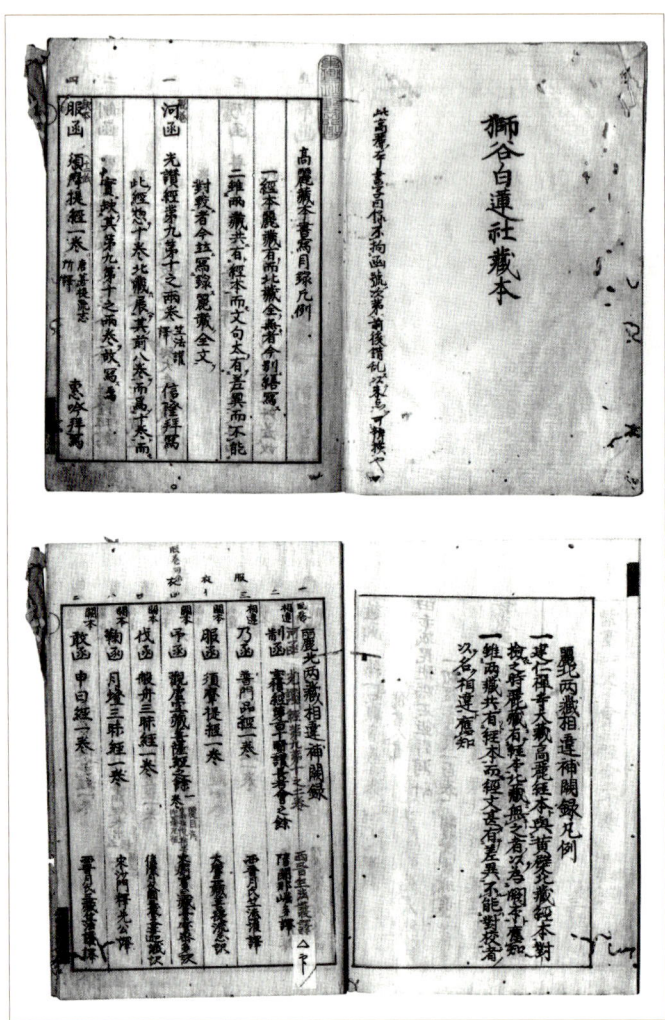

2-6 ● 고려장본서사목록(高麗藏本書寫目錄)과 려북양장상위보궐록(麗北兩藏相違補闕錄)

소로 구분하는 것이다.

똑같은 방식으로 장(藏)이라는 동사를 매개한다면 능장(能藏)과 소장(所藏)이 된다. 담는 것과 담기는 것의 구분이다.●43 이런 구분으로 보자면 각판장(刻板藏)이라는 정의는 담는 것으로서의 능장(能藏)의 측면을 평가한 표현이다. 반면에 교정장(校正藏)이라는 정의는 그 안에 담기는 것으로서의 소장(所藏)의 측면을 평가한 표현이 된다.

인징은 이와 같은 두 가지 측면의 가치를 아름다움(美)과 완전함(善)으로 나누어 평가하기도 했다. 인징은 송(宋)·원(元)·명(明)대의 대장경들이 아름답기는 하지만 완전하지는 않다고 평가했다. 이들에 비해 고려대장경만이 아름다움과 완전함을 함께 갖춘, 진미진선(盡美盡善)의 대장경이라고 찬탄하였다. 문맥으로 보아 아름답다는 표현은 능장(能藏)의 아름다움을 가리키며, 완전하다는 표현은 소장(所藏)의 완전함을 가리킨다고 할 수 있다.

요즘말로는 능장의 측면을 매체라고 부른다. 소장의 측면은 내용이 되겠다. 매체의 아름다움과 내용의 완전함, 인징은 이렇게 고려대장경이 유일하게 능소(能所) 양면의 아름다움과 완전함을 갖추었다고 평가했다. 그렇기 때문에 "천하가 대장경을 보는 모범으로 삼아야 한다."고 했다. 말하자면 고려대장경을 '불교문헌의 표준'으로 삼아야 한다

●43 "어째서 장(藏)이라고 이름을 붙였는가? 능히 포섭하기 때문이다. 장에는 비록 세 가지가 있지만, 이름을 붙인 데는 두 가지 뜻이 있다. 수다라(修多羅)는 능전교(能詮敎)를 따라서 붙인 이름이다. 비니(毘尼)와 아비담(阿毘曇)은 소전사(所詮事)를 따라 부르는 것이다."
『섭론장(攝論章)』 권제1. T2808_.85.1030c18. 대영도서관 소장 돈황본(燉煌本).
경율론 삼장 가운데, 수다라는 능전(能詮), 능장(能藏)의 측면을 들어 이름으로 삼았고, 비니와 아비담은 소전(所詮), 소장(所藏)의 측면을 들어 이름으로 삼았다는 말이다. 삼장을 능소(能所)의 구분으로 설명하는 좋은 사례라 하겠다.

는 것이다.

각판장이라는 평가는 목판인쇄술이라는 기술을 통해 복제가 가능한 대장경을 가리킨다. 고려 초조대장경은 송나라 개보대장경에 이어 두 번째로 조조된 목판대장경이다. 목판인쇄술이 나오기 전까지 문헌의 유통은 필사에 의존했다. 목판대장경의 출현은 일종의 매체 혁신이라는 지식사적인 의의를 갖고 있다. 대량의 문헌들을 반복적으로 복제할 수 있는 기술 환경을 갖게 됨으로써, 보다 많은 사람들이 동일한 문헌정보들을 공유할 수 있게 되었기 때문이다. 이것이 '고려대장경은 각판장'이라는 평가가 갖는 의의이다. 인징은 당시 일본에 유통하던 송(宋)·원(元)·명(明)대의 대장경들과 고려대장경을 염두에 두고 있다. 이들은 모두가 각판장들이다.

교정장이라는 평가 또한 복제 가능한 인쇄술의 출현, 매체혁신과 밀접한 관계를 갖고 있다. 필사본의 시대에도 교정은 있었다. 그러나 복제 가능한 인쇄술의 시대에서의 교정의 기능과 의의는 필사본의 시대와는 비교하기조차 어렵다. 새로운 매체기술은 내용이 틀리건 옳건 있는 그대로 복제를 하기 때문이다. 필사본의 시대에는 베껴 쓰는 과정에 교정을 할 수도 있다. 설혹 맞는 것을 잘못 베껴 썼더라도 그 영향이 그리 크지 않다. 복제기술이 발전할수록 그래서 교정의 요구가 커질 수밖에 없다. 복제본의 유통이 확대되고 영향력이 커질수록 원본의 정확도에 대한 요구도 커진다.

고려대장경에 대한 인징의 평가는 두 가지 측면에서 특별한 의미를 갖는다.

첫째, 인징은 고려대장경이 다른 판본과는 비교할 수 없을 정도로 완전무결한 교정본이라는 사실을 철저한 대교를 통해 과학적으로 입증했다. 이러한 과학적인 평가가 있었기 때문에 이후 일본에서 출간한 대장경들이 고려대장경을 저본으로 삼게 되었다. '만국무쌍의 선본'이라는 선언은 말하자면 '불교문헌의 표준화' 선언이었다. 고려대장경이 국제표준, 이를테면 글로벌 스탠더드였다는 말이다.

둘째, 고려대장경에 대하여 분명한 가치평가를 했다는 사실이다. 우리나라의 경우만 하더라도 고려대장경이라는 명칭을 비롯하여, 팔만대장경 초조·재조·속장경 등의 명칭이 있지만, 모두가 가치평가를 담고 있지 않다. 이에 반해 인징은 능소 양면에 걸친 고려대장경의 특성을 미와 선이라는 가치 기준으로 평가했다. 이것이 '교정각판장'이라는 명칭이 갖는 두드러진 의의이다. ●44

●44 가와세 유키오(河瀨幸夫), 앞의 책.
　　인징이 칭찬한 고려대장경의 우수성이라면 크게 네 가지 특징을 들 수 있다. 첫째, 고려대장경은 엄밀한 대교를 거치고 있으므로 중국의 어느 대장경보다 뛰어나다고 하는 점이 인징이 가장 강조하는 일이다. 둘째, 중국의 대장경에 수록되어 있지 않은 중요한 경전이 고려대장경에 있는 일이다. 그 중에서도 타 대장경에 없는 세 가지의 음의류(音義類)를 인징은 고려대장경의 보물이라고 생각했다. 셋째, 고려대장경에 수록된 경전 중에 새로운 시대에 중국에서 편찬된 전적이 포함되어 있지 않는 점이다. 넷째, 관판인 고려대장경에는 모연기가 없다. 중국 강남에서 조조된 대장경의 대부분은 모연에서 성립된 것들이므로, 수다한 모연 간기들이 삽입되어 있다. 인징과 같은 학자에는 모연 간기가 없고 말쑥한 고려대장경이 제일 예쁘게 느꼈던 것이다. 고려대장경의 인본 중에서도 건인사의 것은 특히 예쁘게 인쇄된 것이었다고 한다.

태워 버려도
상관없는 물건

대장경은 이단(異端)의 책이므로, 비록 태워 버린다 하더라도 가(可)합니다. 더욱이 인접한 국가에서 구하니, 마땅히 아끼지 말고 주어야 할 것입니다. 그러나 대장경 1건을 만들려면 그 경비가 매우 많이 들어서 쉽사리 판비(辦備)할 수가 없습니다. 앞서는 국가에 무익(無益)하였기 때문에 왜인(倭人)들이 와서 구하면 문득 아끼지 않고 주었으니, 그 까닭은 공사(公私)간에 대장경을 만드는 바가 많이 있었기 때문이었는데, 모르기는 하지만 지금 몇 건쯤 있습니까? 얼마 있지 아니하다면 쉽사리 그 청을 따를 수가 없을 듯합니다. ●45

불경을 일본에 주는 것으로 말하면, 국가에 쓸데없는 물건이라 하여 다른 나라에 버리니, 이는 우리나라가 불교를 받들지

●45 『조선왕조실록』, 「일본의 대내전이 구하기를 청한 대장경에 대한 일을 논의하게 하다」 성종 183권, 16년(1485 을사 / 명 成化 21년) 9월 16일(갑자) 여섯 번째 기사, http://sillok.history.go.kr/

않는 뜻을 밝히는 것이라 하겠고, 이웃 나라가 구하는 것을 부응하지 않을 수 없으므로 찾아서 주니 교린하는 의리를 두텁게 하는 것이라 하겠습니다. 그러나 어진 사람은 자기가 그 지위에 서고 싶으면 남을 세우고, 자기가 그 지위에 오르고 싶으면 남을 오르게 하는 것입니다. 남을 위하여 꾀하되 충성스럽지 않은 것을 군자가 반성하는 것인데, 나에게 쓸데없는 것을 가져다가 주어서 받들게 하니, 이것이 어찌 교린을 중후하게 하는 도리입니까? 설사 상국에서 와서 요구하더라도 나라에 사람다운 사람이 있다면 마땅히 따르지 않아야 할 것인데, 저 작은 나라를 거절하는데 무슨 어려움이 있다고 굳이 따릅니까? 전하께서는 유교와 불교의 서적을 둘 다 주시니, 이는 불교를 숭상하게 하시려는 것입니까? 오도를 숭상하게 하시려는 것입니까? 어찌 저들이 미혹하여 좇을 바를 모르게 할 뿐이겠습니까? 아마도 전하께서 스스로 두 가르침의 옳고 그른 것을 가리지 못하여 마음속에 뒤섞여 있는 것인지도 모르겠습니다. 아, 헛되이 얕은 꾀를 써서 실로 큰 해독을 얻으며, 뜻을 굽혀 이웃을 사귀어 스스로 충성스럽지 않은 길을 밟으시니, 신들은 전하를 위하여 부끄럽게 여깁니다. ●46

인징이 찬탄했던 고려대장경, 똑같은 대장경이다. 노사신(盧思愼)은 태워 버려도 상관없는 쓸모없는 물건이라고 주장한다. 대장경을 원하

●46 『조선왕조실록』「성균관 진사 유건 등이 중에게 호패를 주지 말 것, 일본에 대장경을 주지 말 것을 아뢴 상소문」 중종 83권, 32년(1537 정유 / 명 嘉靖 16년) 2월 5일(갑인) 두 번째 기사.

는 일본 사절에게 대장경을 주는 일은 쓸모없는 물건을 '버리는' 것이라고 주장하는 유생도 있다. 아마 조선의 유생들은 대부분 팔만대장경을 그저 태워 없애 버리고 싶었을 것이다. 대장경뿐만 아니라 이 땅에 있는 모든 불교 관련 문헌들을 일본이든 어디든 쓰레기로 처분하고 싶었을 것이다.

다만 그들의 근심은 이웃 나라에 쓰레기를 수출하는 데 따르는 도덕적 책임감만 있었을 뿐이다. 태워 버리고 싶다는 욕망이 일말의 양심조차 압도해 버린 것인지, 아무튼 그들은 조선의 불전들을 몽땅 이웃에 버리고 말았다. 미혹한 무리들을 이끌어 줄 필요조차 느끼지 못했던 모양이다.

대장경이라는 키워드로 조선왕조실록을 검색하면 150건의 결과가 나온다. 대부분 조선 초기에 집중되어 있다. 고려대장경의 운명이랄까, 조선시대 고려대장경의 지위를 단적으로 웅변해 주는 결과라고 할 수 있다.

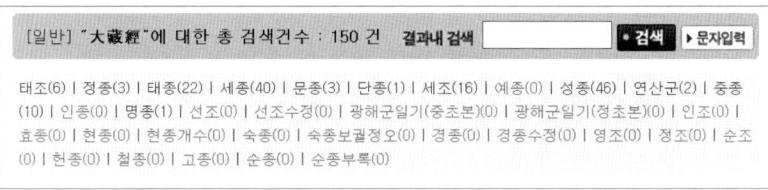

2-7 ● 조선왕조실록 '대장경' 검색 결과

이 기사들은 초기의 몇 건을 제외하고는 대부분 대장경을 구하러 온 일본 사절에 관한 것들이다. 성종 때 피크를 이루다 명종 이후로는 단 한 건도 언급이 없다. 전쟁을 치르면서 일본과의 외교관계가 나빠진 까닭도 있겠지만, 그보다는 더 이상 줄 대장경이 없었기 때문이다. 아무리 졸라도 주어야 할 의지도 능력도 사라졌다는 뜻이다. 실제 중종 이후에는 우리나라에 대장경은 물론, 변변한 불교 관련 책은 거의 씨가 말랐다고 해도 무방하다. 고려대장경목판이 남아 있지만, 이후에는 인출한 기록도 없다. 아래의 기록이 대장경을 원하는 일본 사절에게 내린 조선의 마지막 대답이다.

> 대장경(大藏經)에 관한 일을 이전에는 판(板)이 완전하여 많이 인출했기 때문에 일본국이 와서 청하면 더러 주는 때가 있었지만, 이제는 우리나라에서 불경을 숭상하지 않은 지가 오래되어 옛적의 판이 이미 헐어 또 인출하지 않으므로 본시 한 권도 없기 때문에, 우리나라에서 숭상하는 성경현전(聖經賢傳)을 주어 보내겠다. 만일 그런 경이 있다면 무슨 소중한 것이라고 도리어 비밀하게 감추고 있겠는가. ●47

일본 사절들은 대장경 한 질을 얻어 가기 위해 별짓을 다했다. 그리고 그렇게 얻어 간 대장경을 방방곡곡의 사찰에 모셨다. 그런 연유로 만국무쌍이라는 찬탄도 나올 수 있었던 것이다. 이에 비해 우리는 대장경에 대해 할 말이 없다. 스스로 원해서 버린 물건이었다. 알고 싶지도 않았고 말하고 싶지도 않았다.

실제 최근 몇 년을 제외하고 대장경에 관한 '모든' 연구는 일본으

●47 『조선왕조실록』 중종 84권, 32년(1537 정유 / 명 嘉靖 16년) 4월 14일(임술) 두 번째기사.

로부터 나왔다. 고려대장경에 관해서도 마찬가지다. 우리나라뿐만 아니라 중국을 비롯해서 주변에서 모을 수 있는 자료는 다 모았기 때문에, 일본 외에는 연구를 진행할 자료조차 없었다. 일본이 불교를 숭상하는 국가라서가 아니다. 우리가 전쟁을 치르면서 가난에 허덕이는 동안 대국으로 성장한 일본의 국력 때문만도 아니다. 우리는 정말 대장경에 대해 할 말이 없다. 우리가 스스로 버린 자식이기 때문이다. 그것도 쓰레기라고 치부하며 버린 자식이다. 몇몇 고지식한 유생들 얘기만은 아니다. 결과적으로 그렇게 되었다는 뜻이다.

일본에는 50여 부의 고려대장경이 남아 있다고 한다. 우리나라에서 가장 오래 됐다는 월정사본 고려대장경도 19세기에 인출한 것이다. 데라우치 총독의 주도로 인출하여 그의 도장이 찍힌 대장경이 서울대 규장각에 남아 있고, 그 외에는 모두 1960년대 이후에 인출한 것이다.

사실 여기에 자식이란 비유가 적합한지도 잘 모르겠다. 천 년의 해를 맞아 우리의 찬란한 유산이라고들 하니 하는 말이다. 만국무쌍, 진미진선, 말이야 반갑긴 해도 솔직히 우리 입으로 따라하기엔 민망한 면이 있다.

고려대장경은
짝퉁이다

고려대장경 천 년의 해, 많은 얘기들이 오고 간다. 좋은 얘기들이다. 물론 고려대장경도 좋은 물건이다. 게다가 천 년의 생일 아닌가? 그렇다 해도 마냥 좋아할 일만도 아니고, 마냥 자랑할 일만도 아닌 것 같다. 천 년을 앞두고 사람들 관심도 높아 가는데 자랑을 하더라도 알 것은 알고 할 일이다.

무엇보다 고려대장경은 짝퉁이다. 요즘 시쳇말로 치자면 말이다. 그것도 짝퉁의 본고장이라는 중국 물건의 짝퉁이다. 그나마 고려대장경이 안팎으로 칭찬을 받는 까닭은 오리지널보다 진화된 짝퉁이라는 점 때문이다. 오리지널은 남아 있는 것이 몇 개 안 되지만, 짝퉁은 천 년을 살아남았기 때문이다. 그래도 짝퉁은 짝퉁이다. 흥분할 일은 아니다.

세계문화유산을 두고 짝퉁이라니, 심하긴 좀 심했다. 그래도 이런 험한 말로 얘기를 시작하는 까닭이 있다. 우리 것에 대한 민족적 집착이랄까? 그런 감정이 점점 심해지는 것 같아서이다. 비단 우리만의 문제는 아니다. 지난 북경올림픽 개막식 때 장이모 감독이 인쇄문화를 주제로 연출했던 행사에는 신중국의 신중화주의라는 비판도 있었다. 세계의 손님들을 모셔놓은 자리이다. 자랑이 지나치면 손님들 감정이 상하게 마련이다. 그렇다고 좋은 감정을 감추기도 어렵다. 말은 좀 심했을지라도 조심할 것은 조심하자는 것 외에 다른 뜻은 없다.

하여간 고려대장경은 베낀 물건이다. 중국의 대장경, 송나라의 개보대장경을 엎어 놓고 그대로 새긴 것이다. 이유도 많고 변명도 있겠지만 베낀 것은 베낀 것이다. 송나라로부터 수입한 (돈을 주고 사 온 것도 아니고, 그냥 하사받았다고 하는 것이 오히려 떳떳할 것 같다) 개보대장경을 고려 현종 때 그대로 새긴 것이 이른바 초조대장경 첫번째 버전, 즉 V.1.0이다. 이후 문종 때에 다시 한 번 대장경을 새겼다고 하는데, 이 또한 새로 수입한 문헌들을 추가하여 V.1.0을 업그레이드시킨 2.0버전이다.

그 중간에도 두세 차례 업데이트가 있었던 것으로 보인다. 그런 업데이트의 정황을 추정이라도 할 수 있는 것은 일본 남선사 초조본을 볼 수 있게 되었기 때문이다. 하지만 초조본도 이제 막 공개된 형편이다. 아직은 업데이트의 정황에 대해서 정확하게 알 수는 없다. 그래도 시간 문제다. 이제 볼 수 있기 때문이다. 앞으로 연구가 진행될수록 새로운 사실들이 속속 밝혀질 것이다. 아무튼 대강의 경과는 그렇다.

해인사 팔만대장경, 고려 재조대장경은 그런 초조본을 엎어 놓고 베꼈다. 재조본 안에 초조본 V.1.0과 V.2.0이 뒤섞여 있는 것으로 보아 온전하게 베낀 것도 아닌 것 같다. 초조본이 전쟁 통에 타 버려서 그리 되었는지, 버전 관리가 안 되어서 뒤죽박죽 섞여 버렸는지 사정이야 더 따져 봐야 하겠지만, 하여간 그렇게 허술한 면들이 드러나고 있다.

고려대장경은
짝퉁이다

개보대장경 잡아함경 권제30 제6장	
남선사 소장 초조본 잡아함경 권제30 제6장	
중화대장경 조성금장 잡아함경 권제30 제6장	
재조대장경 잡아함경 권제30 제6장	

2-8 ● 개보장 계열의 대장경. 개보장, 초조본, 금장본, 재조본의 판형과 자형이 일치한다. 이 네 종류의 대장경본이 모두 남아 있는 유일한 경우이다. ●48

●48 개보대장경 이미지는 방광창 등 주편, 『개보유진(開寶遺眞)』 2010년 11월, 문물출판사(文物出版社).

고려대장경이 베낀 물건이기 때문에 무엇보다 고려대장경의 목록 체계는 '누더기 수준'이라는 평을 듣는 정도이다. 수입하는 대로 뒤에 다 척척 붙여 넣었기 때문이다. 그러니 체계랄 것도 없다. 재조본과 초조본의 함차(函次)가 대체로 일치하는 것으로 보아 목록 체계 또한 반성 없이 베낀 것이 틀림없다. 한번 새겨 놓은 목판을 폐기하고, 완전히 새로 새긴다는 일이 어디 쉬운 일이겠는가. 그나마 모아 놓고 보존해 온 일이 놀랍기는 하지만, 누더기인 것은 틀림없다. 완전한 것만은 아니란 뜻이다.

고려대장경을 두고 여러 말들이 오고 가지만, 그 중 가장 낯뜨거운 것이 고려대장경 글자꼴에 대한 자화자찬이다. 한 사람이 쓴 것처럼 정연하다느니, 웅혼한 구양순체라느니 하는 말이야 사실인지 몰라도 아무튼 그런 찬탄은 고려대장경이 받아야 할 말은 아니다. 당연히 송나라의 오리지널에게 돌아가야 할 찬탄이다. 베낀 글씨, 아무리 때깔 좋게 뽑았다 해도 베낀 것은 베낀 것이다. 인터넷 댓글이라면 또 몰라도 더 이상 이런 허술한 얘기는 없었으면 좋겠다.

'고려대장경에는 오자가 없다'라는 얘기들도 있다. 이런 얘기는 그냥 전설일 뿐이다. 어디서 온 것인지, 언제 생겼는지도 모르는, 좀더 심하게 말하자면 혹세무민이라고밖에 할 말이 없다. 적어도 오자가 있는지 확인해 본 적이 있어야 가타부타 말이라도 붙여 볼 것 아닌가? 그나마 18세기 초 일본의 학승이 확인을 해 보고 고려대장경의 정확도를 입증하기는 했다. 정확도가 상대적으로 높다고 해서, 오자가 없다는 소리는 아니다. 이런 얘기도 지나치면 웃음거리가 된다. 전설이나 신심도 거기서 멈춰야 한다.

고려대장경 안에 『교정별록』이라는 책이 있다. 교정을 한 기록이라는 말이다. 그 책 안에도 오자가 여럿 나타난다. 명색이 교정을 했다는 기록인데, 그 기록은 교정도 보지 못했다는 뜻일까? 그런 교정의 신뢰도를 얼마나 믿어야 할까? 고려대장경은 오천만 자가 넘는 큰 규모의 문헌집성이다. 오랜 세월에 걸쳐 광범위한 지역에 유통한 문헌들이다. 뿌리도 희미한 문헌들도 있다. 많은 학자들이 가짜라고 공언하는 경전들도 들어 있다. 그런 문헌들을 모으고 뿌리를 찾고, 교정하는 일이 생각처럼 쉬운 일이 아니다. 전설대로 신통력이나 마술이 아니라면 모를까. 고려대장경에도 물론 적잖은 오자들이 있고, 문맥이 맞지 않는 부분들도 있다. 자연스러운 일이다. 자랑할 일도 아니지만 그렇다고 부끄러워할 일도 아니다.

그래도 고려대장경이 상대적으로 정확도가 높은 것은 사실이다. 교정대장경이기 때문이다. 물론 고려대장경만 교정을 본 것은 아니지만 교정대장경이라는 사실에 대하여는 자부심을 가질 수는 있겠다. 그러나 고려대장경 교정의 가치가 '오자가 없다'는 어찌 보면 단순한 명제에 있는 것도 아니다. 훨씬 더 복잡하고 차원이 높은 교정이 이뤄졌기 때문이다. 교정에 관하여는 나중에 좀더 자세히 얘기하도록 하겠다.

팔만대장경이 세계에서 가장 오래된 목판대장경이란 얘기도 있다. 이것도 굴지의 중앙 일간지에서 본 얘기다. 뭐 생각하고 따지고 할 것도 없다. 오리지널보다 더 오래된 짝퉁도 있을까? 한 발 물러서서 이해를 하자고 하면 말이 전혀 안 되는 것은 아니다. 팔만대장경처럼 목판이 온전하게 보존된 경우를 따지자면 말이다. 그렇다고 해도 오해의 소지가 남는 말, 그래서 잘못된 상식으로 번져나가도록 원인을 제공하는 어투, 이런 건 피하는 게 좋겠다. 팔만대장경은 '온전하게 현존하는' 가장 오래된 목판대장경이다. 초조대장경은 역사상 두 번째로 조성된 목판대장경이고, 팔만대장경은 송나라의 대장경과 요나라 대장경, 금나라 대장경 등에 이어 새겨진 목판대장경이다. 2세기 이상 차이가 나니 줄을 서도 한참 뒤에 서야 한다.

사실 이런 얘기들은 어제 오늘 불쑥 튀어나온 얘기도 아니다. 일본이나 중국의 학자들이 누누이 했던 얘기들이고, 우리나라 학자들의 논문에서도 간간이 지적했던 얘기들이다. 그런데 어째서 아직도 짝퉁 자랑이 멈추질 않는지 모르겠다. 이런 자화자찬의 가장 큰 피해자는 어린 아이들이다. 마냥 좋다는 말만 듣고 덩달아 자랑하다가 망신을 당할 날이 온다. 바야흐로 글로벌시대 아닌가? 짝퉁 들고 으스대다 글로벌 왕따나 당하지 않으면 다행이다.

이것저것 다 제쳐 놓더라도, 무엇보다 고려대장경은 고려만의 것이 아니다. 우리 민족이나 대한민국 소유가 아니다. 내용을 따져 보자면 더 그렇다. 속된 말로 저작권을 주장할 처지가 아니라는 말이다. 인도에서 시작하여 서역의 여러 나라, 여러 민족들이 번역하고 유통시킨 문헌들이다. 그 하나하나의 과정에 많은 돈이 들었고, 정성과 공력이 담겼다. 중국 장안에서 집대성되어 대장경이라는 명칭으로 묶인 후에도, 수많은 사람들의 노력이 쌓이고 쌓여 형성되어 온 물건이다. 고려대장경에는 그런 노고의 숨결이 차곡차곡 담겨 있다. 누구도 거기에 값을 치러 본 적이 없다.

고려대장경은 그저 고려에 있었던 대장경이라는 뜻 외에 더 이상의 뜻은 없다. 대장경은 아시아인, 세계인의 공동 창작물이었기 때문이다. 우리 민족이, 우리 선조가 혼자서 창조한 물건이 아니다. 우리가 고려대장경을 가질 수 있었던 것은 아시아인, 세계인이 우리에게 그런 선물을 주었기 때문이다. 우리가 우리의 고려대장경을 자랑할 수 있다면, 그 까닭은 우리의 선조 고려인들이 받은 선물을 잘 포장하여 세상에 다시 선물할 수 있었기 때문이다. 그 기나긴 종교적인, 지적인, 문화적인, 기술적인 우호와 교류의 역사에 우리도 동참하여 한 수 거들 수 있었기 때문이다.

우리가 우리 몫을 주장하려 한다면 그저 그 중의 한 표만 가져 오면 된다. 고려대장경 목판을 우리만 가지고 있다고 해서 그 긴 시간을 몽땅 우리 것이라고 우길 수는 없다. 대장경은 우리 민족, 우리나라보다 더 큰 우리가 함께 만들고 가꿔 왔던 물건이다.

숨은그림 찾기

앞에서 고려대장경이 중국의 대장경을 베꼈다고 했다. 베낀다는 말을 한문투로는 복각(覆刻)이라고 한다. 고려대장경은 송나라 때 사천성에서 새긴 개보대장경을 복각한 것이다. 순서대로 따지자면 초조대장경이 개보장을 복각했고, 재조대장경은 초조대장경을 복각한 것이다. 개보장을 복각했다고 했으니 먼저 복각의 정도를 따져 보기로 하자.

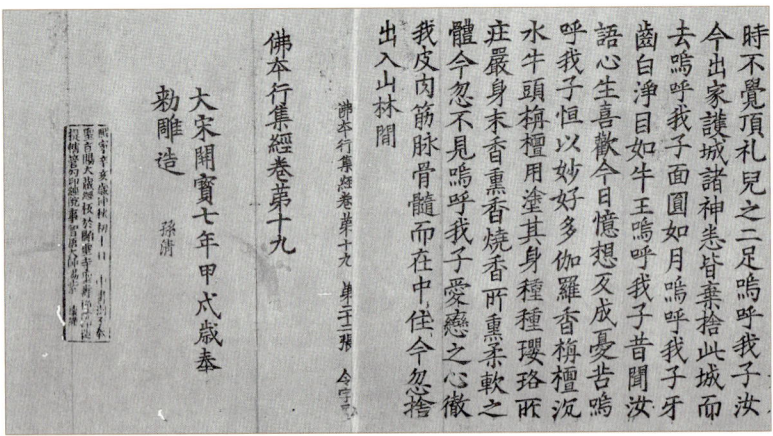

2-9 ● 남선사 소장 개보대장경. '대송개보7년 갑술세'라는 간기가 있다. 서기로 974년이다.

개보장은 목판은 물론 인경본도 모두 사라지고 현재 십여 권만이 남아 있다. 따라서 복각을 했건 안했건, 그 사실을 확인하기도 쉬운 일이 아니다. 다행히 일본 남선사일체경 가운데 개보장 『불본행집경(佛本行集經)』 제19권(전체 60권)이 남아 있어서, 남선사일체경 조사 기간에 촬영을 할 수 있었다. 하지만 초조본 제19권은 남아 있지 않다는 점이 아쉽다. 비슷한 판본들을 대조하는 일은 숨은그림 찾기 놀이와 다를 바가 없다. 일이라기보다 놀이에 가깝다. 이 놀이는 사실 일본의 오노 겐묘(小野玄妙)가 일찍이 1936년 전후에 시작했던 놀이다. ●49

그는 남선사 소장 초조본과 재조본의 비교 놀이를 통해 고려대장경을 '북송관판복각고려판(北宋官版覆刻高麗板)'이라고 불렀다. 북송관판(北宋官版)은 개보장의 별칭으로 북송 때 정부에서 주도해서 출판한 대장경이라는 뜻이다. 글자 수와 행 수는 물론 판의 크기나 글자 모양까지도 꼭 닮아 베낀 것이 틀림없다는 뜻이다. 이후로 '고려대장경이 개보장의 복각'이라는 말이 학자들 사이에 정설로 통하게 되었다.

아무튼 백문이 불여일견, 이제는 직접 확인하면 된다.

다음의 그림 중 맨 위의 그림이 남선사 소장 개보본 『불본행집경』 제19권이다. 둘째 그림은 재조본 제19권이고, 셋째 그림은 초조본 제20권이다. 먼저 개보본과 재조본을 꼼꼼하게 살펴보기 바란다. 맨 오른쪽에 경명이 있고, 경명 밑에 '슈' '榮' 등의 글자가 있다. 이 글자는 천자문 함차, 또는 질호라고 부른다. 문헌을 천자문의 글자 순서에 따

●49 오노 겐묘(小野玄妙), 『佛敎の美術と歷史』, 대장출판주식회사, 1937, 동경.

**남선사 소장
개보대장경본
불본행집경
제19권**

佛本行集經卷第十九　　三藏法師闍那崛多譯　　榮　令

車匿等還品中

爾時摩訶波闍提及羅睺彌既見太子縣裏明珠傘蓋橫刀并纓莊嚴蠅拂自餘瓔珞亂陟馬王及車匿等如是見巳心大驚怖各舉兩手搥拍身體憂熱而問於車匿言今我所愛子悲達多留在何處汝自迴還車匿報言國大夫后悲達太子棄捨五欲為求道故出家入山遠離親族剃鬚塗衣思惟苦行是時摩訶波闍波提開於車匿如是語巳諤如牸牛失其犢子悲泣嘶哭不能自勝其摩訶波闍波提從車匿間於車匿言今我復聞是即舉兩手心驚怖裂口大喚言嗚呼我子嗚呼我子流波滿面體戰慓忽然悶絕身躄倒仆宛轉土中如魚出水在於陸地跳躑苦惱摩訶波闍波提亦復如是躄地宛轉鳴壹而語闍車匿言車匿我今不見何身有過及心口失負持於汝汝令何

**월정사 소장
재조본
불본행집경
제19권**

佛本行集經卷第十九　　隋天竺三藏闍那崛多譯　　榮　令

車匿等還品中

爾時摩訶波闍提及羅睺彌既見太子縣裏明珠傘蓋橫刀并纓尼寶莊嚴蠅拂自餘瓔珞亂陟馬王及車匿等如是見巳心大驚怖各舉兩手搥拍身體憂熱而問於車匿言今我所愛子悲達多留在何處汝自迴還車匿報言國大夫后悲達太子棄捨五欲為求道故出家入山遠離親族剃鬚塗衣思惟苦行是時摩訶波闍波提開於車匿如是語巳諤如牸牛失其犢子悲泣嘶哭不能自勝其摩訶波闍波提從車匿開於車匿之語亦復如是即舉兩手心驚怖裂口大唱言嗚呼我子嗚呼我子流波滿面體戰慓忽然悶絕身躄倒仆宛轉土中如魚出水在於陸地跳躑苦惱摩訶波闍波提亦復如是躄地宛轉鳴壹而語闍車匿言車匿我今不見何身有過及心口失負持於汝汝令何

**남선사 소장
초조본
불본행집경
제20권**

佛本行集經卷第二十　　三藏法師闍那崛多譯　　榮　令

車匿等還品下

爾時淨飯王復作是言我今心願所有四方謀世神風水神火神地神佐助諸神皆作佐助波衆勝者我子今當指拱棄捨四天下四維彼諸等出志慕無上極妙利益故恒相佐助天上帝成果求願速成就阿爵多羅三藐三菩提願我我子所有心求願作天主舍脂之夫大力天王及諸天衆左右圓達願為我子所有心求願作四方四維彼諸神皆作佐助波衆今當指拱棄捨四天下極妙利益故恒相佐助天上帝成果求願速成就阿爵多羅三藐三菩提使我子今願明亞睛乾叱呵責如是言不應如是不善馬忽從我愛樂之車今可何緣忽不饒益如是損害於我作種種語呵責乾叱奧我心今恒常作歡喜安令如是汝護滅汝可將我我向愛子共行苦行我今種別所愛子命在頃吏不久存活而說偈言

라 분류하는 방식이다. 함은 상자를 뜻하고 질은 책을 싸두던 보자기를 가리킨다. 통상 한 글자에 열 권의 문헌을 배당했다. 개보본이나 초조본 – 재조본은 모두 영(榮)함에 해당한다. 개보본에 적혀 있는 '槃'은 남선사일체경에서 새로 써넣은 글자로 나중에 분류 방식을 바꿨다는 것을 뜻한다. 개보본과는 상관이 없으니 무시해도 된다.

개보본과 재조본은 언뜻 보아도 어느 게 어느 것인지 착각할 정도로 똑 닮았다. 특히 모양이 특이한 글자들을 꼼꼼히 비교해 보면, 같은 저본을 복각했다는 사실을 수긍하게 된다. 이미지를 잘 다룰 줄 아는 사람이라면 크기를 맞춰 겹쳐 보는 방법도 있다.

그렇다 해도 개보본과 재조본 사이에는 몇 가지 분명한 차이도 있다. 사실 그 차이를 찾는 것이 이 놀이의 가장 흥미진진한 대목이다. 개보본을 복각하면서 뭔가를 새로 고쳐 넣었다는 증거이기 때문이다. 다시 말해, 재조대장경을 조성할 때 했던 교정의 흔적들을 찾는 일이다. 이 한 장의 그림 안에도 여러 개의 흔적들이 담겨 있다. 만국무쌍의 고려대장경, 그 비밀을 풀 수 있는 증거이고 누구도 지목하지 않았던 특징들이다. 볼 수가 없었으니 당연히 지목할 수도 없었을 터이다. 아직도 수만 장이 넘는 초조본 이미지가 남아 있다. 고려대장경 지식베이스 사이트에서 입맛대로 골라 볼 수 있다. 이 놀이에서 흥미를 느낀 분이라면 참 좋은 놀이를 찾은 셈이다. 봐도 봐도 끝이 없는 숨은그림 찾기 놀이 사이트, 지식베이스 사이트에서 놀면 되니까.

그림을 충분히 보았고, 같은 점과 다른 점을 몇 군데라도 찾았다는 생각이 들면, 아래의 보너스 문제로 넘어가 보는 것도 좋겠다. 금나라 때 새긴 조성장(趙城藏)이라는 대장경이다. 역시 같은 경전의 제19권

> 佛本行集經卷第十九
>
> 三歲法師闍那崛多 譯
>
> 車匿等還品中
>
> 爾時摩訶波闍波提及瞿多彌多
> 太子賸裏明珠傘蓋橫刀幷摩尼寶
> 莊嚴雜拂自餘瓔珞乳陛馬王及車
> 匿等如是見已心大驚怖各舉兩手
> 挺拍身體憂愁而問於車匿言今我
> 所愛子悲達多留在何處汝自迴還
> 車匿報言國太皇后悲達太子棄捨
> 五欲爲求道故出家入山遠離親族
> 剃髮染衣思惟苦行是時摩訶波闍
> 波提聞於車匿如是語已辤如特牛
> 失其犢子悲泣㘁㘁不能自勝其形
> 訶波闍波提從車匿聞太子之語亦
> 復如是即舉兩手心驚怖裂口大唱
> 言嗚呼我子嗚呼我子流涙滿面遍
> 體戰慄忽然悶絕身躃倒仆㝡苦惱
> 中如魚出水在於陸地跳躑摩摩
> 訶波闍波提亦復如是躃地究究轉鳴
> 壹而語問車匿言車匿我今不見自
> 身有過及心口失負持於汝汝今何

2-11 ● 금장 『불본행집경』

이다. 앞의 '한문대장경 도표'를 참고하면 새긴 순서를 짐작할 수 있겠다. 고려장과 금장 사이에 무슨 연관이 있었다는 기록은 전혀 없다. 그래도 아무튼 닮아도 많이 닮았다. 동일한 저본을 바탕으로 복각을 했다고밖에 생각하기 어렵다. 물론 개보대장경이다.

앞에 인용했던 오노 겐묘(小野玄妙)는 단지 몇 장의 초조본만을 가지고 복각 여부를 단정했다. 그래서 그런지 우리나라에는 그런 '주장'을 인정하지 않으려는 경향도 있다. 사실 그림 한두 장이 문제라면 반대의 증거를 댈 수도 있다. 하지만 이제 2천 권이 넘는 초조본을 인터넷상에서 재조본과 한 장 한 장 일일이 대조할 수 있는 길이 열렸다. 몇 권 되지는 않지만 개보본도 있고, 그보다 전질에 가까운 금장도 남아 있다. 중국에서는 남아 있는 금장 5,600권을 저본으로 재조본 등을 보완하여 2002년 영인본 중화대장경을 출간했다. 한두 권 비교할 때와는 양상이

다르다. 확인할 수 있는 자료도 풍부해졌지만, 대조를 하는 환경도 극적으로 개선되었다. 고해상도 이미지를 원하는 만큼 확대해 볼 수도 있고, 필요하다면 두 이미지를 겹쳐서 확인할 수도 있다. 복각이라는 말이 나온 지도 70년이 넘었는데 이젠 이런 문제도 알 것은 알고 정리해야 할 일은 정리할 필요가 있다.

기왕에 말이 나왔으니 이 이야기도 하고 넘어가면 좋을 것 같다. 〈버킷리스트(The Bucket list)〉라는 영화가 있었다. 얼마 전 오바마 대통령도 자신의 버킷리스트를 발표했다고 해서 더 유행을 끌었던 것 같다. 몇 년 동안 고려대장경 천 년의 해를 꿈꾸면서 비슷한 리스트들을 헤아리곤 했다. 그 중의 하나가 이런 그림 놀이에 관한 것이다.

고려대장경의 내용이 많다지만 페이지로 따지면 16만여 쪽일 뿐이다. 인터넷상에서 16만 명만 모일 수 있다면 고려대장경을 한 날 한 시에 교정할 수 있지 않을까? 한 사람이 한 장씩만 맡으면 될텐데…. 한 장에 십 분? 이십 분? 이젠 그림도 있겠다, 현재의 서비스를 조금만 개선하면 어려운 꿈도 아니고, 사람이 부족하다면 몇 장씩 더 보는 방법도 있을 것이고, 아무튼 천 년을 기념하는 일 치고는 신나는 이벤트가 될 수도 있을 것이다. 천 년의 비밀을 한 날 한 시에 한꺼번에 풀어보는 일이다. 미디어 강국 대한민국에서 인터넷의 힘을 다시 한 번 공감할 수 있는 기회도 될 것이고….

오늘도 우리 하는 일은 그런 그림놀이다. 일하듯 놀고 놀듯 일한다고나 할까. 시간이야 걸리겠지만 끝이 보이는 놀이이다.

남선사 소장
초조본
유마힐경
권중

維摩詰經卷中
姚秦三藏鳩摩羅什譯
文殊師利問疾品第五
尒時佛告文殊師利汝行詣維摩詰
問疾文殊師利白佛言世尊彼上人
者難為詶對深達實相善說法要辯
才無滯智慧無导一切菩薩法式悉
知諸佛秘藏無不得入降伏衆魔遊
戲神通其慧方便皆已得度雖然當
承佛聖旨詣彼問疾於是衆中諸菩
薩大弟子釋梵四天王咸作是念今
二大士文殊師利維摩詰共談必說
妙法即時八千菩薩五百聲聞百千
天人皆欲隨從於是文殊師利與諸
菩薩大弟子衆及諸天人恭敬圍繞
入毗耶離大城尒時長者維摩詰心
念今文殊師利與大衆俱來即以神
力空其室內除去所有及諸侍者唯
置一牀以疾而卧文殊師利既入其
舍見其室空無諸所有獨寢一牀時
維摩詰言善來文殊師利不來相而
來不見相而見文殊師利言如是居

월정사 소장
재조본
유마힐경
권중

維摩詰所說經卷中
姚秦三藏鳩摩羅什譯
文殊師利問疾品第五
尒時佛告文殊師利汝行詣維摩詰
問疾文殊師利白佛言世尊彼上人
者難為詶對深達實相善說法要辯
才無滯智慧無导一切菩薩法式悉
知諸佛秘藏無不得入降伏衆魔遊
戲神通其慧方便皆已得度雖然當
承佛聖旨詣彼問疾於是衆中諸菩
薩大弟子釋梵四天王咸作是念今
二大士文殊師利維摩詰共談必說
妙法即時八千菩薩五百聲聞百千
天人皆欲隨從於是文殊師利與諸
菩薩大弟子衆及諸天人恭敬圍繞
入毗耶離大城尒時長者維摩詰心
念今文殊師利與大衆俱來即以神
力空其室內除去所有及諸侍者唯
置一牀以疾而卧文殊師利既入其
舍見其室空無諸所有獨寢一牀時
維摩詰言善來文殊師利不來相而
來不見相而見文殊師利言如是居

금장
유마힐경
권중

維摩詰經文殊師利問疾品第五
尒時佛告文殊師利汝行詣維摩詰
問疾文殊師利白佛言世尊彼上人
者難為詶對深達實相善說法要辯
才無礙智慧無导一切菩薩法式悉
知諸佛秘藏無不得入降伏衆魔遊
戲神通其慧方便皆已得度雖然當
承佛聖旨詣彼問疾於是衆中諸菩
薩大弟子釋梵四天王咸作是念今
二大士文殊師利維摩詰共談必說
妙法即時八千菩薩五百聲聞百千
天人皆欲隨從於是文殊師利與諸
菩薩大弟子衆及諸天人恭敬圍繞
入毗耶離大城尒時長者維摩詰心
念今文殊師利與大衆俱來即以神
力空其室內除去所有及諸侍者唯
置一牀以疾而卧文殊師利既入其
舍見其室內無諸所有獨寢一牀而
維摩詰言善來文殊師利不來相而
來不見相而見文殊師利言如是居
士若來已更不來若去已更不去所

2-12 ● 『유마힐경』

대장경으로 세계를 꿈꾸다

경명	CBETA 목록	고려 초조대장경	고려 재조대장경
大般若波羅蜜多經	唐玄奘	三藏法師玄奘	大唐三藏法師玄奘
能斷金剛般若波羅蜜經	唐玄奘	唐三藏法師玄奘	唐三藏法師玄奘
放光般若經	西晉無羅叉		西晉于闐國三藏無羅叉
光讚經	西晉竺法護	西晉三藏竺法護	西晉三藏竺法護
摩訶般若波羅蜜經	後秦鳩摩羅什	後秦龜茲國三藏鳩摩羅什	後秦龜茲國三藏鳩摩羅什
道行般若經	後漢支婁迦讖	後漢月支國三藏支婁迦讖	後漢月支國三藏支婁迦讖
大明度經	吳支謙		南吳月支國居士支謙
摩訶般若鈔經	前秦曇摩蜱共竺佛念		秦天竺沙門曇摩蜱共竺佛念
小品般若波羅蜜經	後秦鳩摩羅什		後秦龜茲國三藏鳩摩羅什
金剛般若波羅蜜經	後秦鳩摩羅什	姚秦天竺三藏鳩摩羅什	姚秦天竺三藏鳩摩羅什
金剛般若波羅蜜經	元魏菩提流支		元魏天竺三藏菩提流支
金剛般若波羅蜜經	陳眞諦	陳天竺三藏眞諦	陳天竺三藏眞諦
佛說能斷金剛般若波羅蜜多經	唐義淨		唐三藏沙門義淨
實相般若波羅蜜經	唐菩提流志		唐天竺三藏菩提流志

표 1 ● 번역자 표기 사례

고려 재조대장경에는 대략 삼백여 명 정도의 편역자 이름이 기록되어 있다. 앞의 도표는 고려 초조/재조대장경과 대만 CBETA에서 구축한 경록(經錄) 데이터베이스에서 편역자를 표기하는 방식을 비교한 것이다. 언뜻 보아도 재조대장경에서 편역자를 표기하는 방식이 CBETA보다 조금 더 길다는 사실을 알 수 있다. 재조대장경에서는 편역이 이루어졌던 시대의 왕조 명, 편역자의 출신 지역, 그리고 이름을 나란히 병기해 주고 있기 때문이다. 재조대장경 삼백여 명의 편역자 가운데 약 85% 정도에서 이런 규칙성이 나타난다.

현장처럼 중국 현지 출신일 경우에는 출신지를 굳이 밝혀 줄 필요가 없고, 출신지가 불분명한 경우들도 있다. 이런 경우들을 빼면 규칙성은 90%가 훌쩍 넘는다. 이 정도면 매우 정확도가 높은 규칙성이라고 할 수 있다. 물론 중국의 대장경에서도 출신지를 밝혀 주는 경우도 적잖이 있긴 하다. 그렇긴 해도 재조대장경에 나타나는 규칙성은 다른 한문대장경에 비해 확연히 두드러지는 특징이라고 할 수 있다. 규칙의 비율이 높다 보니 무엇인가 의도가 담겨 있다는 생각이 든다.

앞에서 했던 그림 놀이로 돌아가 보자. 초조와 재조, 그리고 금장이 모두 개보대장경을 복각한 것이라고 했다. 그래도 자세히 보면 개보본과 재조본 사이에는 몇 가지 분명한 차이도 존재한다는 얘기도 했다. 그 중에 눈에 띄는 차이가 바로 편역자를 표기하는 방식의 차이이다. 개보장에서는 '삼장법사 사나굴다역'이라고 한 데 비해, 재조대장경에서는 '수 천축삼장 사나굴다역'이라고 표기하는 식이다. 초조대장경이나 금장 모두 개보장과 똑같다. '삼장법사 사나굴다역'을 '수 천축삼장 사나굴다'로 고친 것이다. 사나굴다가 활동했던 시기와 그의 출신지를 추가했다. 물론 재조대장경이 개보장 – 초조본 – 금장본과 다르다고 해서 재조대장경을 복각하는 과정에서 교정을 한 것이라고 단정짓기는 어렵다. 그러기에는 증거가 부족하다. 통계를 따져 보는 까닭은 그래서이다. 90%가 넘는 통계 수치는 간접적인 증거가 될 수 있다. 고려대장경의 편집자들이 편역자의 활동 시기와 출신 지역을 의식하고 있었다는 점이다.

지명	현재 위치
강거국(康居國)	서역의 터키 계통의 유목민이 세운 나라. 키르기즈(Kirgiz) 평원을 중심으로 소그디아나(Sogdiana), 타슈켄트(Tashkend), 사마르칸트(Samarkand) 지역을 포괄, 불교가 크게 융성하여 강승회(康僧會), 강거(康巨), 강맹상(康孟詳), 강승개(康僧鎧) 등이 역경에 크게 공헌했다. 중국 화엄종의 3조 법장도 강거국 출신이다.
건초사(建初寺)	오(吳)나라 건업(建業)에 있던 중국 강남 지역에 가장 먼저 생긴 절
걸복(乞伏)	선비족의 한 지파인 걸복부에서 세운 서진(西秦)을 가리킨다.
경조두릉(京兆杜陵)	경조(京兆)는 우리의 경기지방처럼 옛 장안의 인근 지역을 가리키는 말. 두릉은 섬서성(陝西省) 인근에 있던 지역
계빈(罽賓)	가습미라국(迦濕彌羅國), 곧 카슈미르(Kashmir) 지역에 있던 나라
고창국(高昌國)	중국 신강성(新疆) 투루판 인근에 있었던 나라. 한나라 때는 차사전국(車師前國)이라 했고, 진(晉)나라 때는 고창군(高昌郡)이라고 불렸다. 420년경에 고창국(高昌國)을 세웠고, 당 태종이 640년경 정복하여 서주(西州)라고 불렀다. 역경의 중심지라고 불릴 만큼 많은 번역이 고창국을 중심으로 이뤄졌다.
고창군(高昌郡)	고창국

지명	현재 위치
광주(廣州)	중국 남방의 광주. 적지 않은 인도 서역의 번역자들이 실크로드로 알려진 육로 외에도 남방의 해로를 통해 중국으로 건너 왔다. 광주는 당시 해상교통로의 중요한 거점이었다.
구자국(龜玆國)	중국 신강성의 쿠처(庫車, Kucha) 지역에 있던 나라. 실크로드 천산남로의 중심 도시. 3세기 전후로 불교가 성행했다. 구마라집(鳩摩羅什)의 고향으로 유명하다.
남천축(南天竺)	혜초의 왕오천축국전(往五天竺國傳)에서도 알 수 있듯, 당시 사람들은 인도를 동·서·남·북·중의 다섯 방위로 구분하여 이해하였다.
남인도(南印度) 마뢰야국(摩賴耶國)	인도 남단 말레이(Malay) 반도에 있던 나라
남해군(南海郡)	광주 일대의 지역
남해(南海) 파릉국(波蔆國)	가릉국(訶陵國)이라고도 한다. 인도네시아의 자바섬에 있던 나라
돈황(燉煌)	중국 감숙성의 돈황
마갈제국(摩竭提國)	중인도의 마가다(Magadha)국, 갠지스강 이남의 비하르(Bihar) 지역에 있던 나라
부남국(扶南國)	지금의 크메르 지역에 있던 나라
북인도 가습미라국 (北印度迦濕彌羅國)	서북인도 히말라야 산록의 카슈미르(Kashmir) 지역에 있던 나라. 계빈국
북인도 건타라국 (北印度健陁羅國)	간다라(Gandhāra). 파키스탄 페샤와르(Peshawar) 지역에 있던 나라
불수기사(佛授記寺)	측천무후시대에 하남(河南) 낙양(洛陽)에 지은 절. 보리류지(菩提流志), 실차난타(實叉難陀) 등 저명한 역경승들이 주석하며 신역화엄경 등을 비롯하여 수많은 문헌들을 번역했다.

지명	현재 위치
서역(西域)	서역은 통상 인도와 중국을 잇는 중간의 영역으로 이해되어 왔다. 문헌에 따라 터키로부터 페르시아, 시베리아는 물론, 카슈미르와 간다라에서 장안에 이르기까지 중앙아시아 대부분의 광대한 지역을 가리키기 때문에, 특정한 지역에 대한 명칭이라기보다는 중국의 관점에서 위치를 상징적으로 표현한 명칭이라고 할 수 있다. 기원전 3세기경부터 불교가 크게 흥성하여 숱한 역경승들이 배출되었다. 서역으로부터 왔으나 출신지가 분명치 않은 편역자들을 지칭한 경우
서천중인도마가타국 나란타사(西天中印度摩伽陀國那爛陀寺)	Nālandā, 중인도 왕사성 인근에 있던 절. 인도 역사상 가장 성대했던 절로, 세계 최초의 대학이라고 부를 정도로 규모가 크고 수준이 높은 불교 교육기관으로도 유명하다. 유식학 계통의 여러 논사들을 배출했고, 현장(玄奘)을 비롯하여 중국과 한국의 학승들이 유학했다.
서천북인도오전낭국(西天北印度烏塡曩國)	간다라 북방 힌두쿠시 산맥 남쪽에 있던 나라
안식국(安息國)	파르티아(Parthia), 페르시아 지방에 있던 왕국으로 불교가 크게 성행했다. 안세고(安世高), 안현(安玄), 담무제(曇無諦) 등의 역경승을 배출했다.
양주(涼州)	현 감숙성(甘肅省) 중부 지역, 실크로드를 잇는 중요한 거점. 한나라 때는 무위(武威)라고 불렸고, 주천(酒泉), 장액(張液), 돈황(敦煌)과 함께 하서사군(河西四郡)의 하나였다.
오장국(烏萇國)	오전낭국(烏塡曩國)
우전(于闐)	호탄(Khotan). 현 신강성 타클라마칸 사막의 서쪽 끝, 화전(和田) 지역에 있던 왕국. 실크로드의 요충으로 불교가 중국으로 전래하는 가장 중요한 통로의 역할을 했다. 옥(玉)의 산지로 유명하다.
우선니(優禪尼)	인도 중부 우자인(Ujjain) 지역에 있던 왕국
월씨국(月氏國)	Kuṣana, 월씨, 또는 월지(月支)는 흉노, 대하(大夏) 등과 경쟁하며 대월씨, 소월씨, 중월씨 등으로 인도와 중국의 접경 지역에서 활동했던 민족. 중국에 처음으로 불경을 전한 지루가참(支婁迦讖)은 대월씨국 출신
임회(臨淮)	현 강소성(江蘇省) 지역에 있던 군(郡)

지명	현재 위치
종남산지상사(終南山至相寺)	섬서성(陝西省) 종남산(終南山)에 있는 절. 중국 화엄종의 이조(二祖) 지엄(智儼)이 주석했던 곳으로, 화엄종의 성지로 유명하다.
중인도야란타라국밀림사 (中印度惹爛馱羅國密林寺)	야란타라(Jālandhara)는 북인도 지역에 있던 왕국으로 밀림사는 송나라 때 많은 경전을 번역했던 천식재(天息災) 삼장의 출신지
하내(河內)	하남성 낙양 인근의 심양(沁陽)
황룡국(黃龍國)	유주(幽州) 곧 지금의 요령 지역에 있던 북연(北燕)을 가리킨다.

표 2 ● 번역자 출신지 사례

재미삼아서 재조대장경 편역자 표기에 등장하는 출신 지역들을 골라서 소개해 본다. 강거국, 계빈국, 안식국, 오장국, 부남국, 남해 파릉국, 우전국, 황룡국 등 낯선 이름들이다. 이들 이름들을 현재의 위치와 대조하여 보면 아시아 전역에 걸쳐 넓고 고르게 분포되어 있다는 사실을 알 수 있다. 이름은 낯설어도 뿌리가 있고 근거가 있는 이름들이다.

앞에서 소개했던 『개원석교록』에는 664년 동안 활동했던 176명의 번역자들에 대한 '매우 상세하고 흥미진진한' 전기(傳記)를 소개하고 있다. 이들에 대한 기억은 이외에도 고승전이나, 사전류, 주석서 등의 사이 사이에 생생하게 남아 있다. 이들을 이렇게 생생하게 기억해야 하는 까닭은 이들이 없었으면 대장경도 없고 불교에 대한 기억도 남아 있지 않았을 것이기 때문이다.

별을 보고 눈을 밟으며 줄지어 오고 가면서, 참된 가르침을 거듭 번역하여 크게 선양했습니다. 그 공이 참으로 크고 그 이익이 참으로 넓었습니다. ●50

'별을 보고 눈을 밟으며' 사람들은 그곳에서 이곳으로, 이곳에서 그곳으로 오고 갔다. 별을 보는 까닭은 중간에 죽음의 사막이 가로막혀 있기 때문이다. 눈을 밟는 까닭은 설산(雪山)을 넘어야 했기 때문이다. 오고 가는 일, 그 자체가 목숨을 걸어야 했던 모험의 시대였다. 저 많은 낯선 이름의 땅에서 기억을 챙겨 들고 동쪽으로 온 사람들. 기억을 찾아서 서쪽으로 간 사람들. 이 모두가 그 사람들 덕택이라고 한다. 열아홉 살 대각국사 의천은 그 사람들을 그렇게 기억하고 있다.

아시아 전역에 걸치는 광범위한 지역, 무려 천 년 동안 이어진 모험가들의 행렬. 그들이 주고 받은 기억 덕택에 대장경이 만들어질 수 있었다. 의천의 기억과 재조대장경의 규칙성을 바탕으로 상상을 해 본다면, 재조대장경의 편집자들은 낯선 동네와 낯선 이름들을 책머리에 분명하게 박아 두고 싶다는 생각을 가졌을 수도 있겠다. 그들의 기억을 더욱 분명하고 확실하게 후대에 전하고 싶어 했다는 말이다.

고려대장경의 역사가 송나라 개보대장경을 그대로 따라 새기면서 시작되어서 그런지, 아니면 조선을 건국하면서 고려에 대한 기억들이

●50 의천, 「세자를 대신하여 교장의 결집을 발원하는 상소」, 『대각국사문집』.

많이 사라져서 그런지, 고려대장경 조성에 관한 기록은 남아 있는 것이 전혀 없다. 지금이야 초조대장경도 있고, 여러 분야의 연구들도 활발해지고 있지만, 얼마 전까지만 해도 남아 있는 것은 장경각의 목판 그것뿐이었다. 일본 학자들이 찬탄하던 목판, 그게 어디서 어떻게 온 물건인지도 설명할 길이 없었다. 그런 사이에 대각국사 의천의 문집은 당시의 정황, 특히 문헌을 다루던 사람들의 생각을 추정해 볼 수 있는 적잖은 단서들을 담고 있다. 의천 자신이 문헌집성에 큰뜻을 품고 살았던 사람이기 때문이다. 의천이 열아홉 살에 했다는 말 '별을 보고 눈을 밟으며'란 표현만 해도 그렇다. 대장경의 역사, 불교문헌의 역사, 기억의 역사를 충분히 이해하고 있었다는 증거가 되기 때문이다. 그가 따르고 싶었던 길도 그들이 걸어왔던 길이었고, 그래서 그 길을 묵묵히 따라갔기 때문이다.

사문 석지맹(釋智猛)은 경조(京兆) 신풍(新豊) 사람이다. 매번 외국에서 온 도인들이 석가모니의 유적에 대해 이야기하는 것을 보고, 숱한 경전들이 서역에 퍼져 있다는 말을 들을 때마다, 늘 개탄하며 마음만 멀리 밖으로 달려가 만 리를 지척으로 천 년을 잡을 듯하곤 했다. 그러다가 요진(姚秦) 홍시(弘始) 6년 갑진년(서기 404)에 동지 15인을 모아 장안(長安)을 떠나게 되었다. 서른여섯 차례 강을 건너고 계곡을 넘어 양주성(涼州城)에 도착했다. 서쪽으로 양관(陽關)을 벗어나 유사(流沙)로 들어가니 이천여 리(里)에 땅에는 물도 풀도 없고, 길에는 행인이 끊겼다. 겨울은 혹독했고 여름은 독한 기운이 뜨겁게 타올랐다. 사람의 뼈 무더기가 이정표가 되었으며, 낙타 등에 식량을 싣고 가는 길이 지극히 맵고 험했으나, 선선(鄯善)과 구자(龜玆), 우전(于闐)을 거치며 여러 나라의 풍속을 두루 보았다.

마침내 우전국에서 서남쪽으로 이천 리를 가서, 총령(葱嶺)을 오르기 시작하자 아홉 명의 도반이 돌아갔다. 지맹(智猛)과 남은 도반들은 천칠백여 리를 가서 파륜국(波淪國)에 도착했다. 도반 축도숭(竺道嵩)이 죽어 다비를 하려 해도 시신을 찾을 길이 없었다. 지맹은 놀라운 일들로 비탄에 잠겼으나 힘을 내 앞으로 나가 남은 네 사람과 설산(雪山)을 세 차례 넘었다. 하얀 빙벽은 천 길이나 되는데, 밧줄을 다리삼아 허공을 건너가야 했다. 아래를 굽어 보아도 바닥을 볼 수 없고 위를 우러러도 하늘을 볼 수 없었다. 한기는 무자비하고 넋을 빼앗는 두려움과 싸워야 했다. 다시 남쪽으로 천 리를 지나 계빈국(罽賓國)에 도착할 수 있었다. 다시 신두하(辛頭可)를 건넜으나 설산의 빙벽이 더욱 높게 서 있었다. 밑으로는 독한 기운이 넘쳤고, 악귀들이 길을 막아 많은 행인들이 죽는 곳이었다. 지맹은 간절한 마음으로 험한 길을 건너갈 수 있었다. ●51

목숨을 건 모험의 길, 『개원석교록』에 실려 있는 하나의 예이다. 열다섯 도반이 간 길은 실크로드라고 알려진 바로 그 길이다. 아홉은 되돌아가고 하나는 죽고, 네 사람만이 목적지에 도착할 수 있었단다.

●51 『개원석교록(開元釋敎錄)』 권제4. K1062V31P1030a20L

『개원석교록』에 실린 이런 이야기들에는 길고 먼 행로가 몇 줄에 농축되어 있다. 그래서 그런지, 『대당서역기』와 같은 본격적인 여행기보다 훨씬 더 절절하다. 그 책에 담겨 있는 176명의 길, 그들의 길은 다 그렇게 험하고 힘든 길이었다.

그리고 그 길이 바로 그들의 세계였다. 석지맹은 석가모니의 유적과 말씀이 담긴 경전들을 꿈꾸었다고 한다. 기억에 대한 그리움, 장(藏)에 대한 열망이었다. 그런 그리움으로 유년의 지맹은 만 리의 길과 천 년의 시간을 넘나들고 있었다. 만 리의 길과 천 년의 시간, 그것이 그들의 길이었고 그들의 세계였다. 대장경에는 그런 세계가 담겨 있다. 대장경에 들어 있는 멀고 긴 기억의 이야기들, 낯선 동네 낯선 이름들이 담고 있는 기억들, 대장경을 편집하고 새기고 보는 사람들, 그 사람들은 대장경을 통해 그런 세계를 함께 나눌 수 있었다. 그리고 그 세계를 향해 용감하게 도전했다.

고려대장경의 편집자들이 책머리에 새겨 놓고 싶었던 기억, 아마도 대장경에 새겨진 그런 세계였는지도 모르겠다. 하지만 그들의 의도가 그들의 입으로 남아 있지 않은 마당에 그런 의도는 그저 우리의 상상의 몫일 뿐이다. 그들이 가고 싶었던 세계, 그들이 소통하고 싶었던 세계, 그런 세계에 대한 꿈이 그렇게 새겨졌을 수도 있겠다는 상상 같은 것이다.

흑령(黑嶺) 아래로는 오랑캐의 풍속[胡俗]이 아닌 것이 없다. 비록 융인(戎人)과 차이는 없지만, 부족들로 무리를 나누어 경계를 정해 성곽을 짓고 정착하여 산다. 열심히 밭을 갈고 가축을 기르지만 천성이 재물을 중시하고 인의(仁義)를 경시한다. 혼사에는 예의가 없고, 존비(尊卑)의 차이도 없다. 부인의 말이 통하고 남자의 지위는 낮다. 죽으면 시신을 화장하는데, 상을 치르는 기한도 정해진 게 없다. 얼굴을 긋고 귀를 자르며, 머리를 자르고 옷을 찢는다. 가축들을 죽여 죽은 혼백에게 제사한다. ●52

현장의 눈에 비친 서역의 풍속은 오랑캐들의 풍속이다. 출가한 스님이지만, 그의 눈에는 문명세계의 선입견이 시종일관 강하게 개입한다. 언뜻 보아도 불교적인 선입견이라기보다는 우리에게도 익숙한 유교적인 선입견과 닮았다. 다른 동네에 다른 사람들이 사는데 어찌 다른 풍습이 없겠는가? 어찌 보면 당연한 일일텐데 대뜸 오랑캐 타령이다.

『서유기』의 이야기는 오랑캐 풍습에 대한 극단적인 견해를 상징한다. 오랑캐의 풍속이 아무리 비루하다 하더라도 그래도 사람의 탈을 쓴 사람의 풍속이다. 『서유기』, 저 이야기에서는 아예 사람의 흔적을 지워버린다. 그래서 『서유기』에는 시점과 종점밖에 없다. 대당(大唐)의 서울 장안이 시점이고, 부처님의 나라 천축이 종점이다. 그리고 다시 부처님의 나라로부터 부처님의 기억을 가져 오는 이야기, 어찌 보면 『서유기』는 장안에서 시작해서 장안에서 끝난다고도 할 수 있다. 장안과 천축, 그 사이의 지역은 야만의 공간일 뿐이다. 사람이 살 수 없는 극한의

●52 『대당서역기(大唐西域記)』 권제1. K1065V32P0371a17L

자리이다. 문명은 장안과 천축 양 극단에만 존재한다. 그 사이의 공간이 이른바 서역이다. 실크로드의 공간이다. 그곳은 악독한 동네이다. 버러지나 독한 짐승, 요물이나 귀신들만이 설치는 곳이다. 그런 공간과 시간을 거쳐 천축의 기억은 장안의 기억이 된다.

『서유기』의 한 주인공, 삼장법사 현장이 지은 『대당서역기』의 관점도 대동소이하다. 『서유기』가 『대당서역기』를 모델로 씌어진 것이라니 그럴 수밖에 없기도 하겠다. 아무튼 『대당서역기』에는 부처님의 땅에 대한 열망이 있다. 부처님에 대한 기억을 그리워하기 때문이다. 길을 나서면 다시 고향땅 장안에 대한 그리움이다. 그리고 자부심이다. 대당(大唐)의 화려한 문명에 대한 그리움과 자부심, 그 밖의 동네는 그냥 지나가는 길일뿐이다. 목적도 없고 애정도 없다. 비루하고 악독한 오랑캐의 땅일 뿐이다.

현장은 장안을 떠난 이후 죽을 고비를 넘기고 고창국으로 들어 간다. 지맹의 마음이 간절하듯 현장의 마음도 간절하다. 간절한 마음은 고창국왕의 마음을 움직이고 그의 권력에 힘입어 비로소 천축으로 가는 올바른 길을 찾게 된다. 아마도 고창국이라는 동네가 없었다면 현장의 모험담도 거기서 끝이 났을지도 모른다. 점점이 박힌 오아시스 오랑캐들의 친절이 없었다면 현장에 대한 기억은 사막의 뼈무더기로 남았을지도 모른다.

지금은 중국 신강성의 쿠처, 옛이름 구자국(龜茲國)에는 키질석굴이 있다. 그 석굴 입구에는 근래에 세운 제법 웅대한 구마라집의 동상이 있다. 누가 디자인을 했는지는 몰라도 멀리서 언뜻 보아도 박박 깎은 머리에 호리호리한 무골의 캐릭터는 일본만화 '드래곤 볼'을 연상시킨다. 구마라집이 문득 양 나래를 펴고 허공으로 떠올라 키질의 천공에서 손오공과 일합을 겨룰 것만 같다. 하늘이 쪼개지고 땅이 뒤집히고 끝없이 맞붙는 신통력, 뭐 그런 장면이다.

어쨌거나, 그 자리에 새로 구마라집의 동상을 세운 까닭은 그가 바로 이 땅, 서역의 주인이기 때문이다. 당 삼장과 손오공이 당나라의 문명을 대변한다면, 구마라집은 서역의 불교 이 땅의 정신을 대변한다고 할 수 있다. 『서유기』의 표현대로 서역을 천축과 장안에 대립시킨다면 말이다. 서유기의 상상을 따르자면 서유기의 우마왕과도 같은 존재이다. 야만의 땅을 누비던 야만의 왕자이고, 중원의 문명에 패해 장안으로 끌려온 포로이기 때문이다. 적어도 대장경의 역사라는 관점에서 보자면 그렇다.

한문대장경의 세계 안에서 이 두 양웅, 구자국삼장 구마라집과 대당삼장 현장은 이야기를 끌어가는 주인공들이라고 해도 과언이 아니다. 현장은 장안을 떠나 서역을 모험하는 과정에서 세계를 배워갔던 사람이다. 지역의 언어들을 배웠고 문물들을 익혔다. 반면에 구마라집은 타클라마칸사막, 실크로드의 중심지 구자국에서 태어나 카슈미르와 장안까지 광대한 지역을 누비며 수행과 번역에 몰두했던 사람이다. 대소승의 문헌들을 잘 이해하고 있었고, 여러 언어와 여러 문명에 익숙했던 지식인이었고 세계인이었다.

두 사람의 스타일이나 말투를 두고도 논란이 있지만 지적인 경지에 있어서도 이 두 사람은 큰 차이를 보인다. 구마라집은 『반야경』과 『대지도론』 등 중관(中觀) 계열의 문헌을 주로 번역하여 이른바 삼론종(三論宗)이라는 종파를 개척한 분으로 추앙받고 있다. 이에 반해 현장은 유식(唯識) 계통의 문헌에 밝아 후에 법상종(法相宗)의 개창으로 이어졌다. 불문(佛門)의 양대문파라고 할 수 있다. 말하자면 이 두 사람이 중원의 양대문파를 개척한 원조들이다.

당삼장 현장은 장안으로 금의환향한 이후, 막강한 권력을 배경으로 대규모의 역경사업을 야심차게 추진한다. 이 과정에서 천축과 서역의 기억은 대당(大唐) 장안의 기억이 되어 간다. 대당삼장이 주도하는 일이다. 기억의 주인이 바뀌는 일이다. 사실일 리야 없겠지만 번역이 끝난 후 범어 원전을 폐기했다는 전설도 있었다. 한문으로 바뀐 기억, 이전의 기억은 아예 잊고 싶다는 의도도 없지는 않았을 것이다. 시간이 흘러가면서 실크로드는 끊기고 기억도 희미해졌다. 그곳은 사람이 살 수 없는 야만의 공간이 되었고, 가르침의 기억은 중원의 기억이 되었다.

그러나 저 편역자들의 분포, 낯선 동네의 낯선 이름들. 현장은 그저 그들 가운데 하나였을 뿐이다. 고려대장경을 비롯하여 한문대장경의 역사를 이끈 주체는 바로 저 길 위의 사람들이었다. 그들이 전부 장안의 사람들이었던 것은 아니다. 그렇다고 천축의 사람들만도 아니었다. 대장경은 그 세계의 사람들, 그 길을 오고간 사람들이 함께 만든 공동의 기억이었다.

고려 재조대장경이 보여 주는 편역자의 표기 방식, 그 안에는 어쨌건 낯선 동네의 낯선 이름들, 그 이름들에 얽힌 세계에 대한 기억이 담겨 있다. 세계에 대한 그리움과 열망, 그리고 그 세계와 소통하기 위해 떨쳐 나섰던 모험가들의 이야기들이다. 대장경을 펼치면 그런 이름들과 다시 만나게 된다. 고려의 사람들도 대장경을 통해 그런 세상을 꿈꾸었다. 한문의 세계만이 아니다. 그 세계는 만리장성과 서역의 관문, 타클라마칸사막과 히말라야를 넘어 인도로 페르시아로 터키로 이어지는 광대한 세계였다. 대장경이 없었다면 알 수도 없었던 이름과 세계, 시간이 많이 흘렀지만 그런 이름들이 가져다 주는 그리움과 간절함은 여전히 생생하다.

오랑캐의
대장경

…… 예전의 번역에서는 호반니원(胡槃尼洹)이라 했지만, 뭔가 부족한 점이 있다. 예로부터 경전을 번역해 온 이래로, 현명한 분들이 (문구를) 한문으로 받아 적거나, (소리를) 한자로 바꿀 때마다 모두 '오랑캐 말을 한문으로 번역했다'고 했다. 오랑캐는 다섯 천축국 변방에 있는 저속한 무리들이다. 이런 씨강(氏羌)의 무리를 요새 '오랑캐'라고 하는데, 인도와 무슨 관련이 있겠는가? 너무 동떨어져서 이야기할 가치도 없다. 부처님께서 말씀하신 경전들은 범본(梵本)이라 해야 마땅하다. 범(梵)은 우리말로는 청정하다는 뜻이다. 세상이 생겨났던 초기에 범세광음천(梵世光音天)이 아래로 내려와 그 땅의 비옥한 음식을 먹고 몸이 무거워져 돌아갈 수 없었다. 그렇게 사람이 되었으니 바로 오천축국의 선조들이다. 그래서 천(天)이라고 호칭하게 된 것이다. 만약에 그들을 오랑캐라고 한다면 어떻게 논리를 맞출 수 있겠는가? 그들의 말을 범어(梵語)라고 하는 것은 이 땅의 말을 한언(漢言)이라고 하는 것과 같다. 모

두 근거가 있는 것이니 틀린 것이 아니다. ⁽중략⁾ 예로부터 '호⁽胡⁾'
라고 했던 곳이 있으면 이제는 모두 '범⁽梵⁾'으로 바꾼다. 오류를
없애서 말을 바르게 하도록 하기 위해서이다. ●53

월지국⁽月支國⁾의 지루가참⁽支婁迦讖⁾이 번역했던 『호반니원경⁽胡般尼洹經⁾』을 『범반니원경⁽梵般尼洹經⁾』으로 제목을 바꾸면서 달아 놓은 주석이다. 『역대삼보기⁽歷代三寶記⁾』는 수나라 때 ⁽597⁾ 비장방⁽費長房⁾이 지은 불전 목록이다. 이 목록에서 호⁽胡⁾라는 글자를 범⁽梵⁾으로 바꾼 이래, 『개원석교록』을 비롯하여 이후의 모든 목록들이 이 원칙을 그대로 인용하며 따르게 되었다. 이전까지는 천축, 곧 인도까지도 '오랑캐'라고 불렀는데 이제부터는 오랑캐라는 말을 씨강⁽氐羌⁾과 같은 변방의 저속한 무리들로 제한해서 쓰겠다는 말이다. 청정한 부처님의 나라를 오랑캐로 구분할 수 없다는 얘기이다.

어찌 보면 그럴 수도 있겠다 싶지만, 대장경이나 불교문헌의 역사만 따져 보더라도 이런 주장에는 좀 얄궂은 면이 있다. 멀리 갈 것도 없이 다음에 나오는 도표를 한번 보도록 하자. 『개원석교록』은 왕조별로 번역자들을 구분하여 번역한 문헌의 통계를 제시하고 있다. 왕조를 건국한 시조만 보더라도 부진, 요진, 서진, 북량, 후위, 고제, 주 등의 나라가 이른바 오랑캐의 나라였다. 위에서 언급한 '씨강⁽氐羌⁾의 무리들'을 포함하여 선비와 흉노의 무리들이 세운 나라들이다. 이들 오랑캐 나라에서 번역한 문헌들의 수를 보면, 부수로는 352부⁽15%⁾, 권수로는 1,597권⁽23%⁾에 달한다. 순전히 오랑캐의 나라에서 오랑캐들의 주도로

●53 비장방⁽費長房⁾, 『역대삼보기⁽歷代三寶記, K1055⁾』 권제4. K1055V31P0507b14L

번역된⁽한문으로⁾ 문헌들이다. 분량만으로 따져도 삼장법사 현장의 활약으로 번역의 새역사를 열었다는 당나라의 통계에 비해 절대 떨어지는 양이 아니다.

　왕조를 떠나 번역의 내용을 따져 보면 양상은 더 복잡해진다. 불교 문헌이 한문으로 번역된 시기는 이른바 오호십육국에서 남북조를 거쳐 당나라와 송나라로 이어지는 시기이다. 불전이 번역되던 시기가 오호⁽다섯 오랑캐⁾라는 표현에서도 느낄 수 있듯이, 오랑캐의 무리가 극성하던 시기와 크게 겹친다는 말이다. 불전의 번역은 실크로드⁽육지의 길이든, 바다의 길이든⁾를 통해 들어온 불전과 범어를 할 줄 아는 번역자들이 중심이 될 수밖에 없었던 일이다. 자연히 이런 일에는 불전이든 사람이든 양측을 중계해 주는 지역의 사람들이 중요한 역할을 할 수밖에 없다. 그 지역이 바로 변방의 오랑캐 무리들이 살던 지역이었고 그런 사람들이 오랑캐들이었다. 실제로 당나라 현장의 역장에서조차 그런 오랑캐 출신들이 중요한 역할들을 담당했다.

　호(胡)라는 글자에는 분명히 부정적인 의미가 담겨 있다. 그래서 그냥 범(梵)으로 고친다고 했으면 좋았을 걸 하는 생각이 든다. 다섯 천축국 변방의 저속한 무리들, 대장경의 역사 안에도 이런 차별이 존재했다. 인종과 민족, 문화에 대한 차별이다. 성별에 따른 차별은 또 어떤가? 앞에서 용녀 얘기를 소개한 적이 있었다. 고매한 사리불이 어린 소녀에게 "네 몸은 더러워서 부처는커녕 마왕도 되지 못한다."고 윽박지르지 않았는가?

　아무튼 오랑캐에 대한 이른바 중국 사람들의 견해는 갈수록 심해진다. 그래서 그런지 후대의 대장경에는 낯선 고장의 이름들은 줄어들고 점차 중국식의 왕조로 바뀌어 간다. '요진구자국 삼장' 보다는 '후진 삼장'을 선호하게 되고, 오랑캐의 역사는 희미해진다. 이런 일이 굳이 따져야 할 일인지는 모르겠지만 아무튼 대장경의 역사 안에도 그런 차별과 경향이 존재했다는 사실은 분명하다.

그런 견해에 따르자면 고려 또한 오랑캐의 나라일 뿐이다.『서유기』가 그렇듯 천축과 중국을 빼고는 모두가 오랑캐일 뿐이다. 천축이 고상하고 크다지만, 석가모니의 나라 가비라성도 변방의 변변찮은 성이었다. 적어도 천축을 대표하는 고장은 아니었다. 여래의 장(藏)에 '변방의 저속한 무리들'을 차별하는 기억이 들어 있을 까닭도 없다. 거꾸로 고상한 계급의 언어, 범어보다 지역의 방언을 선호했다. 방언을 중시하는 태도는 대장경의 역사에도 분명하게 남아 있다. 번역의 역사이다. 불교가 넓은 지역으로 퍼져가면서 온갖 동네의 언어로 번역되었기 때문이다.

이런 차별 때문에 고려 재조대장경의 편역자 표기방식이 유별나게 느껴진다. 혹 재조대장경의 편집자들이 이런 인종적 민족적인 차별을 의식했던 것은 아니었을까? 대장경의 역사를 중화의 역사로 독점하려는 경향에 대해 경계하려 했던 것은 아니었을까? 이런 의심과 상상이다. 그래서 의도적으로 편역자의 출신 지역을 분명하게 표기하려고 했던 것은 아닐까? 모든 차별을 부정하는 여래의 가르침, 그런 기억의 전통을 이어 오랑캐들의 기억을 생생하게 남기려고 했던 것은 아닐까? 9할이 넘는 규칙성, 누가 왜 고쳤는지 알 수는 없지만 아무튼 뭔가 이유는 있었을 것이고, 이유가 있었다면 고려인들의 대장경에 담긴 주체적인 해석과 연관이 있었을 것이다. 적어도 그런 개연성 정도는 상상해 볼 수는 있고, 이를 계기로 아직껏 남아 있는 이런 저런 차별에 대해 생각해 볼 가치는 충분하다고 생각한다.

왕조	번역부수	번역권수	부수 %	권수 %	민족	비 고
후한 (後漢)	292	395	12.8%	5.6%		후한의 유씨는 낙양에 도읍했다. 명제(明帝) 영평(永平) 10년(AD 67)부터 헌제(獻帝) 연강(延康) 원년까지 11황제 154년간 승속 12인이 번역한 경이 292부 395권이다.
조위 (曹魏)	12	18	0.5%	0.3%		위(魏)의 조씨(曹氏)는 낙양에 도읍했다. 문제(文帝) 황초(黃初) 원년(AD 220)부터 원제(元帝) 함희(咸熙) 2년까지 5황제 46년간 사문 5인이 경율 12부 18권을 번역했다.
손오 (孫吳)	189	417	8.3%	5.9%		오의 손씨는 먼저 무창(武昌)에 도읍했다가 뒤에 건업(建業)에 도읍했다. 손권(孫權) 황무(黃武) 원년(AD 220)부터 손호(孫皓) 천기(天紀) 4년까지 4황제 59년간 승속 5인이 189부 417권의 경을 번역했다.
서진 (西晉)	330	590	14.5%	8.4%		서진(북진이라고도 함) 사마씨(司馬氏)는 낙양에 도읍했다. 무제(武帝) 태시(太始) 원년(AD 265)부터 민제(愍帝) 건흥(建興) 4년까지 4황제 52년간 승속 12인이 330부 590권을 번역했다.
동진 (東晉)	168	468	7.4%	6.6%		동진(東晉) 사마씨(司馬氏)는 건강(建康)에 도읍했다. 원제(元帝) 건무(建武) 원년(AD 317)부터 공제(恭帝) 원희(元熙) 2년까지 11황제 104년간 승속 16인이 168부 468권을 번역했다.
부진 (苻秦)	15	197	0.7%	2.8%	저(氐)	진의 부씨(苻氏)는 장안에 도읍했다(前秦이라고도 함). 부건(苻健) 황시(皇始) 원년(AD 351)부터 부등(苻登) 태초(太初) 9년까지 5황제 44년간 사문 6인이 15부 197권을 번역했다.
요진 (姚秦)	94	624	4.1%	8.9%	강(羌)	후진(後秦)이라고도 한다. 진의 요씨는 상안(常安)에 도읍했다. 요장(姚萇) 백작(白雀) 원년(AD 384)부터 요홍(姚弘) 영화(永和) 3년까지 3황제 34년간 사문 5인이 94부 624권을 번역했다.

왕조	번역부수	번역권수	부수 %	권수 %	민족	비 고
서진 (西秦)	56	110	2.5%	1.6%	선비 (鮮卑)	진의 걸복씨(乞伏氏)는 완천(苑川)에 도읍했다. 걸복국인(乞伏國仁) 건의(建義) 원년(AD 385)부터 걸복모말(乞伏暮末) 영홍(永弘) 4년까지 4임금 47년간 사문 1인이 56부 110권을 번역했다.
전량 (前涼)	4	6	0.2%	0.1%		전량의 장씨(張氏)는 고장(姑臧)에 도읍했다. 장궤(張軌) 영령(永寧) 원년(AD 301)부터 천석(天錫) 함안(咸安) 6년까지 7임금 76년간 외국 우바새 1인이 4부 6권을 번역했다.
북량 (北涼)	82	311	3.6%	4.4%	흉노 (匈奴)	북량의 저거씨(沮渠氏)는 처음 장액(張掖)에 도읍하였다가 뒤에 고장(姑臧)으로 옮겼다. 몽손(蒙遜) 영안(永安) 원년(AD 401)부터 무건(茂虔) 승화(承和) 7년까지 2임금 39년간 승속 9인이 82부 311권을 번역했다.
유송 (劉宋)	465	717	20.4%	10.2%		송(宋)의 유씨(劉氏)는 건업(建業)에 도읍했다. 무제(武帝) 영초(永初) 원년(AD 420)부터 순제(順帝) 승명(昇明) 3년까지 8임금 60년간 승속 22인이 465부 717권을 번역했다.
소제 (蕭齊)	12	33	0.5%	0.5%		제(齊)의 소씨(蕭氏)는 건업(建業)에 도읍했다(남제라고도 함). 고제(高帝) 건원(建元) 원년(AD 479)부터 화제(和帝) 중흥(中興) 2년까지 7임금 24년간 사문 7인이 12부 33권을 번역했다.
전량 (前梁)	46	201	2.0%	2.9%		양(梁)의 소씨(蕭氏)는 건업(建業)에 도읍했다. 무제(武帝) 천감(天監) 원년(AD 502)부터 경제(敬帝) 태평(太平) 2년까지 4임금 56년간 승속 8인이 46부 201권을 번역했다.
후위 (後魏)	83	274	3.6%	3.9%	선비 (鮮卑)	위(魏)의 원씨(元氏)는 처음 항안(恒安)에 도읍했다가 낙양으로 천도했다가 다시 업(鄴)으로 천도했다. 도무제(道武帝) 황시(皇始) 원년(AD 396)부터 동위(東魏) 효정제(孝靜帝) 무정(武定) 8년까지 13황제 155년간 승속 12인이 83부 274권을 번역했다.

왕조	번역 부수	번역 권수	부수 %	권수 %	민족	비 고
고제 (高齊)	8	52	0.4%	0.7%	선비 (鮮卑)	제(齊)의 고씨(高氏)는 업(鄴)에 도읍했다.(북제라고도 함). 문선제(文宣帝) 천보(天保) 원년(AD 550)부터 고항(高桓) 승광 원년까지 6황제 28년간 승속 2인이 8부 52권을 번역했다.
주 (周)	14	29	0.6%	0.4%	선비 (鮮卑)	주(周) 우문씨(宇文氏)는 장안(長安)에 도읍했다. 민제(閔帝) 원년(AD 557)부터 정제(靜帝) 대정(大定) 원년까지 5황제 25년간 사문 4인이 14부 29권을 번역했다.
진 (陳)	40	133	1.8%	1.9%		진(陳)의 진씨(陳氏)는 건업(建業)에 도읍했다. 무제(武帝) 영정(永定) 원년(AD 557)부터 양제(煬帝) 정명(禎明) 3년까지 5황제 33년간 승속 3인이 40부 133권을 번역했다.
수 (隋)	64	301	2.8%	4.3%		수(隋)의 양씨(楊氏)는 대흥(大興)에 도읍했다. 문제(文帝) 개황(開皇) 원년(AD 581)부터 공제(恭帝) 의녕(義寧) 2년까지 3황제 38년간 승속 9인이 64부 301권을 번역했다.
당 (唐)	301	2,170	13.2%	30.8%		당(唐)의 이씨(李氏)는 장안(長安)에 도읍했다. 고조(高祖) 신요황제(神堯皇帝) 무덕(武德) 원년(AD 618)부터 개원(開元) 신무황제(神武皇帝) 개원(開元) 18년까지 113년간 승속 37인이 301부 2,170권을 번역했다.
계	2,275	7,046	100%	100%		

표 3 ● 『개원석교록』 왕조별 번역통계

고려
오장법사

『서유기』에서 백마를 타고 손오공, 저팔계, 사오정과 함께 천축으로 떠나는 스님의 공식 명칭이 '당삼장(唐三藏)'이다. 당나라 때의 삼장법사라는 말이겠다. 삼장법사는 경률론 삼장에 정통하거나 삼장의 문헌들을 폭넓게 번역한 스님을 높여서 부르는 말이다. 고려대장경에도 '대당삼장 현장 역' '요진삼장 구마라집 역' 등으로 여러 명의 삼장법사들을 기록하고 있다. 당삼장은 그 중에서도 대표선수격의 삼장법사이다. 인도로부터 워낙 많은 삼장을 수집하여 가져온 공도 있지만, 역사상 가장 큰 규모의 역장(譯場)을 열고 숱한 삼장을 번역했기 때문이다.

『서유기』는 유사 이래 가장 성공한 콘텐츠로 평가받기도 한다. '날아라 슈퍼보드' 같은 만화영화도 있지만, 중국의 전통적인 경극에서부터 시작하여 영화, 연극, 오페라 등 아시아 여러 나라에서 거의 모든 장르로 제작되어 수세기 동안 변함없는 인기를 끌고 있다. 당삼장이 오고 간 실크로드, 설산과 사막의 길은 지금 보아도 환상적인 공간이고, 동서방을 잇는 문명의 스펙터클은 굳이 판타지로 각색하지 않더라도 멋진 얘깃거리라고 하겠다. 이야기의 주인공만이 아니라, 실존 인물 당삼장도 바로 그 공간에서 몇 번이나 죽을 고비를 넘겨야 했다. 서양의 기사담처럼 영토나 부, 세속적인 권력이나 명예를 찾아가는 것도 아니다. 지혜의 말씀을 찾아 목숨을 거는 지식인들의 모험담, 당삼장은 그런 얘깃거리의 슈퍼스타였다. 역사상 가장 자유롭고 풍요로웠다는 국제도시 장안, 그때부터 그는 그 세계의 슈퍼스타였다.

그런데 당나라에 삼장법사가 있었다면 고려에는 오장법사가 있었다. 느닷없이 당삼장 이야기를 꺼내는 이유는 고려오장 얘기를 하고 싶어서이다. 당삼장이 당나라의 문명을 대표하는 슈퍼스타였다면, 고려오장은 만국무쌍의 고려대장경, 동아시아 대장경 문화를 대표하는 슈퍼스타였다. 다만 당삼장이 시공을 넘어 밝게 빛나는 명실상부한 슈퍼스타였다면, 고려오장은 고향 하늘에서도 빛을 내지 못했던 숨은 별이었을 뿐이다. 그래도 별은 별이다. 이유야 여러 가지가 있을 수 있겠다. 오랫동안 고려대장경이 정당한 평가를 받지 못했듯, 40여 년 짧은 생애 동안 의천이 해냈던 일도 빛을 발할 기회를 갖지 못했을 뿐이다. 아무튼 이제부터 그런 얘기들을 해 보려고 한다. 고려대장경이 고려대장경인 이유, 그 한가운데 존재하는 고려오장의 의미에 대하여 이야기를 해 보려고 한다.

돌아보면 우리나라는 오래전부터 천축의 교화를 받들어, 비록 경론(經論)을 갖추기는 했으나 소초(疏鈔)는 빠져 있었습니다. 고금(古今)과 요나라, 송나라에 (유통하던) 모든 백가(百家)의 과교(科敎)를 일장(一藏)으로 집성하여 유통시키고자 합니다.

삼가, 삼장(三藏)의 문장이 널리 퍼지니 모든 임금들이 믿음을 갖게 되었고, 오래도록 유통하게 되자 사모하여 우러르는 마음이 더욱 깊어졌습니다. 그런데 부처님께서 경(經)을 설하셨으니, 논(論)은 경(經)으로 인해 생겼고, 경은 논으로 인해 분명해졌습니다. 논(論)은 소(疏)를 기다려 소통(疏通)이 되었고, 소(疏)는 의미의 단락들을 종합했으며, 의미는 스승을 통해서 전수되어 왔습니다. (이처럼) 서로 이어서 실마리를 찾는 사람들이 역대로 있었습니다. ●54

가만히 우리나라를 생각해 보니, 원효성사로부터 이 몸에 이르기까지 여러 가지 착한 일들을 두텁게 하여 나라를 도왔으며, 지극한 사랑에 의지하여 만물을 길렀습니다. 현조(顯祖)께서는 오천 축(軸)의 비장(秘藏)을 새기셨고, 문고(文考)께서는 십만 송(頌) ●55의 계경(契經)을 새기셨습니다. [삼장(三藏)의] 정문(正文)은 비록 원근에 유통이 되고 있지만, 장소(章疏)들은 대부분 잃어버렸습니다. 남아 있는 것들이라도 널리 보호하려면······. ●56

저라는 사람은 타고난 성품이 어리석기 짝이 없으나, 어린 나이에 다행히도 선왕의 은혜를 입어 출가하여 중이 되었습니

●54 의천, 「세자를 대신하여 교장(敎藏)의 수집을 발원하는 소(19세에 지음)」, 『대각국사문집』 권제14.

●55 『대각국사문집』은 목판본이 해인사에 전해 온다. 목판의 상태가 좋지 않아 결락된 부분도 많고 알아보기 힘든 글자들도 많다. 학자들 중에는 '十'을 '千' 곧 천만송이라고 해독하기도 한다.

●56 의천, 「선왕(宣王)을 대신하여 제종교장을 조인(雕印)하는 소」, 『대각국사문집』 권제15.

다. 전생에 쌓은 인연의 덕택으로 열여섯 일곱 살부터 서방 성인의 가르침을 따른 지 이제 20년이 되어 갑니다. 그러나 부처님의 가르침이 중국에 유통한 것은 백에 한둘도 못되고, 지금 전하는 삼장의 정문(正文)도 겨우 6~7천 권에 불과합니다. 그 밖에 예로부터 지금까지 현철(賢哲)한 주석가들이 천 년 동안 대대로 이어져 이 또한 그 수를 헤아릴 수 없습니다. 비록 뛰어난 재주를 타고난 재목이 일생을 한결같이 해도 그 일을 모두 이룰 수 없을텐데, 중간 이하의 사람이야 어떻겠습니까? ●57

대각국사 의천, 고려 속장경을 처음으로 편찬한 분이다. 역시 역사 교과서에 나오는 사실이다. 위에 인용한 구절들은 의천이 쓴 글을 모아 놓은 『대각국사문집』에 들어 있는 것들이다. 모두 속장경 편찬에 관련된 사연을 담고 있다. 속장경이란 표현은 근래 일본의 학자가 붙인 이름이다. ●58 대장경에 이어서 조성한 '속편 대장경'이란 의미를 담고 있다. 그러나 의천은 물론이고, 그 이전의 누구도 속장경이란 말을 쓴 적은 없다. 의천은 '여러 종파의 교장(敎藏)'이라는 뜻에서 '제종교장(諸宗敎藏)'이라고 불렀고, 줄여서 그냥 교장(敎藏)이라고도 했다.

위에 인용한 구절들을 보면, '삼장(三藏)의 정문(正文)'이라는 표현이 거듭 나온다. 결론부터 얘기하자면, 이 글 모두 전통의 '삼장(三藏)의 정문(正文)'에다가 교장이라는 하나의 장(藏)을 추가로 집성하겠다는 포부

●57 의천, 「내시 문관에서 보내는 편지」, 『대각국사문집』 권제13.
●58 오야 도쿠조(大屋德城), 『고려속장조조고(高麗續藏雕造攷)』, 동경 국서간행회.

와 소원을 드러내고 있다. 의천이 얘기하는 삼장이란 전통의 대장경을 가리킨다. 고려대장경으로 치자면 초조대장경이 되겠다. 현종 시절에 오천축의 대장경을 조성했고, 문종 때에는 십만송을 새겼다고 했다. 모두 합해서 6천여 권이 된다고도 했다. 우리가 아는 초조대장경의 숫자와 일치한다.

의천은 이렇게 기존의 대장경을 삼장의 정문이라고 불렀다. 그리고 삼장에다 하나의 장(일장(一藏))을 더하겠다고 했다. 그는 더하고자 하는 일장을 '삼장의 정문'에 대응하여 '백가(百家)의 과교(科敎)' 또는 '백가(百家)의 장소(章疏)'라고 불렀다. 삼장에 대한 주석서들을 가리킨다. 백가(百家)라는 말은 '제자백가'의 사례에서도 볼 수 있듯이 여러 종파를 가리킨다. 의천이 살았던 당시, 고려불교를 대표하던 종파는 화엄종과 법상종이었고, 의천은 화엄종의 승려였다. 백가의 장소라 하는 까닭은 주석서들이 주로 종파를 대표하는 경전이나 문헌들을 중심으로 종파별로 저술 발전해 왔기 때문이다. 이러한 주석서들을 모두 모아서 집성하겠다는 것이다. 경장·율장·논장, 이 전통의 삼장에다 교장이라는 일장을 더해 삼장을 사장(四藏)으로 늘리겠다는 것이다.

의천은 말이나 소망, 포부를 넘어 살아서 이를 실현시켰다. 오천 권 규모의 장소, 주석서들을 모아 목판에 새겼다. 삼장의 정문, 대장경 조성에 버금가는 대규모의 결집이었다. 이것이 속장경이고, 제종교장이다. 의천 이전에는 누구도 상상하지 못했던 일이었고, 의천 이후에는 누구도 흉내내지 못했던 일이었다. 근대에 이르러 일본 학자들이 의천의 교장을 속장경이라는 이름으로 평가했고, 이를 이어 속장경이라는 명칭으로 재현했다.

모든 백가(百家)의 과교(科教)를 일장(一藏)으로 집성하여 유통시키고자 합니다.

의천이 한 일이 바로 이 일이었다. 경률론 삼장에다 새로운 일장을 추가하는 일이다. 여기까지가 의천이 삼장을 넘어 사장을 결집한 사연이다. 불교의 주석서는 남아 전하는 양도 방대하고 후대에 끼친 영향도 지대하다. 특히 한문 주석서들은 불교가 한문문화권과 접촉하면서 제기되었던 온갖 의문과 논란들을 고스란히 담고 있다. 동아시아 불교의 역사는 주석서의 역사라고 해도 과언이 아니다. 그만큼 지적으로 문화적으로 특별한 지위를 지니고 있지만 그에 비해 충분한 평가를 받고 있지는 못한 것 같다. 의천의 교장 결집이 특별한 까닭이기도 하다.

흥왕사에 교장도감을 설치하기를 상주(上奏)하여, 요나라와 송나라로부터 서적을 구입하니, 4천 권이 넘어 이를 모두 간행했다. ●59

의천의 교장을 처음 체계적으로 연구 정리한 사람이 일본의 오야 도쿠조(大屋德城)라는 학자였다. 그는 『신편제종교장총록』이나 교장의 현존본들은 물론, 의천이 결집한 모든 문헌들을 모두 조사하여 1937년 『고려속장조조고(高麗續藏雕造攷)』라는 책을 출간했다. ●60 지금까지도 교장연구의 결정판이라는 평가를 받는 책이다. 이후 교장에 대한 연구가

●59 『고려사』 권 90, 열전 대각국사조.
●60 오야 도쿠조(大屋德城), 『고려속장조조고(高麗續藏雕造攷)』, 동경 국서간행회.

활발해졌다고는 하지만, 아직껏 이 연구의 그늘을 벗어나지 못하고 있다고 해도 과언이 아니다.

그는 그 책의 서문에서 교장의 편찬을 다방면으로 발달했던 고려문화, '불교문화의 정화(精華)요, 공전(空前)의 위관(偉觀)'이라고 찬탄했다. 만국무쌍과도 견줄 수 없는 또 다른 차원의 극찬이었다. 가치 평가는 아는 사람만이 내릴 수 있는, 말하자면 일종의 특권 같은 것이다. 본 사람만이 아는 법이다. 팔만대장경, 고려속장경, 고려대장경에 대한 가치 평가는 모두 일본의 학자들로부터 나왔다. 보았기 때문이고 알았기 때문이겠다.

『고려속장조조고』의 서문은 풍운의 시절, 식민지 자료를 맘껏 볼 수 있었던 일본 제국주의 학자의 감회로 시작하고 있다. 식민지 문화를 마음껏 조감하며, 커다란 지식의 지도를 그려가던 제국주의 신민의 자부심으로 넘친다. 피식민지 신민의 후손들이 읽기에는 민망하고 착잡할 수밖에 없는 이상한 책이다. 아무튼 우리가 이규보의 짧은 글에 기대어 '외적을 물리치기 위한 대장경의 위신력'에 감탄하고 있을 때, 일본의 학자들은 고려대장경의 진정한 가치, 지적, 문화적, 기술적 가치들에 감탄하고 있었다.

공전(空前)의 위관(偉觀), 이처럼 교장의 결집만으로도 의천은 정말 큰일을 해냈다. 가섭과 아난이 해냈던 삼장의 결집, 이어졌던 몇 차례의 결집, 그리고 목판대장경, 의천의 교장결집은 그런 일에 비견할만한 큰일이었다. 교장의 결집은 불교문헌의 역사를 바꿔 놓은 결정적인 사건이었다. 대장경의 규모만 보더라도 교장의 결집으로 두 배 가까이 늘어나게 되었다. 당시 대장경의 규모는 6천여 권이었다. 고려 이후에원·명·청 등의 왕조에서 새로 새긴 대장경들도 이 규모에서 크게 벗어나지 않았다.

『고려사』와 김부식이 지은 「영통사대각국사비문」의 기록에 따르면, 교장은 왕명에 의해 설립된 흥왕사 교장사 또는 교장도감에서 4천여 권이 조성된 것으로 보인다. 일본에 현존하는 교장목록인 『신편제종교장총록』에는 총 4,857권의 문헌이 포함되어 있다. 이 문헌들은 의천이 송나라를 직접 방문하여 수집한 장소, 이후에 송과 거란과 일본 등과 교류하며 수집한 장소, 국내의 사찰들을 다니며 직접 수집한 장소들을 망라한 것이었다. 이런 숫자만 보더라도 의천의 결집을 통해 대장경의 규모가 11,000~12,000권 규모로 확장되었다는 사실을 알 수 있다.

양적인 측면만이 아니다. 김부식이 기록한 바와 같이 이들 문헌들의 상태는 엉망진창이었다. 의천은 교장도감을 조직하고 전문가들을 모아 엄밀한 교정과정을 거쳐 문헌들을 온전한 상태로 정비하였다고 한다. 이전의 대장경에 편입된 문헌들은 오랜 세월에 걸쳐 정리가 이뤄진 문헌들이다. 이에 비해 장소들은 체계적으로 정리되어 본 적이 없었다. 송나라 요나라 그리고 고려 모두 전란을 겪으면서 수많은 문헌들이 산질된 상황이었다. 의천의 노력이 없었다면 이들 장소들도 대부분 산질되고 말았을 것이다.

그러나 의천은 교장의 결집에서 멈추지 않았다. 『대각국사문집』에는 '삼장의 정문'과 '백가의 장소' 외에 하나의 키워드가 더 들어 있다. '고금(古今)의 문장(文章)'이라는 말이다.

다시 교(敎)에 보완이 되는 '고금의 문장'을 모아 『석원사림(釋苑詞林)』이라 하려 했으나, 직접 참정(參定)하지는 못했고 뒤에 이뤄졌으므로 선택한 것이 마땅함을 잃었다. ●61

백가의 장소, 오천 권의 주석서들을 집성하여 출간한 데 이어 또 다른 결집을 꿈꾸었다는 말이다. 하지만 『석원사림』은 끝내 완성을 보지 못했다. 의천이 평소에 수집하고 정리해 두었던 문장들을 의천의 문인들이 250권으로 묶어서 펴냈을 뿐이다. 삼장의 정문이나 백가의 장소에 비하면 하찮은 분량이다. 내용도 마땅함을 잃었다고 했다.

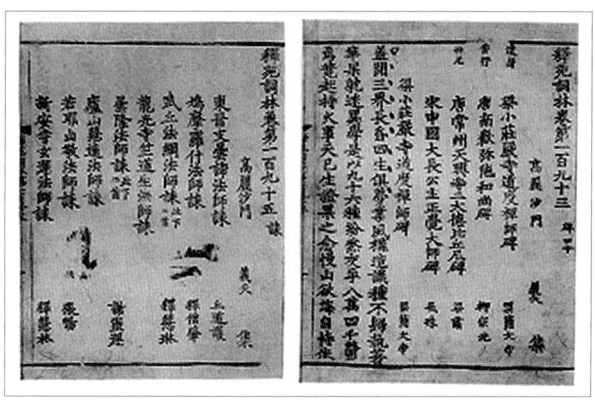

2-13 ● 서울대학교 소장 『석원사림』

삼장의 정문, 백가의 장소, 그리고 고금의 문장, 내용이야 어쨌건 간에 하여간 운(韻)이 잘 맞는다. 의천의 꿈이 여기에 담겨 있기 때문이다. 운이 맞는다는 말은 꿈에 일관성이 있었을 것이라는 상상을 가능케

●61 「영통사대각국사비문」, 『대각국사외집(大覺國師外集)』 권제12.

해 준다. 의천은 평생을 문헌집성에 뜻을 두고 일관된 삶을 살았던 분이다. 무엇보다 이 세 가지 범주라면 불교와 관련이 있는 모든 문헌들을 담을 수 있다. 경률론 삼장은 부처님 열반 당시에 설계되었던 그릇이다. 그 이후로 이 그릇 안에 담기 어려운 내용물들이 나타나기 시작했다. 경도 아니고 율도 아니고 논도 아닌 문헌들.

이런 문헌들이 우선 『개원석교록』의 「현성집(賢聖集)」 안으로 집성되었다. 고려대장경은 문헌별로 번호가 매겨져 있다. 앞머리에 고려를 뜻하는 'K.'가 붙는다. 이 'K.번호'는 동국대학교에서 영인본을 출간하면서 정리한 것이다. 일본의 대정신수대장경은 대정 즉 Taisho를 뜻하는 'T.'가 붙는다. 다른 대장경들도 비슷한 분류 방식을 취하고 있다.

K.1087, 이 번호가 초조대장경에 가장 먼저 편입된 문헌의 양을 가리킨다. 1087종의 문헌, 이것이 『개원석교록』을 바탕으로 조성된 개보장에 들어 있던 문헌들의 총수이다. 참고로 고려대장경에는 후대에 조성한 15종의 보판(補板)을 포함하여 1,514종의 문헌이 들어 있다. 고려대장경연구소에서 집성한 초조본에도 K.1487번까지 발견되고 있는 것으로 보아, 재조본에 입장된 문헌 대부분이 이전에 조성되었다는 사실을 짐작할 수 있다.

아무튼 개보장 1087종의 문헌 가운데 「현성집」의 문헌 108종이 들어 있다. 전체 분량의 꼭 10%에 해당한다. 초기의 대장경 안에도 삼장 이외의 문헌이 이미 10% 포함되어 있었다는 말이다. 이후에도 수세기를 지내며 번역도 추가되어 삼장의 양도 늘어났지만, 그 이상으로 한문으로 새로 저술된 문헌의 양도 빠르게 늘어났다. 시간이 흐를수록 새로 저술된 문헌들이 양적으로도 삼장의 분량을 훨씬 능가하게 되었고, 활용도 또한 높아지게 되었다. 당연히 이런 문헌들을 포함하는 새로운 결집에의 요구가 커질 수밖에 없는 상황이 되었다는 말이다.

당나라 정원(貞元) 10년(794) 원조(圓照)가 지은 『대당정원속개원석교록(大唐貞元續開元釋敎錄)』에는 「현성집」 외에 새로운 범주가 추가되었다. 주석서 64권과 함께 「정원신집고금제령비표기록(貞元新集古今制令碑表記錄)」 86권을 포함시킨 것이다. 비록 입장록(入藏錄) 안에 바로 포함시킨 것은 아니었지만, 주석서/장소류를 별도 항목으로 설정했고, 이외의 문장들, 예들 들어 황제나 정부 유력인사가 쓴 문장들·상소문·비(碑)·탑·부도 등에 기록된 문장·전기류·시문류 등을 한 데 묶어 첨부했던 것이다. 의천의 『석원사림』 '고금의 문장'에 상응하는 것들이다.

의천의 교장도 하루아침에 그저 생겨난 것은 아니다. 새로운 그릇이 필요하다는 요구와 전통을 잇는 일이었고, 새로운 결집을 완성시키는 일이었다. 「현성집」의 전통과 원조의 『정원속개원석교록』이 의천의 모델이 되었을 것이다. 의천은 백가의 장소에 대하여는 제일장으로서의 지위를 당당히 주장했다. 삼장을 넘어 사장의 결집이 완성된 것이다. 양으로 보아도 원조의 64권에 비해 교장의 5천 권은 비교가 되지 않는다. 그래도 그 사이에 3백 년 가까운 시간이 흘렀다.

『석원사림』도 원조의 사례에서 크게 벗어나지 않는다. 주석서 이외의 문장(文章)들을 담는 일이었고 내용도 유사하다. 그래도 『석원사림』의 분량은 크게 늘었다. 의천의 집성이 중요한 까닭은 무엇보다 목록에서 멈추지 않았다는 사실 때문이다. 의천은 현존하는 문헌들을 수집하였고, 정리하고 교정하여 목판에 새겼다. 역사상 처음으로 양에서뿐만 아니라 질적으로 다른 대장경을 완성했다는 말이다.

『개원석교록(開元釋教錄)』은 지승(智昇)이 편찬했고, 『정원속개원석교록(貞元續開元釋教錄)』은 원소(圓炤)가 편찬했습니다. 두 책에 포함된 경률론(經律論) 등과 송나라에서 새로 번역한 경론 등 모두 6천여 권은 이미 판을 새겨서 유통하였습니다. ●62

현조(顯祖)께서는 오천 축(軸)의 비장(祕藏)을 새겼고, 문고(文考)께서는 십만송(頌)의 계경(契經)을 새겼습니다. 정문(正文)은 비록 원근에 반포했습니다만, 장소(章疏)는 거의 잃어버렸습니다. ●63

『대각국사문집』은 보존상태가 썩 좋지 않다. 중간에 누락된 페이지들도 많고, 글자들도 닳아서 알아보기 힘든 곳들도 많다. 원본의 상태가 좋지 않은 까닭에 읽는다기보다는 해독한다는 기분이 들 때가 많다. 여기 문종이 새겼다는 십만송의 십(十)자도 예전에는 천(千)으로 읽는 경우가 많았다. 그래서 그런지 이 구절을 구체적인 사실이라기보다는 '아주 많이 새겼다'는 정도로 비유적으로 이해하곤 했다.

그러나 위의 두 구절을 현존하는 해인사 팔만대장경에 맞춰 보면 그저 비유적인 빈말이 아니라는 사실을 알게 된다. 재조대장경의 앞부분에 입장된 문헌 480함(函) 1,087종의 문헌 5,062권은 『개원석교록』의 「입장록」과 거의 완벽하게 일치한다. 현종 때 새겼다는 오천축이다. 송나라에서 가져온 개보대장경이 바로 480함에 담긴 오천축이

●62 의천, 「일본의 여러 법사에게 교장(教藏)을 보내 줄 것을 청하는 글(寄日本國諸法師求集教藏疏)」, 『대각국사문집』 제14권.
●63 의천, 「선왕(宣王)을 대신하여 제종교장을 조인(雕印)하는 소」, 『대각국사문집』 제15권.

었고, 이를 현종 때 그대로 복각했던 것이다.

이후 『정원속개원석교록(貞元續開元釋敎錄)』과 항안(恒安)이 지은 『속정원석교록(續貞元釋敎錄)』, 송대(宋代)에 새로 번역한 경론들이 차례로 추가되고 있다. 6천여 권의 권수도 그대로 일치한다. 현종 때의 대장경이 개보대장경을 복각한 첫번째 대장경이었다면, 선종 4년(1087)에 완성한 대장경은 첫번째 대장경에 1,500여 권 이상이 추가된 새로운 대장경이 된다.●64 해인사 팔만대장경, 곧 재조대장경 이전에 조성한 대장경을 막연히 초조대장경이라고 부르지만, 현종조의 초조대장경과 문종조의 초조대장경은 엄연히 다른 대장경이었다. 그리고 그 사이에 적어도 세차례 이상 증보와 수정이 있었다.

그리고 이때가 바로 의천이 교장(敎藏)의 꿈을 품고 한참 활발하게 활동하던 시기였다. 4천여 권의 교장을 새겨서 출간했던 시기가 1090년 전후였다. 의천은 고려대장경이 완성되어 가던 과정을 몸소 체험했던 분이다. 할아버지와 아버지, 형의 시대로 이어지며 꾸준히 증보되고 개선되던 대장경이다. 의천은 당연히 이 과정을 꾸준히 이어져 온 하나의 일로 이해했다. 제4장(藏)으로서의 교장의 꿈 또한 연속되는 대장경 조성의 과정일 뿐이었고, 그래서 삼장의 정문이 완성되던 즈음에 서둘러 교장의 꿈을 실현시켰던 것이다. 교장처럼 뚜렷한 근거는 없고, 생전에 완성하지도 못했지만 『석원사림』의 집성도, 따라서 그 같은 연속되는 일의 과정에서 이해해야 할 것이다.

다시 말해 의천은 현종조부터 이어 온 초조대장경, 삼장의 정문의

●64 현종 때 새긴 오천축은 개보장의 숫자와 일치한다. 문종 때 새긴 십만송의 계경은, 보통 『화엄경』을 십만송이라 하는 것으로 보아 『화엄경』을 새겼다는 뜻일 수도 있다.

역사를 이어 제4장인 교장을 조성했다. 삼장의 정문에 백가의 장소를 묶어 12,000권에 달하는 대규모 문헌집성을 완성시킨 것이다. 말 그대로 공전(空前)의 위관, 의천은 아난과 가섭에서 시작된 결집의 역사에 뚜렷한 획을 그었다. 그런데도 의천은 여기에서 멈추지 않았다. 모르긴 몰라도 의천이 몇 년만 더 일을 할 수 있었더라도 고려대장경의 모양새는 아주 달라졌을 것이다. 고려대장경에 수천 권의 문장(文章)이 더 추가되었을 것이고, 공전의 위관을 넘어 천 년의 한문 불전이 고려대장경이라는 이름으로 완벽하게 결집될 수 있었을 것이다. 그리고 이후 대장경의 역사, 불전의 역사도 아주 달라졌을 것이다. 의천의 일은 그렇게 불과 몇 걸음 앞에서 멈춰졌다.

사장(四藏)이나 오장(五藏) 등으로 삼장(三藏)의 범주를 확장하려는 시도들은 이전에도 있었던 일이다. 천축과 서역으로부터 들어온 삼장(三藏)에 다라니(陀羅尼)나 후대의 논서(論書)들을 제4장의 잡장(雜藏)으로 분류하기도 하였고, 소승의 삼장에 대승의 일장(一藏)을 더해 사장으로 분류

초조대장경	경장(經藏) 율장(律藏) 논장(論藏) 현성집(賢聖集) 북송신역경(北宋新譯經)	6천5백여 권	삼장(三藏)의 정문(正文)
교장(敎藏)	속장경(續藏經)	4~5천 권	사장(四藏) 백가(百家)의 장소(章疏)
석원사림(釋苑詞林)	미완(未完)	250권	오장(五藏) 고금(古今)의 문장(文章)

표 4 ● 오장법사 의천의 고려대장경

하거나, 잡장을 포함하여 오장(五藏)으로 분류하기도 하였다. 소승의 삼장과 제4장으로서의 잡장, 그리고 대승의 삼장을 따로 분류하여 7장으로 분류하기도 했고, 9장이나 10장, 12장 등으로 더 확장하는 경우도 있었다. ●65

돌이켜 의천의 입장에서 짐작해 보자면, 해인사 팔만대장경, 고려 재조대장경은 미완의 대장경일 뿐이다. 몽고군대의 침략으로 문종조의 초조대장경과 교장 목판이 모두 소실되었다. 전쟁통에 애를 써서 복구하고자 했지만, 삼장의 정문에서 만족할 수밖에 없었다. 엄밀하게 정의를 해 보자면 재조대장경은 초조대장경의 교정복각본이다. 그나마 초조본에 대하여 엄정한 교정을 할 수 있었다는 점에서 위안을 삼을 수는 있겠다.

재조본에는 이른바 보유판(補遺板) 15종이 포함되어 있다. 주로 제종교장(諸宗敎藏)에 해당되는 문헌들이다. 후대에 추가된 문헌들이고 그래서 이들 목판에는 대장도감이라는 간기(刊記)조차 없다. 그런 저런 이유로 이들을 대장경에 포함시켜서는 안 된다는 지적들도 있다. 그런 식으로 따지자면 대장경의 모든 문헌은 후대에 추가된 문헌이다. 입장(入藏)의 기준이 있었다지만, 모두가 인정하는 보편적인 원칙 따위는 존재해 본 적도 없었다.

아울러 해인사 장경각에는 많은 양의 사간본(寺刊本)이 함께 보존되어 있다. 이 또한 교장에 해당되는 주석서들이 대부분이다. 보유판이나 사간본은 고려대장경의 그림자라는 생각이 든다. 전쟁통에 망가진

●65 징관(澄觀), 『대방광불화엄경수소연의초(大方廣佛華嚴經隨疏演義鈔)』 권제5.
T1736_.36.0038b08, http://21dzk.l.u-tokyo.ac.jp

고려대장경의 흔적이라는 뜻이다. 의천의 고려대장경이 온전할 수 있었다면, 굳이 보유판이라는 명칭조차 필요하지도 않았을 것이다. 굳이 새로운 판을 중복해서 새길 이유도 없었을 것이다. 시간이 가면서 새로운 문헌이 발견된다거나 기존의 문헌에 문제가 생긴다면, 현종의 초조대장경이 꾸준히 증보되고 개선되었듯, 의천의 고려대장경도 자연스럽게 증보되고 확장되어 갔을 것이기 때문이다.

어쩌면 이런 것이 우리가 잃어버린, 그래서 잊어버린 고려대장경의 실체일 것이다. 하지만 어차피 타버린 대장경, 근거도 희박한 미완의 얘기들을 사실처럼 떠벌릴 일은 아니겠다. 아무리 그렇다 해도 고려대장경이라는 명칭 안에는 적어도 의천의 교장만큼은 반드시 포함되어야만 한다. 고려대장경이 앞으로도 더 발전하고 개선되어야 할 물건이라면, 그런 일은 의천의 교장으로부터 시작되어야 한다.

삼장법사라는 말도 그저 호칭일 뿐이다. 삼장을 번역하거나 집성하는 분들, 그런 분들이 일생에 했던 일에 대한 평가랄까, 명예랄까, 말하자면 훈장 같은 것이겠다. 그러나 천 년의 고려대장경을 돌아보며, 의천이라는 존재를 생각하면 불편한 마음이 앞선다. 일본 학자가 찬탄했던 '고려문화의 정화(精華)요, 공전(空前)의 위관(偉觀)'을 드리운 분이다. 의천이 정말로 그런 분이었다면 그에 대한 평가도 어차피 시간문제일 것이다. 바른 때가 온다면 새삼 빛나는 별이 될 것이다. 그렇긴 해도 닥쳐온 천 년의 순간, 의천에게 오장법사라는 훈장 정도는 바칠 수 있다고 생각한다. 의천이 했던 일, 일에서만큼은 넘치는 자격을 갖추고 있다고 생각하기 때문이다.

의천의
고려대장경

선종 정묘 4년^(서기 1087) 2월 갑오일에 임금이 개국사에 가서 대장경의 완성을 경축하였다. ●66

고종 신해 38년^(서기 1251) 9월 임오일에 임금이 성의 서문 밖에 있는 대장경 판당에 가서 백관을 거느리고 분향을 하였다. 현종 때에 새겼던 판본은 임진년 몽고병화에 타 버렸으므로 임금이 여러 신하들과 함께 다시 발원을 하여 도감을 설치하였는데 16년 만에 완성한 것이다. ●67

대장경 낙성에 관한 기사들이다. 『고려사』에는 이런 정도의 쪼가리 기록밖에는 남아 있지 않다. 그뿐이다. 고려 현종 2년⁽¹⁰¹¹⁾ 고려대장경 조성을 시작한 후, 재조대장경이 완성되기까지 240년이라는 시

●66 『고려사(高麗史)』 10권, 세가(世家) 10 선종(宣宗) 4년(1087) 정묘.
●67 『고려사(高麗史)』 24권, 세가(世家) 24 고종(高宗) 38년(1251) 신해.

간이 흘렀다. 그 사이에는 저 같은 순간들만이 남아 있다. 이 순간들 사이에는 긴 틈새가 있다. 그리고 이 틈새들을 채울만한 사료나 증거들은 많지 않다. 그 사이 『고려사』에 등장하는 대장경 관련 기사들을 부록에 첨부하였다. 참고랄 것도 없겠지만 고려대장경의 역사를 지탱하는 사실들은 여하튼 이런 정도에 불과하다.

고려대장경은 그런 틈새 사이에 떠 있는 섬 같은 존재다. 우리는 아직도 고려대장경이 어떻게 만들어졌는지, 어떤 가치를 지니고 있는지 충분히 알고 있지 못하다. 해인사의 팔만대장경이 어떤 연유나 경로를 거쳐 해인사로 옮겨지게 되었는지조차 분명치 않다. 세간에서는 고려대장경이라는 섬을 단지 '몽고병화로 인해 16년 만에 새로 새긴' 물건으로 기억할 뿐이다. 그런데도 고려대장경은 만국무쌍 진미진선, 수세기 동안 아시아 불교문헌의 표준으로 존경을 받아 왔다. 일본인들은 고려대장경 한 질을 얻기 위해 예절도 굴욕도 상관하지 않았다. 왜 그랬을까? 종교적 신념의 소산이든, 지식과 기술, 문화의 결정체이든, 그것도 아니면 세간의 평판대로 전쟁통에 정치적 목적으로 급조한 것이든 까닭은 있었을 터이다.

의천의 『대각국사문집』에는 그나마 그런 빈 공간을 채워 줄 증거들이 남아 있다. 교장 조성의 당위성을 설명하는 사이에 대장경의 역사를 돌아보기도 하고, 대장경이 지닌 가치와 의의를 역설하기도 한다. 문헌을 수집하고, 목록을 다듬고, 교정을 하고, 목판에 새기고, 문헌들을 유통하는 얘기들이 담겨 있다. 대장경을 조성하던 때에 했을 법한 일들이다. 의천이 경험했던 천 년의 순간, 천 년을 향한 그의 집념과 원력은 순간들의 틈새에 갇힌 고려대장경이라는 섬으로 가기 위한 길잡

이와도 같다. 의문으로 가득 찬 시간의 틈새를 메우기 위한 상상의 원천이 되어 준다. 천 년의 미래를 대비하기 위한 새로운 대장경의 꿈, 의천의 꿈이 지금 우리의 고려대장경으로 형상화 되었을 것이기 때문이다. 의천이 꿈꾸었던 대장경 안에는 이규보의 기고문에 담긴 것과 같은 전쟁이나 미신은 없다. 고려의 의천도 송나라의 정원도 요나라의 야율사제(耶律思齊)●68도 책에 대해서 얘기할 뿐이다.

> 중국과 거란 일본으로부터 다시 책을 구입하였고, 또 신미년 봄 남방으로 다니면서 수색하여 얻은 책이 무려 4천 권에 달하였으나, 대부분 먼지로 희미해지고 좀이 슬었으며, 책장이 떨어져 엉망진창이었다. 모두 싸서 돌아와, 흥왕사(興王寺) 교장사(教藏司)에 두도록 소청하였다. 유수한 학자들을 초청하여 틀리고 빠진 부분들을 교정(校正)하여, 새로 써서 판에 새기니 수 년이 흘러 문적(文籍)이 크게 갖추어져 학자들이 기쁘게 의지하였다. ●69

대장경의 일이라는 게 바로 이런 일이다. 책을 수집하는 일이 그렇고, 정리하여 판에 새기는 일이 그렇다. 문적을 갖추어 학자들이 의지할 수 있게 만드는 일이 그렇다. 수천 권이 넘는 좀먹고 먼지 낀 책들에 관한 일, 사람들은 그런 일을 고리타분하다고 한다. 하지만 르네상스

●68 야율사제(耶律思齊)는 요나라의 어사중승(御史中丞)이다. 의천과 꾸준한 교류를 통해 교장의 결집에도 큰 도움을 주었다. 주고 받은 편지에도 의천에 대한 존경심이 담겨 있다.
●69 김부식, 「영통사대각국사비문」, 『대각국사외집』 권제12.

라는 말의 뜻이 무엇인가? 그런 고리타분한 데서부터 시작한 일 아니었던가? 게다가 바로 그 시대는 목판인쇄술이 정착해 가던 시대였다. 먼지를 털고, 앞뒤를 맞추고, 일일이 교정하여 목판에 새겨내는 일. 목판에 한번 새기고 나면 필요할 때마다 언제든 찍어 낼 수가 있다. 한 번에 열 장이건 백 장이건 대량으로 찍어낼 수도 있다. 그런 일을 인쇄혁명이라고 부르지 않는가? 한 자 한 자 베껴 유통하던 지식들이 다량으로 유통할 수 있게 되어 훨씬 더 많은 사람들이 훨씬 더 많은, 양질의 지식을 공유할 수 있는 환경이다.

의천은 바로 그런 시대에 태어났다. 고려대장경 프로젝트가 차근차근 진행되던 시대. 80여 년 간 지속해 온 프로젝트, 이 프로젝트를 통해 축적되어 온 지식과 역량, 의천은 이를 바탕으로 새로운 업그레이드를 꿈꾸었다.

삼가 이치는 가르침으로 말미암아 드러나고 도(道)는 사람을 통해 넓게 퍼집니다. 풍속은 경박스럽고 시절은 야박해지니 사람은 떠나고 도(道)는 망가졌습니다. 스승은 각기 자신의 종습(宗習)만을 북돋우려 하고, 제자들은 또한 보고 들은 것만을 집착합니다. 자은(慈恩)의 백본(百本)이나 되는 담론에 이르러서는 명상(名相)에만 집착하고, 태산(台山)에서의 90일 간의 설법은 이관(理觀)만을 존중하고 있으니, 어느 한 구석 얻어서 본받을 만한 문장들이라고 할 수는 있겠으나, 두루 통한 가르침이었다고 할 수는 없겠습니다. 오직 우리 해동의 보살이 성상(性相)을 함께 밝히고 고금(古今)을 모두 엮어서 백가(百

家) 이쟁(異諍)의 극단을 화합시키고, 한 시대의 지극히 공정한 논의를 세우셨습니다. 신통으로도 헤아릴 수 없고 묘용(妙用)으로도 생각하기 어렵습니다. 비록 티끌에 동화된다 하더라도 참된 것을 더럽히지 않았으며, 비록 빛과 조화를 이룬다 하더라도 그 바탕을 바꾸지 않았습니다. 아름다운 명성을 중국과 인도에까지 떨치고 자비로운 교화가 저 세상에까지 미친 이유를 찬양한다고 하더라도 참으로 헤아리기조차 어렵습니다.

아무개는 타고나기를 천행으로 어려서부터 불경을 좋아하여, 선철(先哲)을 두루 살펴 보았지만 성사(聖師)를 능가하는 사람이 없었습니다. 미묘한 말씀들을 오해하는 것이 아프고, 지극한 도가 쇠퇴하는 것이 슬퍼서, 명산들을 멀리 찾아다니고, 없어진 전장(典章)들을 널리 구했습니다. 지금 계림(鷄林)의 옛절에서 다행히 살아계신 것과도 같은 얼굴을 우러러 뵈니 영취산 옛 봉우리에서의 첫 법회에 참석한 듯합니다. 여기 변변찮은 공양을 빌어 감히 두터운 자비를 바라노니 굽어 밝은 귀감을 드리우소서. ●70

의천이 분황사에서 원효의 초상화를 보고 감격에 겨워 제를 올리며 지은 글이다. 원효를 성사(聖師)라고 하고 해동보살이라고 칭한다. 아무튼 이 짧은 글 안에 의천의 생각이 고루 담겨 있다. 원효는 100여 종

●70 의천, 「분황사 원효성사에게 드리는 제문(祭芬皇寺曉聖文)」, 『대각국사문집』 권제16.

이나 되는 주석서를 저술했다는 분이다. 대부분 없어지고 20종만이 남아 전하고 있다. 원효 저술의 리스트는 화려하다. 그를 화쟁국사(和諍國師)라고 불렀다는데, 이 리스트만 봐도 공연한 허명이 아님을 짐작할 수 있다. 여러 종파와 계파의 문헌들을 폭넓게 넘나들며 자유롭게 살다 가신 분이다. 의천은 "백 가지 곳에서 모습을 나타냈고, 여섯 방위에서 열반을 보이셨습니다. 경전을 보면 모두 주석을 달았고, 통하지 않은 논(論)이 없었습니다."●71라고 표현했다.

그리고 원효의 세계를 통방지훈(通方之訓)이라는 한 마디 말로 요약했다. 빈자리 없이 어디에나 통하는 가르침이다. 원효가 이 책 저 책 종파를 넘나드는 광범위한 저술을 했던 까닭은 그 뜻이 백가의 이쟁을 화합하려는 데 있었기 때문이다. 의천이 백가의 장소를 수집하려는 까닭은 원효의 뒤를 잇고자 했기 때문이다. 말하자면 원효는 의천의 롤모델이다. 그저 좀먹은 책이나 수선하고 글자 한두 개 가지고 고심하던 고리타분하고 지루한 일만이 있었던 것이 아니다. 그들에게는 크고 화려한 꿈, 자유분방한 상상력도 있었다. 그들의 꿈과 상상력은 천 년을 넘나들고 사막과 설산을 주름잡았다. 그 세계를 종으로 횡으로 누비던 사람들이었다.

의천이 원효의 통방(通方)과 백가의 장소에 주목하는 까닭은 "스승은 각기 자신의 종습(宗習)만을 북돋우려 하고, 제자들은 또한 보고 들은 것만을 집착"하기 때문이다. 쉽게 말하자면 자기네 얘기만 하고 남의 얘기는 보려고도 들으려고도 하지 않는다는 말이다. 자기들이 좋아하

●71　의천, 「송나라 원소율사에게 답하는 편지(答大宋元炤律師書)」, 『대각국사문집』 권제11.

는 책만 읽고, 생각이 다르고 그래서 맘에 들지 않는 책은 쳐다보지도 않는다는 말이다. 의천은 이런 풍속을 경박한 말세의 풍속이라고 한탄했다.

> 말법에 무너지는 가르침의 그물 그 누가 알리
> 모두들 구구하게 명리만을 재촉하네.
> 등(燈)을 전해 도(道)를 돕는 일 참으로 한가한 일
> 위통(魏統)은 숲 같은데, 재목 없음을 부끄러워하네. ●72

교망(教網), 가르침의 그물, 의천은 가르침을 그물망 요즘식으로 얘기하자면 네트워크로 이해한다. 그물은 대장경에서는 참으로 익숙한 비유이다. 부처님의 큰 깨달음의 세계를 그물로 묘사했기 때문이다. 그물은 이를테면 연기(緣起)의 세계를 설명하기 위한 비유이다. 서로가 연결되어 끊임없이 소통하며 끊임없이 생성하는 역동적인 그물망. 의천의 또 다른 롤모델, 『개원석교록』의 지승은 화망(化網)이라는 표현을 쓰고 있다. '교화의 그물'이다.

의천은 당시의 상황을 말법의 시대, 교망(教網)이 훼손된 시대로 이해하였다. 이것이 그의 시대정신이었다. 그래서 교망을 복구하는 일을 그의 시대적인 사명으로 삼았다. 그리고 교장의 결집은 그가 선택한 시대적 수단이었다.

●72 의천, 「일을 만나 말을 부치다」, 『대각국사문집』 권제19.

부처님께서 경을 설하셨으니, 경이 있기 때문에 논(論)이 있고, 경은 논이 있기 때문에 분명해집니다. 논은 소(疏)를 기다려 통하고 소는 의미를 모아 펼쳐집니다. 의미는 스승으로 인해 표현되니 의미의 실마리가 계속 이어져 역대로 사람들이 있었습니다. 그렇기 때문에 지자(智者)는 천태에서 말씀을 세웠고, 혜원(慧遠)은 정영(淨影)에서 가르침을 내렸고, 자은(慈恩)과 안국(安國)은 여러 가지 이설들을 세 가지 시간(三時)으로 묶었으며, 현수(賢首)와 청량(淸凉)은 이단들을 오교(五敎)로 회통할 수 있었습니다. 남산(南山)의 행사(行事)와 동탑(東塔)의 개종(開宗)으로부터 여러 집안에 이르도록 가지 이름을 채우게 되니……. ●73

    의천은 '제종교장(諸宗敎藏)'이라는 목록의 이름을 통해서도 짐작할 수 있듯이 제가(諸家)의 종승(宗乘)을 중심으로 장소(章疏)들을 결집했다. 종승(宗乘)은 각 종파의 문헌들, 종파의 기억들을 가리킨다. '제종(諸宗)의 교장(敎藏)'이라는 말도 같은 말이다. 이 같은 종승 중심의 결집에는 의천의 독특한 불교관과 지식관이 담겨 있다.
    교장결집에 관한 의천의 언급들을 묶어서 한 마디로 표현하자면, '교망(敎網)은 종승(宗乘)을 통해 발전하고, 종승(宗乘)은 교망(敎網)에 통해야 한다'는 것이다. 주석서의 역사가 경(經) – 논(論) – 소(疏) – 초(鈔)로 정교하게 발전해 온 까닭도 종파별로 가르침이 심화될 수 있었기 때문이다. 이와는 반대로 모든 종승은 교망으로 종합되어야 한다. 교망을 떠나 종

●73   의천, 「세자를 대신하여 교장의 결집을 발원하는 상소」, 『대각국사문집』 권제15.

승이 성립할 수 없기 때문이다. 종승은 교망의 일부일 뿐이다. 종승간의 대립과 모순은 교망 안에서 해소된다. 그것이 바로 원효가 꿈꾸었던 일이고 실천했던 일이다. 화쟁의 일이고 통방(通方)의 일이다.

가르침의 그물, 교화의 그물, 그물망을 연상해 보면 통방(通方)이라는 표현을 좀더 쉽게 이해할 수 있다. 그물망은 씨줄과 날줄이 촘촘히 연결되어 있다. 씨줄과 날줄에 끊어진 데가 없이 온전하다면, 어느 쪽으로 가든지 모든 방향으로 연결이 가능하다. 통방은 그물이라는 비유를 전제로 한 역시 비유적인 표현이다. 모든 방향으로 모든 존재, 모든 생각을 잇고 있다는 뜻이다. 그물 전체로 두루 통하는 일, 원효의 화쟁은 교망을 전제로 종승들을 연결시키는 일이었다. 종승이 정교하게 발전한다는 것은 교망을 좀더 촘촘하게 해 주는 일이다. 교망이 촘촘해지면 그만큼 연결이 쉬워지고, 작은 물고기 한 마리도 빠져나가기 어려워진다.

종승의 발전은 교망을 풍요롭게 하지만, 교망이라는 전체를 지향할 때에만 그렇다. 어느 한 귀퉁이, 어느 한 종파의 종승만이 유독 섬세하게 발전해 간다면, 그런 일은 오히려 교망을 망가뜨리는 일이 된다. 한쪽은 촘촘하고 한쪽이 엉성하다면 그런 그물은 더 이상 그물의 기능조차 할 수 없다. 교망을 무시하고 발전하는 종승은 교망을 해칠뿐더러 종승 자체를 망가뜨린다.

의천은 자신의 시대를 '교망(敎網)이 훼손된 시대'로 이해하는 한편, 불교가 중국에 전해진 이후, 천 년의 역사를 '종파별로 발전해 온 종승의 역사'로 이해한다. 그리고 그 가운데 원효가 있다. 가장 정교한 종승의 일을 원효는 교망 전체로 확장시켰고, 모든 종파 모든 방향으로 전개했다. 이것이 의천이 그리던 이상적인 불교, 이상적인 대장경의 모델이었다.

원종(圓宗)의 문류들을 모으시고, 석원(釋苑)의 문장들을 편찬하시니, 후생들에게 모범이 되어 대대로 이어 유전하리라. ●74

예종 임금이 대각국사의 초상화(眞影)에 부친 찬문의 한 부분이다. 이 글에는 교장 조성에 관한 얘기는 직접적으로 언급하고 있지 않다. 그런데 교장에 비하면 규모나 의미도 작아 보이는 두 종류의 문헌집성을 찍어서 찬탄하고 있다. 고금의 문장,『석원사림』의 집성에 대해서는 앞에서 언급한 바와 같다. 의천이 백가의 장소, 고금의 문장을 넘어 또 다른 문헌집성을 했다는 말이다.『원종문류(圓宗文類)』의 집성을 가리킨다. 오야 도쿠조(大屋德城)는 의천의 편찬사업을 요약하면서 첫째가『신편제종교장총록』, 둘째가『원종문류』, 그리고 셋째로『석원사림』을 들고 있다.『대각국사문집』은 아예『원종문류』의 서문을 맨 앞에 배치하고 있다. 그만큼『원종문류』가 지니는 의의가 크기 때문이다.

종남산(終南山)의 조사 두순 존자가, 법계관문(法界觀門)을 지어 수제자인 지엄 존자에게 주었다. 지엄 스님은 이를 받아 오교로 바꾸고 십현으로 부연하였다. 이어서 현수가 앞선 가르침들을 받아 적고, 청량이 뒤를 위한 모범을 세우니 비로소 할 수 있는

●74 의천,「본국의 예종 임금이 (대각국사) 진영에 부친 찬문(本國睿王御睟眞讚)」,『대각국사외집』권제1.

일을 다 했다고 하겠다. 그러므로 『화엄경』을 강의하는 사람들은 모두 지엄과 법장, 청량 삼가의 주석서를 영원한 표준으로 삼고, 그 외 제가의 주석서들을 곁으로 참고하였다. 우리 해동에서는 부석 존자가 법을 구해 온 뒤로 원돈의 가르침이 다른 종파들의 대표가 된 지 4백여 년이 되었다. 우리나라가 삼한을 통일한 뒤로 근 2백 년 동안 삼보를 밝게 드러내 중생들을 가르치고 도와주었다. (중략)

다만 지극한 도리는 깊고 정교한데 허황된 말만 무성하고 문답을 할 때도 인용조차 하기 힘들다. 게다가 요즘 우리 종문에 이상한 것을 좋아하는 무리들이 근본은 버리고 지말을 좇아 억설이 분분하다. 조사들의 깊은 가르침에 대하여는 꽉 막혀 통하지 않는 제자들이 열에 일곱 여덟이나 된다. 교관에 정통한 사람이라면 어찌 큰 걱정이 아니겠는가? 주상께서 이런 사실을 아시고 의학에 밝은 이들을 모아 의논하여 편찬케 하시니 그 번잡한 문장들을 간추려 요람으로 삼게 하셨다. 수집한 것들을 분류하여 22권으로 나누어 새로 공부를 시작하는 사람들에게 반포하니 활용하면 공이 있을 것이다. 적어도 요약한 것으로부터 소초에 통하게 되어 경전의 취지를 얻게 되고, 경전의 취지로부터 이치의 성품을 깨닫게 된다면 어떤 것이 광범한 것이고 어떤 것이 간략한 것이겠는가? ●75

●75 의천, 「새로 편집한 원종문류 서문(新集圓宗文類序)」, 『대각국사문집』 권제1.

원종(圓宗)은 화엄종을 가리킨다. 『원종문류』는 화엄교학에 관련된 문장들을 종류별로 구분하여 집성한 책이다. 교장이나 『석원사림』이 종파에 상관없이 불교에 관련된 문헌들을 결집한 것이라면, 『원종문류』는 특정 종파의 문헌들을 가려서 집성한 것이다.●76 의천은 화엄종의 승려로서 화엄교학에 대하여 대단한 자부심을 가지고 있었고, 결집이라는 과업 외에 평생 화엄교학을 강의하고 관련 문헌들을 교정하는 일에 몰두했던 사람이다. 그래서 이『원종문류』에 대하여는 특별한 애정을 가지고 있었던 것 같다. 위의 서문에서 보듯, 『원종문류』가 화엄종의 후학들을 교육하기 위한 목적으로 편찬한 것이기 때문이다. 아무튼 이런 일이 이른바 종승(宗乘)의 일이다. 『원종문류』에 대하여는 이후에 조금 더 부연할 생각이다.

> 황제의 서울에 기대어 산 굴욕의 세월
> 교문(敎門)에 공(功)도 없이 부끄러워라.
> 이때 닦은 수행도 헛수고일 뿐
> 숲과 개울 가의 즐거움만 못해라. ●77

오십을 채우지 못하고 세상을 떠난 의천이다. 그래서 말년이라고 부르기도 민망하지만, 아무튼 의천은 해인사 인근에서 못다했던 공부를 하며 말년을 보냈다. 그 무렵에 쓴 시들이 문집에 남아 있다. 왕자의

●76 『원종문류』는 교장이나 『석원사림』과 같은 문헌집성은 아니다. 예를 들어 원종에 관련된 주석서의 서문이나 찬문(讚文) 등을 종류별로 모아서 정리한 것이다. 원종에 대한 이해나 연구를 도와주기 위한 참고서나, 공구서(工具書)의 성격을 가진 책이다.

●77 의천, 「해인사에 퇴거(退去)하여」, 『대각국사문집』 권제20.

지위도 승통이라는 명예도 굴욕이었고, 그간의 공부도 헛수고였다고 한다. 본인이 그렇다니 그러려니 할 도리밖에 없긴 하지만, 공전의 결집을 완성한 의천인데 그걸 헛수고라고 하면 헛수고 아닌 일이 뭐가 있을까? 그래서 그랬을까? 후인들의 의천에 대한 평가는 냉소에 가깝다. 왕자랍시고 거들대던, 수행도 학문도 부족한 스님이라고들 한다. 하지만 여느 사람들이었다면 『원종문류』 정도의 집성만으로도 후대에 큰 칭송을 받았을 터이다.

이렇게 교망과 종승 사이에는 긴장관계가 존재한다. 의천 자신이 그런 긴장 속에서 복잡한 삶을 살았던 분이다. 의천은 죽기에 앞서 썼던 글들, 목판에 새겨 유통했던 책들을 모두 모아 불살라 버렸다. 교문(敎門)에 공이 없는 부끄러운 글이었기 때문이겠다. 그의 공부는 원종의 종승을 향해 있었지만, 그의 일이 교망을 향해 있었다. 원종의 종승을 섬세하게 연구하고 발전시키는 일은 원종에 뜻을 둔 학승으로서 종승을 향한 수행과 공부의 길이었다면, 교장의 결집은 망가진 교망을 수선하는 일, 교망을 향한 일이었다. 그는 그 두 가지를 성공적으로 병행하지 못했다. 말년에 자신이 평가한 자신의 모습이었다.

> 마명(馬鳴)과 용수(龍樹) 앞세상을 밝히었고
> 무착(無着)과 천친(天親) 뒷세상을 이었네.
> 끄트머리 좇다 보면 종(宗)의 차이 있다지만
> 근원으로 돌아가면 도는 외려 같은 것을. ●78

●78 의천, 「어쩌다 읊은 구절을 담(湛) 대사에게 부치다」, 『대각국사문집』 권제19.

몸을 사려 법을 훔치는, 요즘 사람의 품은 뜻
무거운 도 가벼운 목숨, 옛날 철인의 마음.
아까워라 전륜성왕의 바른 도장
하루 아침 누추한 사내 옷깃으로 날아들었나. ●79

강연(講演)한 지 이십 년 애쓰고 애써
나는 스물세 살 때부터 『정원신역화엄경』과 소(疏) 50권 강의를 시작했다. 그 뒤로 강연을 쉰 적이 없었다.
꽃 같은 말씀 삼백 권을 번역했네
여러 종류의 책 삼백여 권을 강연했으니, 3본(本) 『화엄경』은 합해서 180권이다. 옛 사람들이 이어오던 해석이 있었지만, 나는 이를 따르지 않고, 다만 본소(本疏)에만 의거해 우리말(方言)로 번역했다. 남본(南本) 『열반경(涅槃經)』●80 36권도 마찬가지였다. 묘현(妙玄) 10권 등의 여러 책은 예로부터 전해오지 않던 것들이다. 뜻을 잘 모르는 것을 무릅쓰고 우리말로 번역한 것도 10여 종이었다. 『고승전(高僧傳)』에 이르기를, '번(飜)이라는 것은 비단 무늬를 뒤집는 것과 같으니, 다만 좌우가 있을 뿐이다'라고 했다. 그래서 금번(錦飜)이라고 한 것이다. ●81

●79 의천, 「강의를 하던 차에 문득 짓다」, 『대각국사문집』 권제19.
●80 남본 『열반경』: 유송(劉宋)의 혜엄(慧嚴) 등이 번역한 『대반열반』. 북량(北凉)의 담무참(曇無讖)이 번역한 40권본 『대반열반경』과 구별, 남조(南朝)에서 번역하였다 하여 남본(南本)이라고 부른다. 담무참의 북본을 토대로 법현(法顯)이 번역한 『불설대반니원경(佛說大般泥洹經)』으로 수정 보완한 신역본(新譯本)이다.
●81 원문에는 금번화전(錦飜花鈿)으로 되어 있다. 고승전의 예를 들어 비단의 꽃무늬를 뒤집듯이 꽃 같은 말을 뒤집어 번역했다는 뜻이다.

> 부족한 전등(傳燈)의 힘 부끄러워 노심초사
> 내가 근심이 병이 되어 요즘 점점 심해진다. 경서(經書)를 읽거나 독송할 때마다 심장에 아픔을 느껴 학업(學業)이 황폐해졌다.
> 여산(廬山)의 뜻 부합하려 백련사(白蓮社)의 씨를 심네
> 인예태후(仁睿太后)께서 일찍이 결사(結社)를 발원하였으나, 소장하고 있던 송본(宋本)의 여산십팔현(廬山十八賢) 진용(眞容)은 절 문에 떨어져 당각(堂閣)에 안치하지 못하고 있었다. 나는 이 좋은 인연을 빌어 서방정토의 업을 닦고자 한다. ●82

　의천의 시대는 초조대장경이 한창 완성되어 가던 시기였다.●83 그의 표현을 따르자면 '삼장의 정문'이 완성되던 때였다. 의천은 때에 맞춰 교장의 조성을 본격화했고, 몇 해 안에 수천 권의 주석서들을 출간했다. 근심이 병이 되어 책을 읽을 때마다 가슴에 통증을 느낀다던 의천, 그는 교망을 위해서도 종승을 위해서도 특별한 일을 해냈다. 그리고 그런 일 안에 의천의 고려대장경이 존재한다. 그 안에는 교망과 종승을 둘러싼 희망과 긴장, 그리고 노심초사가 담겨 있다. 우리가 아는 고려대장경은 의천이 알던 고려대장경이 아니다. 의천이 노심초사 꿈꾸었던 고려대장경이 아니다. 의천의 고려대장경은 '달단의 무리'가 부인사에 소장되어 있던 대장경을 불지를 때, 그 순간에 사라져 버렸다.

●82　의천, 『대각국사문집』 권제20.
●83　이 점에 대하여는 '교정 이야기'에서 부연하도록 하겠다. 의천의 아버지, 현종조에 처음 조성했던 초조대장경은 문종조로부터 수차례 증보와 교정을 거쳐, 의천이 교장 조성에 본격적으로 착수할 무렵 완성을 눈앞에 두고 있었다.

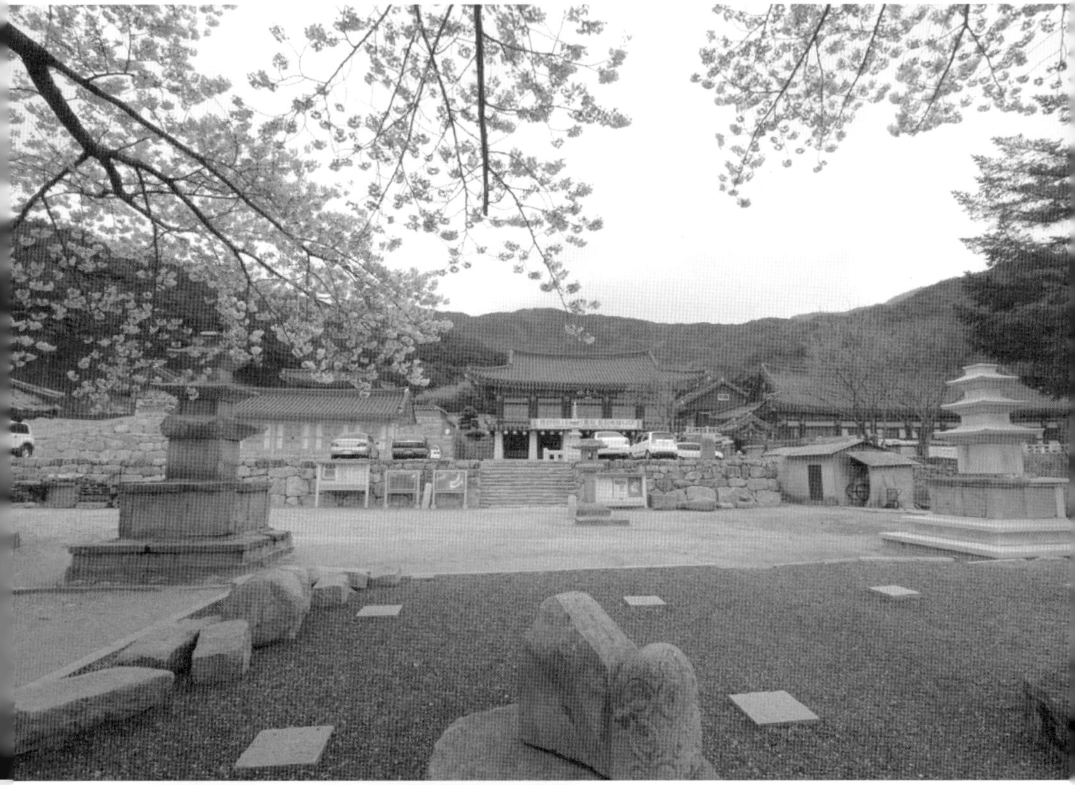

ⓒ 부인사

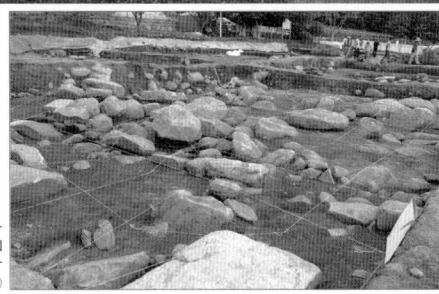

2-14 ● 대구 부인사 전경

2-15 ● 초조대장경이 보관되어 있던 곳이다. 1232년 몽고군의 침입으로 대장경과 함께 대장경을 보관하고 있던 전각이 모두 불탔다. 현재 대장경을 보관하고 있던 전각 자리로 추정되는 곳의 발굴 조사 작업이 한창 진행되고 있다.

굳이 있지도 않은 의천의 고려대장경을 들어, 버젓이 현존하는 우리의 고려대장경과 차별을 두는 까닭은 그저 의천의 노심초사가 안타깝기 때문이다. 우리가 아는 고려대장경은 송나라의 개보대장경에 큰 빚을 지고 있다. 그래서 '고려'라는 이름을 달기조차 민망한 면도 없지 않다. 의천의 고려대장경은 명실상부 고려대장경이다. 무엇보다 그 안에는 고려인의 생각과 노심초사가 담겨 있다. 교망과 종승, 이들을 묶는 통방과 화쟁, 고려인들이 발견한 고려인들의 생각과 꿈이 담겨 있다. 의천의 고려대장경 안에는 그런 생각과 꿈을 바탕으로 한 고려인의 설계도가 들어 있다. 고려인이 설계한 고려인의 그릇이다. '달단의 무리'가 없었고, 그래서 그때, 의천의 고려대장경이 사라지지 않았다면 대장경의 역사는 크게 바뀌었을 것이다. 아니 어디 바뀌는 것이 대장경뿐이었겠는가?

그래 봤자 그런 고려대장경은 이제 없다. 숲과 개울가의 즐거움마저도 넉넉히 즐기지 못하고 간 의천이다. 사라졌다고 잊어야 할 필요까지는 없겠다. 그의 꿈과 노심초사, 그거라도 잊지 않는 게 고려대장경의 꿈을 이어가는 길일 것 같다.

천 년의
순간

앞 장에서 의천의 「내시 문관에서 보내는 편지」를 인용한 적이 있다. 대각국사 의천은 문종의 아들로 태어나 열한 살 어린 나이에 출가하여 스님이 되었다. 그는 열아홉 약관에 임금에게 교장(敎藏)을 결집하겠다는 포부를 밝힌 이후, 문헌수집을 위해 중국행을 열망하고 있었다.

그러나 당시 송나라와의 외교관계가 복잡한 상황이어서 임금을 비롯하여 조정이 모두 반대하고 있었다. 그 편지는 내시를 통해 중국 방문의 목적과 당위성을 설득하기 위한 것이었다. 친형인 선종에게 중국 방문을 위한 상소문을 올린 것이 서른 살이 되던 해(1084년)였고, 이듬해에 반대를 무릅쓰고 몰래 중국행을 강행했으니, 그 편지는 아마도 그 사이에 썼을 것이다.

예로부터 지금까지 현철(賢哲)한 주석가들이 천 년 동안 대대로 이어져 이 또한 그 수를 헤아릴 수 없습니다.

그 편지에서 유독 눈길을 끄는 것이 바로 '천 년'이라는 시간이다. 천 년을 끊이지 않고 대대로 이어 온 역사와 전통, 의천의 글에는 이처럼 천 년에 대한 언급이 여러 차례 나타나고 있다.

예를 들어 열아홉에 쓴 '세자를 대신하여 교장결집을 발원하는 상소문(代世子集敎藏發願疏)'에서 의천은 가섭마등(迦葉摩騰)과 축법란(竺法蘭)이 낙양 백마사에 도착한 시점을 특별히 지적하고 있다. 이때가 바로 불교가 중국으로 처음 전해졌다는 시점이다. 동한(東漢)의 영평(永平) 10년 서기로 67년이다. 의천은 1055년에 출생하여 1065년에 출가했고 1067년에 승통(僧統)이 되었으니, 불교가 중국으로 전해진 시점으로부터 꼭 천 년이 되는 해이다. 불교가 중국으로 들어온 이후 천 년을 채우는 무렵에 출가를 했고, 열세 살 어린 나이에 승통이 되었다는 말이다. 그 후 열아홉 살에 바로 그 천 년 동안 누적된 장소(章疏)들의 결집을 임금께 발원하였다. 그 사이 언저리 어디쯤에선가 어린 왕자는 천 년의 순간을 깨닫고 있었을 것이라는 말이다.

의천은 바로 이 시점, 불교가 중국에 전래한 시점을 기준으로 대장경의 역사를 구분하였다. 이 이전에 형성된 문헌들을 '삼장(三藏)의 정문(正文)'이라고 불렀고, 이 이후에 형성된 문헌들을 '백가(百家)의 장소(章疏)'라고 불렀다. 삼장의 정문에 대하여는 이미 고려 현종과 문종 양조(兩朝)에 걸쳐 오천축과 십만송을 새겼다고 했다. 그래서 남은 일, '백가의 장소'를 결집하는 일을 자신의 일로 삼았다. 송나라로 가야만 하는 이유는 바로 '이 일'을 위해서였다.

사실 천 년이라는 시간은 사람이 경험할 수 있는 시간이 아니다. 천 년의 순간은 이를테면 관념의 순간이다. 보통 사람들에게 천 년이나 아승지겁이나 별 차이가 없을 것이다. 그러나 왕자 승통에게 천 년은 관념의 순간만은 아니었다. 손꼽아 헤아려 얻은 순간이었다. 요즘처럼 숫자로서 시간을 표현하던 시대도 아니었다. 숫자로 치자면 1067년에서 67년을 빼면 간단히 천 년이 나온다. 하지만 그때는 연호를 따지고 육갑을 맞춰야 하는 까다로운 셈이었을 것이다. 그런 셈을 하기도 쉽지 않았겠지만, 그런 셈을 해야 할 필요를 느꼈다는 점도 희한한 일이다.

그렇지 않은가? 옛날 옛적의 일, 그때로부터 몇 년이 흘렀는지 애써서 알아야 할 까닭이 따로 있었을까? 아무튼 어린 왕자는 그런 복잡한 셈을 꼽은 연후에 자신이 바로 천 년의 순간에 서 있다는 사실을 깨달았을 것이다. 백 년도 아니다. 천 년의 순간에 승통이 되었던 의천이다. 모르긴 몰라도 운명의 순간처럼 감동에 전율을 느꼈을 법하지 않은가.

법륜(法輪)이 다시 염부제에 구르게 하고, 도(道)의 밝은 빛이 다시 천 년을 비추게 하려는 것입니다.

의천이 상상한 과거의 천 년, 그런 감동에서 멈추지 않았다. 그는 천 년의 순간, 또 다른 천 년의 순간을 꿈꾸기 시작했다. '다시 천 년을 비추게 하려는 일'이다. 천 년이 채워지는 바로 그 순간, 의천이 천 년이라는 시간을 인식하던 바로 그 현재의 시점에 서서 그는 과거의 천 년과 미래의 천 년을 함께 그리고 있었다.

불교에 삼세(三世)라는 용어가 있다. 과거와 현재, 미래를 가리킨다. 현재의 순간에서 과거를 돌아보고 미래를 예측하는 불교적인 시간 개념이다. 이와 마찬가지로 의천에게도 세 가지 종류의 다른 천 년이 있었다. 과거의 천 년은 분명하게 남아 있는 역사의 천 년이다. 불교가 동쪽 땅에 들어온 사건, 그 순간으로부터 꼭 천 년이 흘렀다. 현재의 천 년은 의천의 천 년이다. 과거의 천 년을 인식하는 의천의 현재이다. 미래의 천 년은 말 그대로 오지 않은 천 년이다. 현재의 의천이 과거의 천 년을 돌아보며 상상하는 꿈의 시간이다. 굳이 나누자면 그렇게 세 가지 천 년이 의천의 마음속에서 공명을 했을 것이다. 그리고 과거의 천 년을 이어 미래의 천 년을 자신의 과업으로 설정했다.

도(道)의 밝은 빛이 다시 천 년을 비추게 하려는 것입니다.

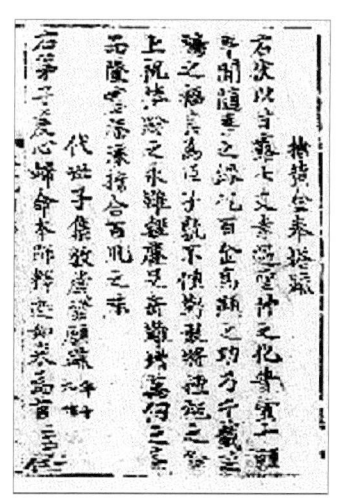

2-16 ● '세자를 대신하여 교장의 결집을 발원하는 상소' 제목 밑에 19세에 지었다는 기록이 남아 있다. 나이를 밝힐만한 사연이 있었다는 뜻이겠다. ●84

●84   이미지는 한국불교문화종합시스템 http://buddha.dongguk.edu에서 인용.

의천이 열아홉에 지었다는 상소문, 좀 길긴 하지만 얼마간 인용을 해 보겠다. 어린 왕자가 손꼽아 헤아리며 꿈꾸었던 천 년의 꿈을 공감해 보는 것도 좋지 않을까?

(부처님께서) 학수(鶴樹)에서 빛을 감추시니,●85 엽암(葉巖)에서 결집(結集)을 했고,●86 마명(馬鳴)과 용수(龍樹) 같은 분들이 논(論)을 지어서 경(經)을 널리 펴셨으며, 무착(無着)과 천친(天親) 같은 분들은 뒤를 이어서 더욱 발전시켰습니다. 그 뒤로 시절인연을 따라 가르침이 융성했으니, 중생들에게 감응하기 위해서는 (가르침을 받기 위해서는) 때를 기다려야 했습니다.

진(秦)나라 감옥의 형벌이 비록 엄중했지만,●87 한(漢)나라 조정에 이르러 백마(白馬)를 맞이할 수 있었습니다. 가섭마등과 축법란 이후 현장과 의정이 돌아왔고, 혹은 인도의 손님들이 동쪽으로 오기도 하고 중국 스님들이 서쪽으로 가기도 했습니다. 새벽별을 보고 눈길을 걸어 줄지어 오고 가면서, 참된 가르침을 거듭 번역

●85 학수(鶴樹)에서 빛을 감추시니(鶴樹掩光): 부처님께서 열반에 드셨던 학림(鶴林)을 가리킨다. 인도 구시나가라(句尸那揭羅) 발제하(跋提河) 연안의 사라수림(娑羅樹林). 도광(韜光)은 빛을 감춘다는 뜻으로 여기서는 부처님께서 열반에 드신 일을 표현한 것.

●86 엽암(葉巖)에서 결집(結集)을 했고: 칠엽굴(七葉窟)을 가리킨다. 칠엽암(七葉巖), 또는 칠엽원(七葉園)으로도 부른다. 인도 왕사성(王舍城) 부근의 비바라(毘婆羅) 산에 있는 석굴사원. 석굴 앞에 칠엽수(七葉樹)가 있어서 칠엽암이라는 이름으로 불렸다고 한다. 부처님께서 열반에 드신 후, 가섭(迦葉)이 상수가 되어 아난(阿難), 우바리(優婆離) 등의 오백아라한들이 모여 삼장(三藏)을 결집했다.

●87 진(秦)나라 감옥의 형벌이 비록 엄중했지만: 『송고승전(宋高僧傳)』에 다음과 같은 표현이 나온다. "진나라 감옥의 형벌이 엄중하게 막았으니 이는 인연이 없었던 것이다. 한나라 조정이 비로소 백마를 맞이하니 이는 감응이 있었던 것이다."

하여 가르침을 크게 선양했습니다. 그 공이 참으로 크고 그 이익이 참으로 넓었습니다.

정법(正法)이 쇠퇴함에 따라 근기와 인연도 점점 둔해졌으니, 사의보살(四依菩薩)●88 이 간간이 나와서 소(疏)를 지어 선양했고, 삼장(三藏)들이 탄생하여 초(鈔)를 지어 이를 도왔습니다. 남기신 글들이 번성하고 온 세상이 받들어 행하니 참으로 한 시대에 할 수 있는 일을 마쳤다고 할 수 있겠습니다.

삼가 아무개는 숙세의 인연으로 인해 다행히 조금이나마 선업(善業)을 닦아, 귀한 가문에 의탁하여 태평성대에 탄생할 수 있었습니다. 눈먼 거북이가 나무를 만난 것처럼 어렵게 사람의 몸을 받은 것을 생각해서, 수승한 업을 부지런히 닦아 용화부처님의 법회에서 자비로운 얼굴을 얼른 뵙고 싶었습니다. 향기로운 먹과 은가루로 바다와 같은 대장경[海藏]을 베껴 완성하거나, 단향(檀香) 나무를 깎고 고운 천에 그림을 그려 산 같은 위엄을 갖춘다면 어찌 뛰어난 풍채가 원만하지 않겠습니까? 못난 몸에 병까지 얻었으니 비록 오음(五陰)이 싫다지만 어찌 한 세상을 훌쩍 버리겠습니까? 선약(仙藥)과 영단(靈丹)을 들어 헛되이 섭생(攝生)하는 길이라고 하지만, 자비의 바람과 지혜의

● 88 　사의보살(四依菩薩): 사의(四依)는 네 종류의 의지할 것을 가리킨다. 법사의(法四依), 행사의(行四依), 인사의(人四依), 설사의(說四依), 신토사의(身土四依)의 다섯 종류가 있다. 이 가운데 인사의(人四依)는 중생들이 의지할 수 있는 네 종류의 사람을 가리킨다. 사의대사(四依大士), 사의보살(四依菩薩)이라고도 한다. 첫째, 출가한 범부(凡夫) 둘째, 수다원(須陀洹)과 사다함(斯陀含) 셋째, 아나함(阿那含) 넷째, 아라한(阿羅漢) 등의 사람들이다. 대승에서는 십신(十信)·십주(十住)·십행(十行)·십회향(十廻向)·십지(十地)·등각(等覺) 등의 수행 계위에 따라 사의(四依)를 구분한다.

이슬•89이야말로 참으로 (몸을) 다스리고 아끼는 비방입니다. 묘한 인연을 맺었으니 간절히 복을 빌어, 혹시라도 부처님과 하늘의 도움을 받아 신체의 건강을 얻게 된다면, 재난의 원인을 씻어 버리고 수명을 연장할 수 있을 것입니다. 이렇게만 된다면 어찌 오랜 소원을 성취하는 것뿐이겠습니까. 할 수만 있다면 소원을 이어서 다시 수행을 하려고 합니다.

돌아보면 우리나라는 오래전부터 천축의 교화를 받들어, 비록 경론(經論)을 갖추기는 했으나, 소초(疏鈔)는 빠져 있었습니다. 고금(古今)과 요나라, 송나라에는 백가들의 과교(科教)가 있으니 모아 하나의 장경을 만들어 유통코자 합니다. 저 부처님의 태양빛을 더욱 빛나게 하여 삿된 그물의 추를 다 풀고 상법(像法)을 거듭 일으켜 국가에 널리 이익이 되게 하소서. 사바세계의 중생들에게 금강처럼 좋은 씨앗을 뿌리고 모두가 보현의 도를 배워 비로자나 부처님의 세계에 길이 노닐게 하소서.

공자는 열다섯 살에 학문에 뜻을 두었고, 서른 살에 섰다고 했다. 의천은 열세 살에 천 년의 꿈을 꾸었고, 열아홉 살에 이 글을 지었다. 오늘날 우리의 기준으로는 도저히 믿어지지 않는 면도 있다. 너무도 분명한 역사의식과 사명감이 구구절절 담겨 있는 저 글을 왕자 승통이 지었다고 한다. 믿어지지가 않는다.

●89 자비의 바람과 지혜의 이슬: 선약(仙藥)과 영단(靈丹)에 자풍(慈風)과 혜로(慧露)를 대비시킨 것.

의천의 문집에는 교장과 관련하여 세 편의 글이 남아 있다. 앞에 인용한 열아홉 살에 쓴 발원상소문[代世子集敎藏發願疏]과, 『신편제종교장총록(新編諸宗敎藏總錄)』의 서문, 그리고 교장의 조인(雕印)을 청원하는 상소문[代宣王諸宗敎藏雕印疏]의 세 편이다. 시간도 다르고 목적도 다르지만 내용으로 보면 이 세 편은 대동소이하다. 그는 끝내 1091년에 조인을 시작하여 교장을 완성, 대장경의 역사를 바꾸어 놓았다. 그리고 1101년에 입적하였으니 세수 47세 법랍 36세였다. 짧은 인생이었지만 그의 글과 인생사에는 무서울 정도로 놀라운 집념과 집중력이 담겨 있다.

상소문을 올린 임금은 그의 형이다. 어머니와 가족들, 조정 대신들의 반대를 무릅쓰고 송나라로 밀항하던 때는 갓 서른을 넘긴 때였다. 거란의 위협이 커지는 상황에서 송나라와의 외교관계도 단절되다시피 된 상황이었다. 소동파 같은 사람은 고려인들을 거란의 편으로 간주하여 외교관계를 아예 끊자는 주장을 하던 때였다. 사정은 어려워도 의천은 단호했다. 목적은 분명했고 계획은 철저했다. 송나라에 유통하던 장소들을 수집해 오겠다는 일념, 거기서부터 천 년의 꿈을 실천해 옮기겠다는 것이었다.

14개월이 걸린 그의 여행을 역사는 구법(求法)이라고 기록하고 있다. 중국의 사료는 물론이고 우리나라에서도 그렇게 쉽게 부른다. 하기야 당삼장이 책을 찾아 떠나는 여행도 구법이라고 했다. 그렇게 불러 이상할 것은 없겠지만, 그의 구법은 당삼장의 구법과는 다르다. 의천은 장소를 수집하기 위해 전국 방방곡곡을 누볐다. 거란과도 끊임없이 편지를 교환했고 멀리 실크로드의 고창국과도 교류를 했다. 문집에는 일본의 스님들에게 보낸 편지도 남아 있다. 물론 장소를 구한다는 편지다. 이런 일을 구법이라고 하지는 않는다. 송나라 여행을 구법이라고 부르는 것은 송나라로서는 자존심의 표현이었을 것이고, 고려인으로서는 대국에 대한 예의였을 것이다. 의천으로서는 아무려나 별 상관이 없었던 모양이다.

책을 찾는 여행

…… 전해오는 여러 종파의 교승(敎乘)들이 혹은 전해지지 않아 유통하지 못하게 된 것들도 있고, 혹은 혼란스러운 것들이 뒤섞여 있는 것들도 있고, 혹은 주석이 빠진 것들도 있습니다. 게다가 오대(五代) 이후로 오늘까지 이백여 년 동안 여러 스승들의 저술들이 유통하지 못했습니다. 그런 까닭에 분발하여 특별히 법을 구하러 왔던 것입니다. 이제 우리나라 임금님의 빨리 돌아오라는 명령을 받고 고향으로 돌아가게 되었습니다. 대법사(大法師)께 엎드려 바라오니, (저술들의) 유통이 시급하니 고금의 여러 종파의 장소들의 목록을 보여 주십시오. 고향으로 돌아가는 날 고금의 여러 종파의 교승들을 일장(一藏)으로 결집하여 만세에 이르도록 무궁한 중생들을 이끌어 반본환원(返本還源)하고자 하니, 이것이 저의 본원(本願)입니다. ●90

●90 의천, 『대각국사문집』 권제10. 이 글은 앞부분이 누락되어 제목을 알 수는 없다. 뒤로 「정원법사에게 보내는 편지」들이 이어지는 것으로 보아 송나라 정원에게 보낸 편지의 일부로 추정된다.

의천은 선종 3년(1085) 4월, 오랫동안 염원해 오던 송나라 여행을 단행한다. 선종은 그의 친형이고 어머니도 살아계실 때였다. 상소문도 올리고 눈물로 호소도 했지만, 송과 요나라와의 외교관계가 어수선한 때여서 조정 중신들의 강한 반대로 실천하지 못하고 있었다. 의천은 제자 한 사람을 데리고 장사꾼의 배를 물색하여 말하자면 밀항을 결행했다. 선종은 이 소식을 듣고 의천의 제자 몇 사람과 관료들을 뒤따라 보내 의천을 돕도록 배려했다. 의천의 여행은 준비된 여행이었다. 송나라 땅 밀주에 도착하자 마자, 밀주(密州)의 관아로 편지를 보내 구법의 의지를 밝히고 도움을 청했다. 아득히 먼 동방으로부터 대국의 문물과 스승을 구해 바다를 건너왔다는 얘기이다.

이후 의천의 소망이 통했든, 뒤따라 온 고려 관리들의 외교력 탓이든, 송의 철종 황제와 황태후가 직접 나서 외교사절단 수준의 특별한 대우를 하게 된다. 어머니 인예태후도 경비를 보내고, 송의 조정에서도 여러 가지로 배려를 하여, 처음 떠날 때의 비장함에 비해 편안하고 풍족한 여행을 하게 된다. 그러나 얼마 지나지 않아 선종이 철종에게 편지를 보내 의천의 귀국을 종용하게 되자 14개월 만에 '법상종·화엄종·천태종·남산종의 향로와 불자를 전해받고, 제종의 교장 3천여 권을 수집하여' 귀국한다. ●91 그 사이 돌아다닌 곳만 해도 산동·강소·안휘·하남·절강 등이었으니, 짧은 기간 안에 간 곳도 많고 만난 사람도 많고 얻은 소득도 많았던 성공적인 여행이었다고 하겠다.

●91　의천, 「본국의 국경에서 죄를 비는 표」, 『대각국사문집』 권제8.

앞에 인용한 글은 의천이 송나라에 도착하여 누구에겐가 보냈던 편지의 일부이다. 앞부분이 잘려나가 이 이상의 사연을 알 길이 없다. 편지의 내용은 열아홉 살 교장결집의 의지를 밝힌 이후 의천이 입에 달고 살던 소리이다. 송의 철종이나 황태후, 관리들에게 하던 변방의 승려가 상국의 문물을 찬탄하던 그런 입에 발린 소리와는 판이하게 다르다. 14개월이라는 기간에 의천이 수집한 장소가 3천여 권이었다. 책의 양만 따지더라도 요즘에도 하기 어려운 일이라고 하겠다. 게다가 편지에도 나오듯 송나라는 오대(五代)의 전란을 겪으며 문물이 크게 위축된 상황이었다. 경서나 역사책조차 소실되어 오죽하면 고려에 책을 보내달라는 요청을 하고, 고려에서 5천여 권을 골라 보내 준 적도 있었다. 특히 불교는 후주(後周) 대에 폐불을 겪으며 더 큰 피해를 당하기도 하였다.

의천의 여행은 처음부터 철저하게 준비된 여행이었다. 그리고 준비된 목표를 거의 완벽하게 성취했다. 우선 의천의 목적지는 미리부터 정해져 있었다. 항주의 정원(淨源, 1011-1088)은 화엄종의 중흥조로 일컬어지는 분이다. 의천은 일찍이 정원이 지은 주석서를 본 적이 있었고, 같은 원종의 승려로서 편지를 통해 깊은 교감을 나누고 있었다. 정원도 고려의 왕자, 승통 의천의 강한 의지, 구법의 욕구를 마다할 이유가 없었다. 자연히 여행의 일차 목적지는 정원이었고, 송나라에 도착하는 즉시 철종에게 정원 문하에서 『화엄경』을 공부하고 싶다는 상소를 올렸다. 정원의 입장에서 보자면 의천은 그저 먼 나라에서 유학 온 제자가 아니었다. 두 사람이 주고 받은 편지에는 사제 관계를 넘어선 특별한 이해와 정이 담겨 있다.

의천은 제자의 예를 갖추고 『화엄경』 강의를 듣는 한편으로 하사 받은 은을 나누어 7천여 권의 대장경을 혜인사에 모시고, 철종에게 상소하여 혜인사를 화엄종의 강원으로 바꾼 뒤에 조세를 면하도록 주선을 하기도 하였다. 귀국 후에도 금으로 쓴 『화엄경』 세 본을 보내는 등 후원을 아끼지 않았다. 이 같은 노력을 계기로 혜인사는 물론 정원의 화엄교학도 크게 일신하였다. 화엄종의 중흥조로 평가받는 정원에게 의천은 말 그대로 보석 같은 존재였다.

왕궁에서 태어났으나 호사한 삶을 천하고 가볍게 여겨, 공문(空門)으로 출가하여 부처의 깃이 되고 조사의 날개가 되셨습니다. 이는 참으로 여러 생애에 걸쳐 쌓은 인연의 덕이니, 타고난 인품과 커다란 절개로 이런 큰 과업을 짊어지게 된 것입니다.

왕궁에서 태어나 공문으로 출가한 의천, 그가 감당한 큰 과업, 그것이 과연 무엇이었을까? 의천의 꿈으로만 따지자면 물론 '교장의 결집'이었을 것이다. 화엄종의 매개로 맺어진 사제의 관계였지만 의천의 과업은 종파의 일이 아니었다. 정원도 의천의 일을 잘 알고 있었던 모양이다.

우세(祐世) 스님을 누구에게 비교하리
다섯 종파 묘한 이치 모두 다 깨달았네.
승통은 이르는 곳마다 선지식을 두루 찾아가 질문을 했다. 그래서 1년 사이에 현수(賢首)의 성종(性宗), 자은(慈恩)의 상종(相宗),

> 달마의 선종(禪宗), 남산의 율종(律宗), 천태의 관종(觀宗)을 모두 통달하여 그 묘한 이치를 모두 얻었다. ●92

철종의 명령으로 의천을 접대했던 주객원외랑(主客員外郎) 양걸(楊傑)이 남긴 시이다. 의천은 송나라 서울, 개봉에 도착한 직후부터 황제를 만나고 연회에 참석하는 등 바쁜 일정을 소화해야 했다. 억지로 몸을 빼 항주로 가서 『화엄경』을 읽기도 했지만 불과 몇 달 만에 귀국의 길에 올라야 했다. 그 오고 가는 사이, 다섯 종파의 묘한 이치를 통달했다고 한다. 그런 게 가능한 일일까? 양걸은 말하자면 외교관원이다. 나라의 일로써 시종 의천을 모시고 다녔던 사람이다. 저런 일은 사실 양걸의 공이 크다. 황제의 뜻을 받은 관원이 의천을 모시고 다녔으니 특별한 대우를 받지 않을 수 없었다.

그렇게 의천은 당대의 종파를 대표하는 선지식들을 두루 참문했다. 그리고 그들로부터 이른바 법을 전해 받았다. 그 정황을 가장 잘 아는 사람이 바로 양걸이다. 그가 주선했던 일이고, 가까이서 봤던 일이기 때문이다. 의천 스스로도 네 종파의 법을 받았다고 했지만, 양걸이 하는 말이 가장 정확한 사실이었다고 하겠다. 게다가 이들 종파의 스님들이 보낸 편지와 시구들이 『대각국사문집』에 남아 있다.

이런 일이 가능할 수 있었던 것은 이런 일이 미리부터 준비된 일이었기 때문이다. 의천은 처음부터 '여러 종파'들을 목표로 삼고 있었다. 그의 일이 '여러 종파의 문헌[諸宗의 敎藏]'을 수집하는 일이었기 때문이

●92 양걸(楊傑), 「대송주객원외랑(大宋主客員外郎) 양걸(楊傑)의 시(詩)」, 『대각국사외집』 권제11.

다. 선지식들을 만나고 법을 전해 받는 일은 어쩌면 부수적인 수확이었을 것이다. 흩어진 장소들, 이름만 남은 문헌들, 나온 곳을 가지 않으면 찾을 길도 알 길도 없었을 것이다. 의천은 그렇게 3천여 권의 교장을 수집했다. 14개월, 왕자의 신분이었기 때문에 가능했던 일이기도 했겠지만, 왕자의 신분이었기에 짧게 끝난 여행이기도 했다.

> 정신은 팔극(八極)에 놀아 모든 인연 비었는데
> 우레 같은 모기소리 개천에 잠겼구나
> 대천세계 한숨에 팔십 차례 돌아드니
> 웃으며 고래타고 동해를 건넜네
> 삼한의 왕자 서쪽으로 법을 구해
> 습착지와 미천처럼 강적으로 만났네
> 강바람 거세고 풍랑은 산 같은데
> 손님 잘 모시라 뱃사람에게 전하네. ●93

문집 말미에 붙어 있는 소동파 시의 한 부분이다. 세상을 떨친 문명에 걸맞게 호탕하고 당당하다. 중양절을 맞아 산에 올라 마셨다는 황화주(黃花酒)의 술맛이 담겼다. 시의 제목은 '양걸을 송별하는 시'이다. 앞부분에 "조칙을 받들어 고려 승통과 노니니, 모두 임금의 일이지만 방외(方外)의 즐거움을 따른다. 좋구나, 이전에 없던 일이다. 이 시를 지어 송별한다"라는 설명이 붙어 있다. 왕의 일이라지만 승통을 송별하

●93 소식(蘇軾), 「양걸을 송별하며(送楊傑詩)」, 『대각국사외집』 권제11.

는 시는 아니다. 예부상서, 한림학사, 승지 소식이 하급 관원에게 주는 시일 뿐이다. 양걸이 지은 시에 "미천을 모시기도 부끄럽고 재주와 말도 습착치만 못하다"라는 말이 있다. 동파가 양걸과 승통의 관계를 습착치와 미천에 비유했던 것이리라. 방외(方外)를 넘나드는 호기야 그렇다해도 도도함이 지나치다는 느낌이 든다.

동파는 고려와 조선을 이어 모든 글쓰는 사람의 모델이자 영웅이었다. 동파는 아마도 정원이 느꼈던 것과 같은 '의천의 과업'에 대해서는 알지도 못하고, 알고 싶지도 않았던 것 같다. 의천이 품었던 천 년의 꿈, 교장결집이 갖는 지적 문화적 의의 따위는 안중에도 없었던 것 같다. 의천의 생고생이 아니었다면 이름조차 남지 않고 사라져 버렸을 책들, 책을 수집하고 정리하고 교정하고 출간하는 일, 나아가서는 사람들이 글을 읽고 쓰고 생각하고 살아가는 방식에까지 미쳤던 의천의 영향에 대해서는 상상이나 했을까.

의천은 귀국한 뒤에도 정원을 비롯하여 송과 요·일본·고창국 등의 학승들과 활발한 교류를 가졌다. 모두 책에 관한 일이었다. 동파는 그런 교류마저 방해했던 사람이다. 고려에 대해 나쁜 감정을 갖고 있었고, 정원에 대해서도 악평을 하며 교류를 막으려 했다. 그것이 동파가 애국하는 방식이었다. 이것이 술 한 잔에 팔극에 노니는 동파가 법을 구하러 온 삼한의 왕자를 대하는 태도였다. 모기떼들의 소리를 하시(下視)한다지만, 그가 애국의 틀 안에 갇혀 있을 때 의천은 세 가지 천 년의 꿈을 하나하나 이뤄 나가고 있었다. 서로가 서로를 알아 볼 수 있었으면 어찌되었을까? 『대각국사문집』에 남아 있는 아쉬운 순간이다.

대장경의
읽기, 쓰기

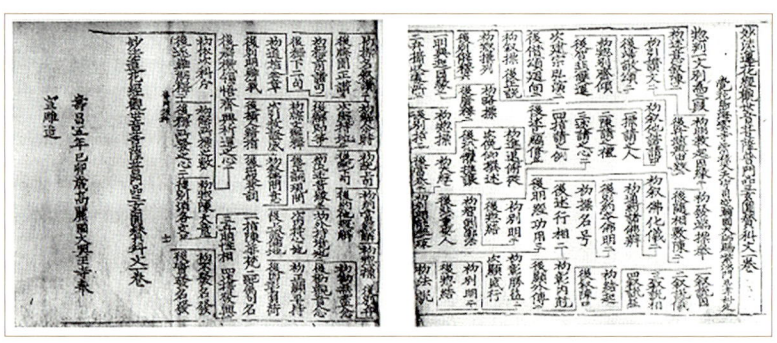

2-17 ● 묘법연화경관세음보살보문품삼현원찬과문(妙法蓮華經觀世音菩薩普門品三玄圓贊科文)

위의 그림은 의천의 교장 안에 들어 있던 책이다. 보물 204호로 송광사에 소장되어 있다. '묘법연화경관세음보살보문품삼현원찬과문(妙法蓮華經觀世音菩薩普門品三玄圓贊科文)'이라는 긴 제목을 갖고 있다. 『묘법연화경』의 한 부분인 「보문품」에 대한 주석서의 일부분이다. 권말에 '수창오년 기묘세고려국대흥왕사봉선조조(壽昌五年己卯歲高麗國大興王寺奉宣彫造)'라는 기록이 있다. 1099년(고려 숙종 4년)에 조성되었다는 말이다.

여느 책과는 다른 이런 종류의 문헌을 과문(科文)이라고 하는데, 교장의 총목록인 『신편제종교장총록(新編諸宗教藏總錄)』에는 160여 종의 과문이 들어 있다. 과문은 굳이 비교하자면 책의 목차와 비슷한 것이라고 할 수 있다. 그러나 이런 종류의 문헌은 동서양 어디에도 비교할 만한 대상이 없다. 그래서 그냥 목차라고 했지만, 목차라고 하기엔 너무 길고 복잡하다. 책 전체를 하나의 도표로 그려 놓았기 때문이다. 책의 내용과 길이에 따라 과문만 수십 쪽이 되기도 한다.

과문은 여러 단계의 제목(과목이라고 부른다)과 제목을 이어주는 선, 그리고 기호들로 구성된다. 과목과 선을 차근차근 따라가 보면 이해가 되는 듯도 싶지만, 한두 장 넘어가다 보면 어디가 어딘지 방향을 잃기 마련이다. 과목들이 수십 단계에서 때로는 수백 단계로까지 확장되는 이런 과문들을 읽다 보면, 속된 말로 머리에 쥐가 날 지경이 된다. 의천도 그렇고 경론에 대한 주석서들을 장소(章疏)라고 불렀다. 장절(章節)로 나누어 분석한다는 뜻이다. 과문은 이처럼 나누어 분석하는 주석서의 문화를 단적으로 보여 주는 증거이다.

예를 들어 『화엄경』은 80권이나 되는 긴 경전이다. 『화엄경』은 워낙 중요한 문헌이어서 그만큼 시대별로 다양한 주석서들이 나왔다. 간단한 것들도 있지만 보통은 본문의 수 배, 수십 배가 되기도 한다. 과문은 본문과 주석서를 연결해 주는 지도와도 같다. 말하자면 생각의 지도이다. 생각과 생각은 선을 따라 이어진다. 과문 안에는 두 가지 생각의 흐름이 겹쳐진다. 경전의 본문을 이어주는 선과 이를 따라 주석을 달아 가는 주석가의 선이다. 이런 선들을 따라 본문과 주석서 모두가 과문 안에 담긴다. 수십, 수백 권의 책을 하나의 도표 안에 담아 그리는 일이다. 그냥 한두 쪽짜리 목차가 아니다.

실제 『화엄경』과 같은 경전은 생각의 끈을 따라가기가 쉽지 않다. 경전을 얘기하는 사람의 생각, 그냥 생각이라기보다 생각을 이끌어가는 논리의 끈이라는 편이 좋겠다. 『화엄경』만 해도 등장 인물, 주로 보살들의 이름이 열 명 스무 명씩 나열되는 경우도 많고, 주변 풍경이나 등장인물의 성격 따위를 묘사하는 장면들도 있다. 게다가 비유다 뭐다 얘기를 끌어가는 장치들이 얽혀 있다. 말투도 반복되는 경우가 많아서 지루하기까지 하다. 긴 얘기가 반복되다 보니 얘기의 핵심을 잃어버리기 일쑤이다. 이에 비해 과문을 바탕으로 이어지는 주석서의 문맥은 지나칠 정도로 논리적이어서 경전과는 상관이 없는 전혀 다른 문헌을 읽고 있다는 느낌이 들 정도이다.

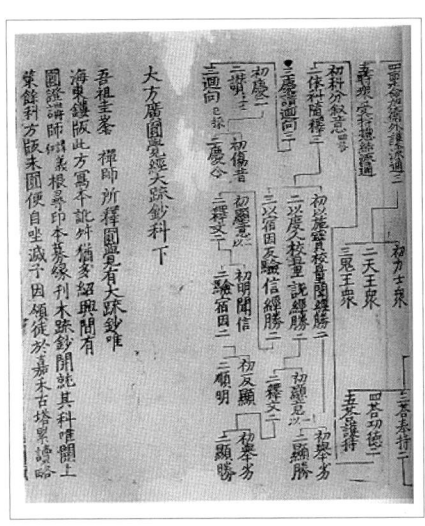

2-18 ● 『원각경대소초(圓覺經大疏鈔)』의 과문

앞의 과문 역시 일본 고산사에 남아 있는 교장(敎藏)의 복간본이다. 중국 화엄종의 규봉종밀(圭峰宗密, 780-841)이 지은 『원각경대소초(圓覺經大疏鈔)』의 과문이다. 규봉은 『원각경』을 특히 좋아해서 여러 종류의 주석서를 지었다. 그 중의 하나가 『원각경대소(圓覺經大疏)』이고, 다시 이 책에 추가로 주석을 단 책이 『원각경대소초(圓覺經大疏鈔)』이다. 말하자면 주석서에 대한 주석서인 셈이다. 화엄종의 전통이 강한 우리나라에서도 예로부터 지금까지 널리 읽히는 책이다. 대소가 자세하긴 하지만, 길고 번잡하여 역시 종밀이 지은 약소(略疏)를 선호하여 여러 종류의 간본들이 출간되었고, 훈민정음 반포 이후로 나온 언해본들도 남아 있다.

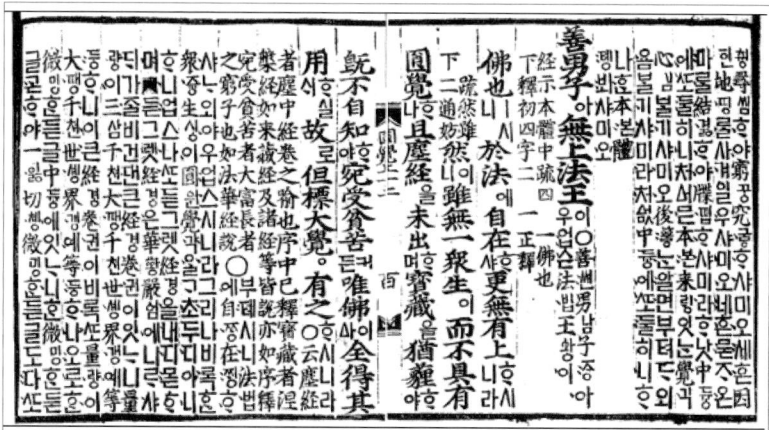

2-19 ● 국립중앙도서관 소장, 『원각경약소주언해』, 경문과 과목, 주석(소와 주), 번역을 읽기 편하게 편집하였다. 경의 본문을 큰 글씨로 가장 위에, 그리고 경문 밑에 과목과 주석을 글씨 크기를 달리하여 배치하고 있다. 경전과 주석의 원문에 한글 토를 달았고, 소와 주 부분은 원문을 넣었으며, 필요한 부분은 한글로 번역하였다.

옆의 그림은 원각경약소와 과문을 요즘 널리 쓰이고 있는 마인드맵 소프트웨어로 옮겨 본 것이다. 기술이 많이 바뀌었다고 해도 복잡한 과문의 구조를 한눈에 파악하기는 쉽지 않다. 전체 구조를 그림 한 장에 담을 방법이 없어서 종밀의 서문만을 예로 들어 보겠다.

이 서문은 총 819자밖에 되지 않는 짧은 글이다. 이 안에 50개의 세목들을 체계적으로 담고 있다. 과목 하나에 평균 십여 자 꼴이다. 이 안에 우리가 상상할 수 있는 모든 얘기들을 담았다. 아무리 압축된 한문 문장이라 해도 놀라울 정도로 경제적인 글쓰기라고 하겠다. 과목의 구조는 경문의 구조, 주석서의 구조와 완전하게 일치한다. 주석서와 서문, 과문 모두 종밀이 지었기 때문이다. 내용은 물론 분량까지 철저하게 계산된 것이다.

『원각경』 본문과 주석서의 서문, 과문, 그리고 주석의 구조들을 비교해 보면 종밀식 글쓰기의 특성을 짐작할 수 있다. 먼저 주석의 조감도를 그리고 조감도에 맞춰 주석작업을 진행하면서 이들 부분들을 하나의 유기적인 전체로 통합해 가는 식이다. 경문의 구조에 맞춰 주석의 비중과 분량을 맞추고, 그리고 마지막으로 주석 전체를 역시 계산된 서문의 구조로 요약한다. 문장은 간결한 절구(節句)의 형태로 읽기 좋게 규칙을 맞추고, 사용하는 글자들도 가능한 평이하고 오해의 소지가 적은 글자를 선택한다.

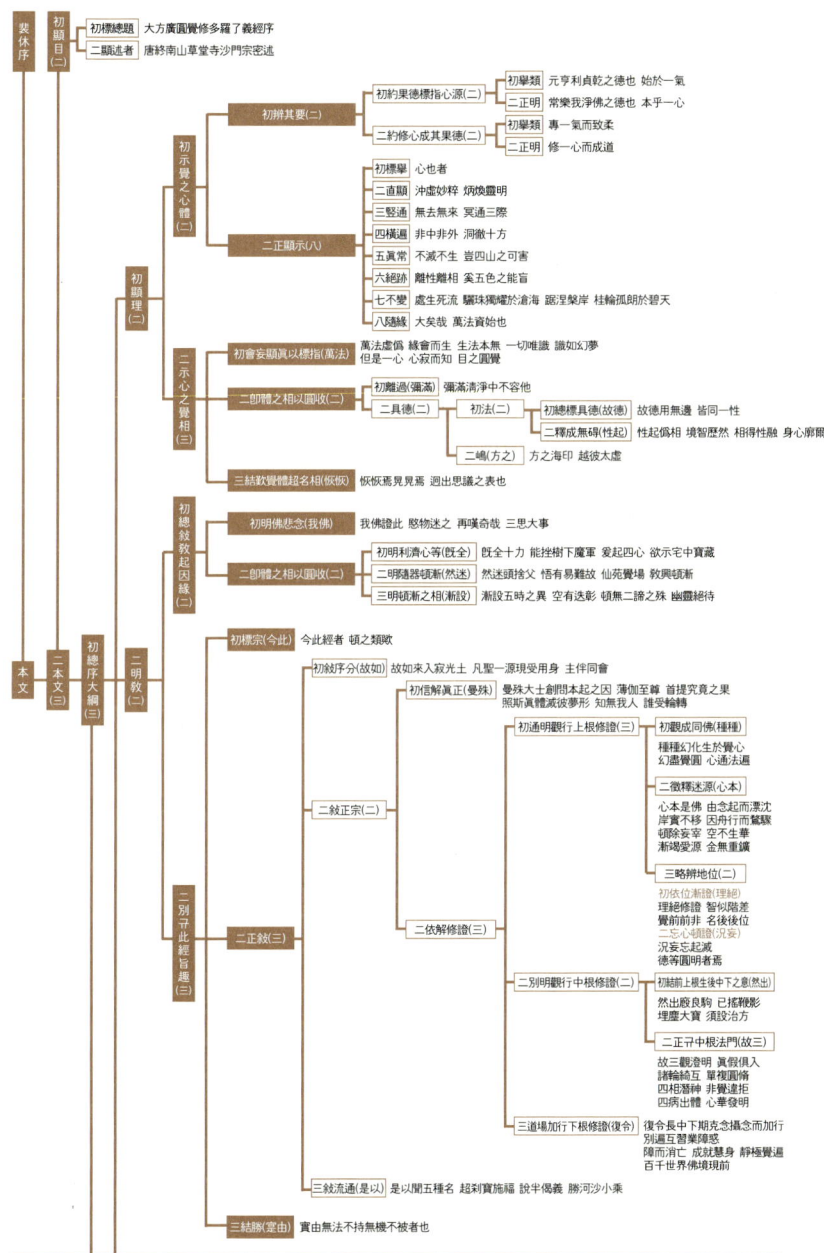

2-20 ● 마인드맵으로 정리한 원각경약소 종밀서 과문 부분. 전체 그림 중 하단은 생략했다. 총 50개의 세목에 819자가 포함되어 있다. 과목 하나에 평균 십여 자 꼴이다.

도식이 주는 시각적 효과는 극적이다. 단계적으로 뻗어나가는 과목들의 구조와 위치를 직관적으로 이해할 수 있다. 과목들의 관계구조를 직관적으로 이해할 수 있다는 것은 그만큼 주석가의 사고구조에 접근했다는 것을 의미한다. 검색기능을 활용할 수도 있어서 문장 안에서 방향감각을 잃어버려도 손쉽게 제자리를 찾아올 수 있다. 마인드맵 소프트웨어에 익숙한 사람이라면 문헌의 구조에 더 빠르게 친숙해질 수 있다. 이 도식의 구조가 직관적으로 한눈에 들어오는 까닭은 문장의 구조 자체가 워낙 빈틈없이 짜여 있기 때문이다.

과문은 책속에 글자로 기록된 이야기를 도식이라는 방편을 통해 시각화시켜 주는 기술이다. 기술이라는 표현이 어색할지 모르겠다. 이런 종류의 문헌에 생소한 사람이 손으로 필사하거나 목판인쇄술로 찍은 과문의 의미를 이해하기는 쉽지 않을 것이다. 종이나 목판이 지닌 물리적 한계랄까, 이에 따르는 편집기술의 한계 때문이다. 그런 한계 때문에 접근이 쉽지는 않지만, 과문의 도식화된 관계구조를 통해 경문과 주석을 꼼꼼히 비교해 보면 원각경약소에 담긴 정교한 체계를 이해할 수 있다. 화엄교학의 체계이다.

이러한 종류의 주석서는 화엄교학을 대표하는 일종의 이론적 기반을 제공하는 동시에 교육적인 목적도 함께 갖고 있었다. 과문은 문헌을 이해하기 위한 지도와 같은 역할을 할 수 있다. 문헌 전체가 여러 단계의 과목들로 면밀하게 분석되어 있고, 과목들의 관계들이 철저한 일관성을 유지하고 있다. 그렇기 때문에 반복적인 훈련을 통해 과문을 읽는 방법에 익숙해지면, 문헌 전체를 통째로 볼 수 있게 된다. 마인드맵이라는 소프트웨어의 기능에서 보듯, 그렇게 훈련된 사람들은 이와 유사한 지도를 머릿속에 또는 마음속에 담을 수 있다. 이런 기능은 보통 기억이라고 부르는 기능과는 구별되어야 한다. 마음속에 시각화되어 있는 지도를 가지고 책 전체를 한 번에 보는 기능이다. 도식을 통해 시각화된 과목들의 관계를 통해 문헌을 이해하고 생각들의 자리를 찾아갈 수도 있다.

『원각경약소』와 『과문』은 8~9세기에 저술된 문헌이고 의천의 교장총록은 11세기의 결과물이다. 교장총록 안에 160여 편의 과목이 수록되어 있는 것으로만 보아도, 이런 유형의 읽기와 쓰기가 정착되어 있었음을 짐작할 수 있다. 160여 편이라면 교장총록에 수록된 문헌의 거의 4%에 달하는 양이다. 실제로 『원각경약소』의 서문과 『과문』, 그리고 다양한 주석의 기술들은 동아시아 불교문화권 안에서 일종의 정형화된 모델로서 오랫동안 교육적인 기능을 담당해 왔다. 그리고 이러한 교육적 기능은 단순히 종교적인 교리를 전수하는 것 외에, 문헌을 읽고 쓰는 기술, 나아가 다양한 문제들에 체계적으로 대응할 수 있는 문제해결 방식 등을 함께 고려하고 있다.

역시 의천이 편찬한 『원종문류(圓宗文類)』는 문헌의 교육적 기능을 잘 보여 준다. 『원종문류』는 교장, 『석원사림』과 더불어 의천의 대표적인 문헌집성의 사례라고 할 수 있다. 대장경이나 교장, 『석원사림』 등의 집성은 수집할 수 있는 모든 문헌들을 집성한 것인데 비해, 『원종문류』는 원종, 곧 화엄종의 문헌들을 집성한 것이다. 의천이 원종의 승려였던 까닭이다. 또 문류라는 명칭에서도 짐작할 수 있듯이 『원종문류』는 문헌들을 있는 그대로 모아서 편찬하는 것이 아니라, 여러 종류의 문헌들 가운데서 긴요한 주제를 지닌 부분들을 종류별로 취합하여 편찬한 것이다. 현재까지 알려진 바로는 제1권·제14권·제22권 등 3권 밖에 남아 있지 않아서 전체의 내용을 알 수는 없지만, 문류집성이 교육적인 목적을 가지고 있었다는 사실은 분명하다.

가령 제1권은 원종에서 중시하는 경전과 주석서들의 서문들을 모아 놓은 것이다. 종밀의 원각경약소 서문도 물론 이 리스트에 들어 있다. 원효의 『기신론서』 서문도 들어 있고, 특히 요나라 황제가 지은 서문과 함께, 요나라 스님들의 서문들도 들어 있다. 당시 요나라에는 화엄교학이 크게 발달했고, 의천도 요나라 학승들과 활발한 교류를 하고 있었다.

이 리스트에 올라 있는 이름들은 말하자면 화엄교학의 슈퍼스타들이고, 이들 문헌들은 화엄교학을 대표하는 명저들이다. 앞에서 종밀의 『원각경약소』 서문의 예로 짐작할 수 있듯이 이들 문헌의 서문들도 철저한 계산 하에서 저술된 명문장들이다. 화엄교학을 공부하는 사람들의 입장에서 보자면 '꽃 중의 꽃'인 셈이다. 『원종문류』 권제1의 목적은 이들 서문들을 한 데 묶어서 교육자료로 활용하겠다는 것이다. 서로 다른 사람이 쓴 서문을 비교하면서 읽으라는 얘기이다.

앞에서 설명했듯, 과목과 서문으로 훈련된 학생들은 문장의 구조를 시각적으로 볼 수 있다. 다른 서문을 함께 읽는다는 얘기는 서로 다른 구조를 함께 본다는 얘기이다. 이런 훈련을 반복해서 받고, 하다보면 서문이나 과문 구조들을 넘어 화엄교학 전체를 한눈에 조망하는 시각이 열린다.

서명	저자
진신역화엄경표(進新譯華嚴經表)	홍경(弘景) 等
신역대방광불화엄경총목(新譯大方廣佛華嚴經摠目)	
어제신역화엄경서(御製新譯華嚴經序)	
진역화엄경탐현기서(晉譯華嚴經探玄記序)	법장(法藏)
속신화엄경약소간정기서(續新華嚴經略疏刊正記序)	혜원(慧苑)
신역화엄경소서(新譯華嚴經疏序)	법선(法詵)
신역화엄경청량소서(新譯華嚴經淸凉疏序)	육장원(陸長源)
신화엄경소서(新華嚴經疏序)	징관(澄觀)
수소연의초서(隨疏演義鈔序)	징관(澄觀)
정원신역화엄경소서(貞元新譯華嚴經疏序)	징관(澄觀)
원각경약소서(圓覺經略疏序)	배휴(裵休)
원각경약소서(圓覺經略疏序)	종밀(宗密)
반야심경약소서(般若心經略疏序)	법장(法藏)
금강반야경찬요서(金剛般若經纂要序)	종밀(宗密)
인왕반야경소서(仁王般若經疏序)	양분(良賁)
수능엄경소서(首楞嚴經疏序)	왕수(王隨)
범망경소서(梵網經疏序)	법장(法藏)
기신론소서(起信論疏序)	법장(法藏)
기신론소서(起信論疏序)	원효(元曉)
어제석마하연론통현초인문(御製釋摩訶衍論通玄鈔引文)	대요천우황제(大遼天佑皇帝)
법계무차별론소서(法界無差別論疏序)	법장(法藏)
십이문론소서(十二門論疏序)	법장(法藏)
화엄망진환원관서(華嚴妄盡還源觀序)	법장(法藏)
주화엄법계관문서(注華嚴法界觀門序)	배휴(裵休)
화엄경수품찬인문(華嚴經隨品讚引文)	요경희(姚景禧)
제종지관인문(諸宗止觀引文)	유선(劉詵)

표 5 ● 『원종문류』 권제1에 담긴 서문들

교정 이야기

 교정, 아마도 고려대장경 이야기 가운데 가장 극적이고 흥미진진한 부분이 바로 이 교정에 대한 이야기가 아닐까 싶다. 물론 고려대장경이 교정대장경이기 때문이기도 하지만, 무엇보다 교정이 책에 관한 이야기이기 때문이다. 책이라는 물건이 그때나 지금이나 익숙한 물건이듯, 교정이라는 일도 익숙한 일이다. 교정을 하다 보면 미심쩍은 일도 생기고 선택이나 결단을 내려야 할 순간들도 생긴다. 최선의 선택도 있을 수 있지만, 차선을 고민해야 할 때도 있다. 개선이 되는 경우도 있지만 개악을 하게 되는 경우도 물론 있을 수 있다. 아무리 애를 쓰고 정성을 들여도 엉성한 문맥과 오자는 남는다. 고려대장경 교정의 흔적을 찾아가는 일도 마찬가지다. 천 년 전 책을 만들던 사람들의 생각, 그들의 선택과 결단, 고민과 정성의 흔적을 찾아가는 일이다.

고려
교정각판장

교정, 아마도 고려대장경 이야기 가운데 가장 극적이고 흥미진진한 부분이 바로 이 교정에 대한 이야기가 아닐까 싶다. 물론 고려대장경이 교정대장경이기 때문이기도 하지만, 무엇보다 교정이 책에 관한 이야기이기 때문이다. 책이라는 물건이 그때나 지금이나 익숙한 물건이듯, 교정이라는 일도 익숙한 일이다. 교정을 하다 보면 미심쩍은 일도 생기고 선택이나 결단을 내려야 할 순간들도 생긴다. 최선의 선택도 있을 수 있지만, 차선을 고민해야 할 때도 있다. 개선이 되는 경우도 있지만 개악을 하게 되는 경우도 물론 있을 수 있다. 아무리 애를 쓰고 정성을 들여도 엉성한 문맥과 오자는 남는다. 고려대장경 교정의 흔적을 찾아가는 일도 마찬가지다. 천 년 전 책을 만들던 사람들의 생각, 그들의 선택과 결단, 고민과 정성의 흔적을 찾아가는 일이다.

'분함(分函) 『아비담비바사론(阿毘曇毘婆沙論)』 권제십사'

이 책의 열일곱째 쪽, 다섯째 줄 '欲令無量那由他衆生眷屬'에서부터 '皆得解脫入於涅槃' 사이에, 국본(國本)에는 能斷貪欲修悲心者에서부터 兄弟姊妹欲令安樂非 등 455 글자가 들어 있다. 단본(丹本)과 송본(宋本) 두 판본에는 모두 없는 글자들이다. 그 문맥을 자세히 살펴보니 앞뒤가 이어지지 않을 뿐만 아니라, 문장의 내용을 봐도 이 논(論)에 속하는 말이 아니다. 국본에서 함부로 삽입한 것이다. 그러므로 취하지 않는다. 다만 한스러운 것은 그 문장이 어느 경전으로부터 온 것인지 밝히지 못했다는 것이다. 앞으로 교감이 필요하다. 이런 뜻을 기록하여 미래의 현명한 분들에게 남긴다. ●94

말하자면 이런 고민들이다. 일의 순서는 이랬다. 먼저 국본(초조대장경)과 단본(거란본 대장경), 송본(개보대장경)의 문장들을 나란히 놓고 비교를 하는 일이다. 그러다 차이를 발견하면 원인 분석에 들어간다. 먼저 문맥을 살핀다. 앞뒤로 말이 연결되는지를 보는 것이다. 다음에 내용을 살핀다. 앞뒤로 논리가 이어지는지를 살피는 일이다. 그 다음 『아비담비바사론』이라는 문헌의 취지를 살핀다. 추가된 문장의 내용이 이 책의 취지와 일치하는지를 검토하는 일이다. 그리고 결론을 내린다. 455자의 차이는 국본에서 임의로 삽입한 것이다. 일은 여기서 끝나지 않는다. 455자의 출신과 성분을 추적해야 한다. 455자라면 적은 양이 아니다. 하나의 독립된 경전일 수도 있는 양이다. 그 부분이 거기에 왜 있어

●94   수기, 『고려국신조대장교정별록(高麗國新雕大藏校正別錄)』 권제12. K1402V38P0697a05L

야 했는지 원인을 찾아야 한다. 다른 곳에서 왔다면 다른 곳으로 돌려놓아야 하기 때문이다. 그러나 일은 거기서 끝났다. 출신성분을 밝히지 못했기 때문이다. 그래서 한이 된다고 했다. 하지만 그저 한으로만 묻어 둘 수는 없었다. 언젠가는 해야 할 일이기 때문이다. 그래서 기록을 남겨 '미래의 현명한 사람들에게 고(告)한다'고 했다.

대단한 기록이다. 이런 기록이 남아 있기 때문에 고려대장경을 달리 보는 것이다. 이런 기록 앞에서 시비를 붙을 현명한 사람은 예나 지금이나 흔치 않다. 아무튼 여기서부터는 우리가 할 일이다. 우리가 현명한지는 몰라도 미래의 사람인 것만은 틀림없기 때문이다. 우리에게 고한 일, 우리도 관심을 갖기는 해야 하지 않겠는가? 국본에서 추가됐다는 구절의 첫머리 '能斷貪欲 修悲心者'를 'Ctrl+C'로 복사했다. 그리고 고려대장경지식베이스 검색창에 'Ctrl+V'로 붙여넣고 엔터, 그렇게 답을 찾았다. 정답은 K.1403, 『대반열반경(大般涅槃經)』제14권 9쪽에 있었다. •95 고민할 필요조차 없다.

미래의 현명한 사람, 고려대장경을 교정한 사람들이 상상했던 사람은 그냥 사람이 아니었다. 사람이 한 일은 복사하고 붙여넣고 엔터키를 누르는 일 정도였다. 정작 답을 찾은 것은 현명하고 똑똑한 기계였다. 우리는 이렇게 똑똑한 기계들이 대세인 시대를 살고 있다. 물론 똑똑한 일도 기계 혼자서 하는 것은 아니다. 어찌 보면 우리 시대는 사람이 기계이고 기계가 사람이 되는 시대라고도 할 수 있다. 아니 그런 시대로 가는 과도기라고 하는 편이 맞겠다. 고려대장경 편집자들이 '미

•95 『대반열반경(大般涅槃經)』, K1403V38P0855a09L

래의 현명한 사람들'에게 남긴 문제를 풀어 준 것은 그렇게 똑똑한 기계 – 인간, 인간 – 기계였다.

그렇다고 문제가 다 풀린 것은 아니다. 455자의 실수는 누가 한 것일까? 아직은 모른다. 국본이 송본을 그대로 뒤집어 놓고 새긴 것이라면 그 실수는 송본에서부터 온 것이어야 한다. 그런데 송본에는 그런 오류가 없다고 했다. 국본과 송본이 달랐다는 말이다. 원본과 다른 복각본, 어떻게 그런 일이 생길 수 있을까? 송본을 개선하면서 새로 새긴 판이었을까? 그런 경우라면 개선이 아니라 개악을 한 셈이다. ●96

아무튼 『아비담비바사론』과 『대반열반경』 모두 권제14로 같은 것을 보면 편집과정에서 페이지가 섞였을 가능성이 높아 보인다. 그래도 아직은 최초의 원인 제공자가 누군지 잘 모르겠다. '아직은'이라는 표현을 자꾸 쓰는 까닭은 머잖아 해결될 일이라는 확신이 있기 때문이다. 재조대장경은 13세기의 물건이고, 국본과 단본은 11세기의 물건이다. 송본은 10세기의 것이고, 송본이 저본으로 삼았던 사본(寫本) 대장경은 물론 더 오래 되었겠다. 똑똑하고 현명한 기계 – 인간의 시대, 이렇게 원인을 찾아가다 보면 천 년도 넘게 감춰져 있던 진실과 만나게 된다. 그래서 극적이고 흥미진진하다고 하는 것이다.

'『마등가경(摩登伽經)』 권하(卷下)'
단장(丹藏)의 이 책 월리녀성(月離女星)이라는 구절 위에 '우수(牛宿)가 누락됐다(脫)'라는 주석이 붙어 있다. 서역(西域)에서는 27

●96 금(金)나라 대장경도 고려대장경처럼 개보대장경의 복각본으로 알려져 있다. 금장(金藏)의 같은 책에도 국본의 455자는 없다.

수만을 사용하기 때문에 '누락됐다'는 표현은 옳지 않다. 숙함 (孰函)의 『문수사리보살급제선소설길흉시일선악수요경(文殊師利 菩薩及諸仙所說吉凶時日善惡宿曜經)』에 보면 별자리[宿曜]를 27수로 설명하고 우수(牛宿)는 없다. 경풍(景風)의 주석에 '당나라에서는 28수를 사용하지만, 서국(西國)에서는 우수를 제외한다'고 했다. ●97

말이 길어지는데 한 가지만 더 소개하고 넘어가기로 하겠다. 재조대장경에는 『교정별록』 외에도 이런 형태의 권말(卷末) 교정기(校正記)가 제법 달려 있다. 이에 대해서는 뒤에서 좀더 자세히 소개하도록 하겠다. 위에 인용한 글은 그런 권말 교정기의 형식으로 달려 있는 것이다. 단장(丹藏)에서 교정을 하면서 주석을 달아 놓았다는 것이고, 재조대장경에서 교정을 하면서 이 교정주(校正注)를 다시 교정했다는 것이다. 그 내용은 28수(宿) 별자리에 관한 것이다. 단장의 교정자들은 28수에서 우수(牛宿)가 누락된 사실을 오류로 이해했고, 그래서 그 사실을 주석으로 남겨 놓았다. 재조대장경의 교정자들은 우수(牛宿)가 '누락된' 것이 아니라 '원래 없었다'는 사실을 입증하고, 이를 다시 기록으로 남겨 놓았다. 그 근거는 별자리를 논하는 다른 책이었고 그 책의 주석이었다.

이 짤막한 교정기 안에는 참으로 많은 얘기들이 들어 있다. 무엇보다 재조대장경만 유독 교정을 한 것은 아니라는 사실이다. 단장에서도

●97 『마등가경(摩登伽經)』. K0766V19P0785c23L

저런 세심한 데까지 교정을 했고 ⁽결과적으로 사족이요, 개악이었지만⁾ 교정의 흔적을 분명한 기록으로 남겼다. 게다가 우수⁽牛宿⁾가 누락된 것이 아니었다면 이 일은 번역의 일로 확장된다. 서국⁽西國⁾에는 아예 우수⁽牛宿⁾라는 말조차 없었기 때문이다.

『마등가경⁽摩登伽經⁾』은 오⁽吳⁾나라 때 축률염⁽竺律炎⁾이 손권⁽孫權⁾의 시대⁽230년⁾ 양도⁽楊都⁾에서 번역했다. 그는 인도 출신이다. 단장의 주⁽註⁾를 판단하기 위해서는 『마등가경』이 만들어진 동네, 축률염이 살던 동네, 손권의 동네, 그런 동네의 별자리가 모두 문제가 된다. 이런 문제들을 모두 해결할 수 있어야 '감히' 원문에 손을 댈 수 있었고, 교정의 흔적을 남길 수 있었다는 말이다.

고려대장경 전산화사업을 시작한 게 1990년 무렵이다. 고려대장경 일을 하면서 늘 궁금했던 것도 교정에 관한 문제였다. 5천2백만 글자, 1천5백여 종의 문헌, 구두점도 없는 새카만 한문본을 교정하는 일이다. 저본으로 사용했다는 북송본·국전본·국후본·거란본, 여기까지만 해도 2만5천 권이 넘는다. 여기에 수 종의 필사본·주석서 등 여러 판본들을 일일이 대조해야 했다. 상상이 가질 않는다.

지금은 컴퓨터도 있고, 복사기 프린터도 있고, 종이나 빨간 연필도 넘쳐나는 세상이다. 일본이나 대만, 중국 등 한문대장경 전산화사업을 하던 그룹이라면 모두가 느끼던 막막함이다. 교정을 어떻게 해야 하나. 그나마 그런 경험을 하면서 조금이나마 일맛을 봤다고나 할까? 그래서 할 수 있는 얘기이다. 고려대장경의 교정, 몇 년 안에 뚝딱 해치울 수 있는 일이 절대로 아니다. 요즘 세상에서도 사정이 이런데, 13세기 강화도에서 그것도 전쟁통에 믿기가 어렵다. 16년이라는 시간도 결코

긴 시간이 아니다.

　몇 년 전 해인사 팔만대장경과 사간본 목판을 유네스코 세계기록유산(Memory of World)에 등재하는 일에 참여했던 적이 있었다. 그때 세계기록유산에 관한 자료들을 조사하면서 고려대장경 전산화작업에 관한 기록들을 묶어서 MOW에 등재신청을 해 볼까 하는 생각을 가졌다. 주로 입력과 교정에 관한 기록들이었다. 한문대장경 전산화 같은 일은 디지털 미디어처럼 매체가 극적으로 바뀌는 시대에나 있을 수 있는 희유하고 특별한 일이다. 규모도 크고 일의 과정도 독특하고 복잡하다. 새로운 미디어의 시대에 있었던 대규모 프로젝트, 이에 대한 기억을 체계적으로 남겨 놓는 일, MOW 취지에도 딱 들어맞는다는 생각이 들었다. 목판과 함께 디지털 대장경의 짝을 맞춘다면 금상첨화겠다는 생각도 들었다. 유네스코 담당자들과도 의논을 했고, 모두 긍정

3-1 ● 강화도 선원사 옛터. 흔히 팔만대장경이라고 부르는 재조대장경이 만들어지고 보관되어 있던 곳이다. 재조대장경은 조선 초기 해인사로 옮겨진다.

적이었지만 팔만대장경 일에 밀려 성사까지 이어지지는 못했다. 아직도 연구소 캐비닛에는 빨간 줄을 그은 교정지들, 일의 흔적들이 잔뜩 쌓여 있다.

> 조선의 목판경본이 만들어진 경위를 살펴보자면, 오래전 고려의 임금이 불법에 독실하게 귀의하여 국내에 유통하는 대장경판들을 대강 살펴보게 되었다. (경판들은) 매번 훼손되었다가 다시 조성하고, 단절되었다가 다시 이어져 왔다. (임금은) 긴 세월에 걸쳐 여러 차례 새로 판을 새기면서 책을 선택해 베끼는 과정에 왜곡되거나 누락되는 경우가 적지 않아 마음이 매우 아팠다. 그래서 송나라 정부에서 새긴 판본과 여러 나라에서 간행한 경본들, 고려에 유행하던 경본들을 모두 수집하니 예닐곱 종의 대장경이 되었다. 고려의 여러 대덕 스님들에게 맡겨 서로 서로 교정을 보기를, 자세히 여러 차례 반복하게 하였다. 틀린 곳을 바로잡고 빠진 곳을 채워 교정한 대장경을 판각하여 새로 고려에 유통하게 하였다. 그 임금의 열린 마음과 먼 미래를 향한 배려, 법을 지키려는 드문 정신으로 불후의 과업을 이루었다. 참으로 후대에 온 천하가 대장경을 보는 모범으로 삼아야 할 것이다.

앞에서도 인용했던 인징(印澄)의 증언이다. 물론 '조선의 목판경본'은 해인사의 팔만대장경 즉, 고려 재조대장경을 가리키고 '송나라 정부에서 새긴 판본'은 개보대장경을 가리킨다. 묘사하고 있는 교정의 정황이 무척 생생한만큼 신빙성은 떨어진다. 아마도 대장경을 두고 교류하던 한일 양국의 사절들 사이에서 오고 가던 이야기들이 전설처럼 전승되었던 것이 아닌가 싶다. 증거가 없긴 해도 전후의 정황을 조합해 보면 아주 무리한 상상만은 아닌 것 같기도 하다. 인징도 교정을 경험했던 분이고, 교정이란 게 '자세히 여러 차례 반복하고, 틀린 곳을 바로잡고, 빠진 곳을 채우고…….' 그런 뻔한 일이기 때문이다. 앞에서 인용했던 교정의 기록, 그것만 봐도 재조대장경의 편집자들이 인징이 상상한 그런 일을 그대로 했다는 사실을 알 수 있지 않은가.

불교문헌의 역사는 질과 양, 유통한 공간과 시간, 어느 면을 보아도 유례를 찾기 어려울 정도로 복잡하고 방대하다. 여러 지역 언어로 번역되고 다양한 계통을 통해 전승하고 유통했다. 단순한 언어의 차이만이 아니라, 문명의 연원이 다른 지역들로 퍼져 나가면서 오독이나 오해도 증폭될 수밖에 없었다. 진짜와 가짜, 정통과 방계의 사이비 논쟁이 끊이질 않았고, 그만큼 교정의 요구도 클 수밖에 없었다. 어찌 보면 대장경이라는 문헌집성 자체가 그런 역사의 필연적인 귀결이었다고 할 수도 있다.

대장경의 역사는 불교라는 특정 종교의 역사 이전에, 문헌의 역사이며 지식과 문화의 역사이다. 2500년에 걸쳐 광범위한 지역에서 생겨나고 떠돌았던 기억의 역사이다. 대장경은 불교문헌, 특정 종교의 경전이라는 이유로 왜곡되거나 가볍게 취급되어 온 면이 있다. 앞에서 인용했던 별자리 이야기, 그런 얘기가 특정 종교와 무슨 상관이 있겠는가? 교정을 하던 일만 해도 그렇다. 대장경 교정의 역사는 목판인쇄술이라는 또 다른 형태의 매체혁신과 긴밀하게 연결된 지적 문화적 의의

를 갖고 있다. ●98

    고려대장경이 없었다면 아주 잊혀지고 말았을 숱한 이야기들이 있다. 세간의 이분법을 빌리자면 온전하게 남아 있는 해인사 팔만대장경 목판은 하드웨어요, 이런 이야기들은 소프트웨어이다. 목판대장경이 미디어라면 그 안에는 콘텐츠가 담겨 있다. 교정 이야기는 소프트웨어, 콘텐츠에 관한 이야기가 된다. 이런 이야기야말로 진짜 세계의 기억(Memory of World), 인류의 유산이 아닐까?

    재조대장경의 『고려국신조대장교정별록(高麗國新雕大藏校正別錄)』●99 이라는 책, 말 그대로 교정에 관한 기록이다. 이 책의 제목만 봐도 교정을 했다는 사실 자체에 의문을 가질 이유는 없다. 기록의 내용도 상당히 충실하여 당시 교정의 과정을 미루어 짐작할 수는 있다. 하지만 이 책에서 다루고 있는 문헌은 고작해야 63종에 불과하다. 재조대장경 안

●98 *Sugi's Collation Notes to the Koryo Buddhist Canon and Their Significance for Buddhist Textual Criticism*, Robert E. Buswell, Jr.
    "1247년 완성된 수기 스님의 『고려국신조대장교정별록(高麗國新雕大藏校正別錄)』은 동아시아 불교학자들이 어떤 방식으로 여러 종류의 판본들을 가지고 있는 수천 종의 경전들을 대조하고 편집하여 완결된 경전으로 교정해 왔는지를 보여 주는 현존하는 유일한 기록이다. 이 문헌의 중요성에도 불구하고, 『교정별록』은 이제까지 학계로부터 놀라울 정도로 관심을 끌지 못하고 있었다. 수기 스님의 『교정별록』은 다양한 동아시아 경전들에 대한 문헌학적 계통을 밝히는 데 도움이 되고, 문체상으로나 형식상으로 고려 재조대장경이 중국의 송판 개보대장경과 고려 초조대장경의 편제를 따르고 있지만, 판본들간의 차이에서는 거란의 요장을 더 충실하게 따르고 있다는 점에 대해 분명한 증거를 제시하고 있다. 수기 스님의 편집과정을 세심히 분석해 보면, 수기 스님이 에라스무스(Erasmus, 1466-1536)보다 훨씬 더 능숙하고 빈틈이 없다는 사실을 알게 된다. 에라스무스는 수기 스님보다 2세기도 더 지나서 문헌비평의 서구적인 형식을 창시했다. 수기 스님은 내적인 증거라는 가장 기본적인 원칙에 충실했던, 정교한 편집자였다. 그 같은 원칙은 근대의 문헌비평으로 이어졌다."

●99 수기(守其), 『고려국신조대장교정별록(高麗國新雕大藏校正別錄)』, K1402

에 들어 있는 문헌 1,500여 종에 비한다면 4%밖에 되지 않는 양이다. 그저 그런 정도의 교정을 했다는 짐작이야 할 수 있겠지만, 교정에 대한 기록으로서는 턱없이 부족하다.

일본의 '대정신수대장경'은 고려본을 저본으로 송·원·명대의 대장경, 그리고 일본이 소장하고 있는 필사본들을 일일이 대조하여 그 차이를 주석으로 달아 놓았다.●100 많지는 않지만 범어나 팔리어 원전과 비교하여 교감한 것들도 있다. 한 페이지 안에도 여러 개의 주석이 달려 있다. 그만큼 다른 판본들 사이에 차이가 많이 난다는 뜻이다. 이런 차이들을 생각하면 고려대장경 교정의 범위가 『교정별록』 63종을 훨씬 넘는 방대한 규모였다는 추정을 할 수도 있다. 그러나 차이가 난다고 해서 교정을 했다는 증거는 아니다. 고려대장경을 한글로 번역했다고 하는 한글대장경 안에도 고려대장경의 원문을 따르지 않고, 대정신수대장경의 교감기를 따른 경우들이 적지 않게 보인다. 한글 번역자의 의도가 틀린 경우도 있을 수 있겠지만, 문맥으로 보아 고려대장경의 원문이 어색하게 느껴지는 경우들도 분명히 있다.

고려대장경을 교정대장경이라 부른다고 해서 교정이라는 일을 그때 처음 창안해 냈던 것도 아니고, 고려대장경만 유독 교정을 했던 것도 아니다. 예를 들어 고려 재조대장경보다 1세기 이상 일찍 조성된 금(金)나라 대장경에도 교정의 흔적이 남아 있다. 아직 본격적인 연구가 이뤄진 적이 없어서 분명하게 단언할 수는 없지만, 고려 재조본의 교정

●100 신수대장경에서 교감본으로 사용한 송본은 남송(南宋)의 사계장(思溪藏)으로 고려대장경의 저본이었던 북송의 개보장과는 다르다. 원본(元本)은 보령사장(普寧寺藏), 명본(明本)은 방책본을 사용했다. (한문대장경 개요 참조)

과 금장의 교정 사이에도 특정한 상관관계가 있었던 것으로 보인다. 교정에도 역사가 있고 계보가 있다.

> 목록이 발전한 까닭은 참과 거짓을 구별하고, 시비(是非)를 밝히며, 사람과 시대의 고금을 기록하고, 권(卷)과 부(部)의 다소(多少)를 나누며, 빠진 것들은 채우고, 군더더기는 깎아내자는 것이다. 그리하여 바른 가르침을 고르고, 부처님 말씀의 실마리를 잡아 줄거리를 잡고 요점을 들어 분명히 볼 수 있도록 해 주자는 것이다. 다만 법문이 그윽하고 깊은데다 교화의 그물이 넓고 크다 보니 전후로 번역하여 유통한 것들이 세월이 흐르고 시대가 끊기면서 경전들은 흩어져 사라지고 권축(卷軸)은 들쭉날쭉해져 버렸다. 게다가 이상한 사람들이 거짓되고 망령된 내용들을 더하기도 하여 혼잡한 지경에 이르니 그 자취와 연원을 찾기 어려워지고 말았다. ●101

『교정별록』의 기록만 보더라도 『개원석교록』이라는 목록이 재조대장경 교정에 절대적인 역할을 했다는 사실을 분명히 알 수 있다. 목록의 관점에서 교정의 역사를 따지는 일은 불교문헌의 역사를 거시적으로 따지는 일이다. 말하자면 대장경 전체, 나아가서는 불교문헌 전체의 실마리와 줄거리를 찾는 일이다. 이에 대해 특정 문헌들을 정교하게 교정하는 일도 함께 발전해 왔다. 말하자면 미시적인 교정이다. 이

●101 지승(智昇), 『개원석교록(開元釋敎錄)』 권제1. K1062_ K1062V31P0965c03

런 교정은 특정한 경전을 선호하고 중시하는 종파불교 위주로 이뤄졌다.『화엄경』을 연구하는 화엄종의 학자들은 당연히 오류가 없는 온전한『화엄경』을 원했을 것이기 때문이다.『화엄경』에 정통하지 않고는 할 수도 없는 일이다. 고려대장경은 물론, 목록이 생기기 이전부터도 꾸준히 해 오던 일들이다. 대장경의 교정에는 이 같은 두 가지 성격의 교정이 결합되어 있다. 방대하고 복잡하다 보니 불교문헌의 교정은 그 자체로 전문적인 기술이 되었다.

어찌 보면 모든 대장경은 교정대장경이다. 문헌을 정리하고 편집하여 출판하는 일에 교정이 빠질 수 없다. 교정이라는 표현이 고려대장경 이전부터 존재해 왔듯, 대장경의 역사는 교정의 역사와 함께 발전해 왔다고도 할 수 있다. 교정의 정도, 정확도가 문제일 뿐이다. 또 교정을 했다지만 교정의 결과를 판단할 수 있는 사람들도 흔치 않다. 잘한 일인지, 못한 일인지. 그냥 '차이가 난다'라는 말 외에 더 이상 판단을 내리기도 쉽지 않다. 대정신수대장경 편집자들도 그런 정도에서 타협을 했다. 옳고 그름을 단정짓는 대신 판본 사이의 차이들을 주석으로 남겨 놓았다. 판단은 그래서 독자들의 몫이 되었다.

그러던 중에 초조대장경이 공개되기 시작했다. 초조대장경은 교정의 문제를 좀더 진지하게 생각해 볼 수 있는 '알짜배기' 가능성을 함께 가져다 주었다. 재조대장경이 북송본(개보대장경)을 저본으로 국본(國本)과 요본(遼本, 거란본)을 대교했다고 하는데, 이전에는『교정별록』에 인용된 문장들 외에 확인할 길이 없었다. 남아 전하는 북송본이나 거란본이 각기 불과 십여 권에 불과했기 때문이다.

우리나라의 경우는 상황이 더 나빴다. 해인사 팔만대장경 영인본만이 우리가 볼 수 있는 유일한 대장경이었다. 비교할 대상이 없으니 알 수도 짐작할 수도 없었다. 2004년 이후 2천여 권의 초조본이 공개되었다. 2천여 권이면 대장경 전체 분량의 1/3에 육박하는 양이다. 이제 초조본과 재조본을 단순히 비교해 보기만 하면 된다. 초조본과 재조본 사이에 발견되는 차이, 그 차이 안에 재조대장경에서 했던 교정의 실체가 담겨 있기 때문이다.

고려대장경, 해인사에 남아 있는 팔만대장경과 함께 새로 공개된 초조대장경본은 한문대장경의 역사를 거의 온전하게 재구성할 수 있는 최상의 증거물이 될 수 있다. 어찌 보면 초조본의 공개를 통해 고려대장경뿐만 아니라, 한문대장경 연구를 위한 완전히 새로운 지평이 열린 것이라고 할 수도 있다. 11세기에서 13세기로 이어지는 방대하고 분명한 증거들이 확보되었고, 그 증거들을 누구든 언제 어디서나 인터넷을 통해 확인할 수 있는 세상이 되었기 때문이다.

눈이 있는 사람이라면 뻔히 알 수 있는 이런 일, 그러나 대장경의 역사로만 따지면 천지가 개벽하는 일이다. 천 년의 비밀이 한꺼번에 풀리는 일이다. 대장경 안에 담긴 온갖 이야기들은 물론이고, 10세기 전후로 시작하여 13세기 고려대장경으로 이어지는 목판대장경의 역사, 그 사이에 문헌을 수집하고 정리하여 목판에 새겨 출판해 내던 숱한 사람들, 그 분들이 일하던 방식 생각하던 방식 문제들을 풀어가던 방식들을 실제로 재현해 내는 일이다.

앞에서 지적했던 대로 대장경의 의의를 세 가지 측면으로 나누어 볼 수 있다. 능장(能藏)과 소장(所藏)과 그리고 장(藏)이라는 행위가 그것이다. 능장은 매체의 측면이다. 목판이나 활자와 같은 인쇄술, 종이, 먹

등의 주변 기술 등 주로 하드웨어적인 요소들이 가진 의의들이다. 소장은 내용의 측면이다. 교정의 문제는 소장의 매우 중요한 요소라고 할 수 있다. 장이라는 행위는 대장경을 조성하는 일 자체를 가리킨다. 계획을 세우고, 자본과 인력을 확보하여 여러 공정을 거쳐 완제품을 만들어 내는 일이다. 해인사에 소장된 팔만대장경 한 세트, 16만 페이지를 찍어내는 일만 하더라도 많은 돈과 품이 드는 큰일이었다. 먹과 종이를 조달하는 일도 그렇고, 인쇄작업은 물론 인쇄 전후의 준비와 정리에 드는 품도 만만한 것이 아니다. 그런 일에는 그에 걸맞은 일머리가 필요하다. 공정을 관리하는 기술, 노하우 같은 것이다.

그런 저런 일들, 그 한가운데에 고려대장경 교정 이야기가 있다.

재조대장경
교정의 실태

고려대장경 교정에 관한 이야기, 이런 이야기는 한 번에 다할 수는 없다. 교정의 실태라고 제목을 붙이긴 했지만, 이는 초조본 이미지 데이터베이스를 만드는 과정에서 비교해 본 결과들을 뭉뚱그려 놓은 것에 불과하다. 아직은 그저 그림찾기 놀이의 수준이라고나 할까? 고려대장경, 나아가 한문대장경 교정의 역사를 이해하기 위해서는 초조본과 재조본에 대한 정교한 대조는 물론, 여러 종류의 한문대장경과 필사본들과의 광범위한 대조가 꼭 필요하다. 앞으로도 길고 먼 이야기가 될 것 같다. 그래도 그런 일들을 위한 인프라와 로드맵은 모두 갖춰졌다. 이제는 그 길을 가기만 하면 된다. 여기서는 그 사이 그림찾기 놀이로 찾아 본 사례들을 통해 고려인들이 했던 고민과 정성의 흔적들을 짐작해 보는 정도가 아닐까 싶다.

교정의 형태	내용
1. 『교정별록』	각 문헌을 교정하게 된 까닭을 기록한 교정기와, 새로 교정한 원문으로 구성.
2. 권말교정기	각 문헌의 권말에 붙어 있는 교정기. 후서(後序) 중교서(重校序) 등의 제목과 수기서(守其序)의 경우처럼 교정기를 쓴 사람의 이름이 병기된 경우도 있지만, 대부분 교정의 내용만이 담겨 있다. 『교정별록』에 포함된 문헌의 교정기는 대부분 권말에도 첨부되어 있다. 그러나 이외에도 상당량의 권말교정기가 남아 있어, 『교정별록』 외에도 더 많은 교정을 했다는 증거가 된다.(권말교정기 도표 참조)
3. 행간 주석	제목이나 본문의 중간에 교정의 내용을 행간 주석의 형태로 작은 글자로 기록. **제목** 문헌의 제목과 편역자 부분에 교정의 개요를 기록한 경우. **본문** 본문 중간에 교정이나 대교의 내용을 기록한 경우. 어려운 글자의 음의(音義)를 추가한 경우도 있다.
4. 권차(卷次) 교정	대장경 판본들간의 대조를 통해 권의 순서나 권을 나누는 자리[分卷]를 바꾼 경우, 예를 들어 60권 『화엄경』의 경우, 초조본은 50권본으로 되어 있다. 재조본에서 60권으로 분권과 편집을 바꾸었다.
5. 본문 교정	교정의 내용을 밝히고 있지 않지만, 대장경 전체에서 광범위한 교정의 사례들이 나타나고 있다. **문장 교정** 작게는 1-2행에서 많게는 수 쪽에 이르기까지 문장의 첨삭이 이뤄지고 있다. 문맥이 맞지 않아 첨삭하는 경우도 있고, 다른 판본과의 대교를 통해 첨삭하는 경우도 있다. **글자 교정** 대장경 전반에 걸쳐 광범위한 글자 교정이 이루어졌다. 명백한 오자를 수정한 경우도 있고, 다른 판본들 간의 대교를 통해 교정한 경우들도 있다.

교정의 형태	내 용
6. 표준화	**글자** 다양한 이체자형(異體字形)들을 쉽고 많이 쓰는 글자체로 통일한 경우. **경명 표기** 경명의 표준화, 정식화. **번역자 표기** '대장경으로 세계를 꿈꾸다' 장 참조. **범음(梵音) 표기** 아함(阿鋡) → 아함(阿含), 발타화(跋陁惒) → 颰陁和
7. 수정편집	**가독성을 높이기 위한 수정편집** 소제목, 목차, 인용문, 게송 등을 읽기 편리하게 수정 편집한 사례. **판형의 편집** 바르지 않은 행과 열을 바르게 수정 편집한 경우.
8. 불필요한 정보의 편집	**어제비장전 삽화** 초조본의 삽화를 삭제하고 원문만 수록. **초조본 북송신역경 번역 후기** 초조본, 특히 송대(宋代)에 새로 번역한 경전들에는 번역 후기가 붙어 있다. 이를 복각하면서 후기까지 그대로 복각한 경우. 재조본에서 모두 삭제. **초조본 신역화엄경 서문 등** 초조본 『신역화엄경』에는 서문과 표문이 붙어 있다. 재조본에서 삭제. **성교서(聖敎序)** 당과 송대에 번역한 문헌에는 번역을 지원한 황제의 서문이 붙어 있다. 특히 북송대에 번역한 이른바 『신역경(新譯經)』에는 문헌마다 같은 서문이 붙어 있다. 재조본에도 이런 서문이 246건이나 들어 있는데, 대부분 중복된다. 초조본에서는 매 문헌마다 붙어 있는 서문을 재조본에서는 일부를 삭제하고 있다.
9. 화엄경	**3본『화엄경』및 화엄종 계통의 문헌들** 재조의 『화엄경』은 다른 경전과 달리 모두 17자 형식을 취하고, 권말에 음이 붙어 있다. 초조본의 『화엄경』을 빼고 이후 화엄종에서 새겨서 사용하던 저본을 그대로 복각하여 입장한 경우.

표 6 ● 재조대장경 교정현황

앞의 도표는 『교정별록』을 포함하여 재조대장경 안에 남아 있는 교정의 흔적들을 형태별로 분류한 것이다. 문헌별로 다른 대장경과 비교를 하다 보면 이 외에도 숱한 차이들을 발견할 수 있다. 많게는 한 페이지 안에 수십 개의 차이가 발견되기도 한다. 그런 차이를 모두 교정의 흔적이라고 단정지을 수는 없다. 필사본의 시대, 문헌을 베껴 유통하던 시대에 실수나 오류는 필수불가결한 요소였다. 교정의 역사는 어쩌면 그런 실수와 오류의 역사였다고도 할 수 있다.

재조대장경의 『교정별록』과 권말교정기, 그리고 행간에 기록한 교정주석은 분명한 교정의 기록이다. 앞의 도표는 이 기록들을 기반으로 초조본과 재조본을 비교하고, 고려대장경과 함께 개보대장경 계통이라는 조성금장을 참고해서 작성한 것이다. 『개원석교록』 등의 경록(經錄)과 일부 통계자료를 활용하기도 했다. 워낙 방대한 자료들이어서 '교정의 실태'라는 표현을 쓰기엔 무리가 따른다. 다만 아직까지 교정의 실태에 대한 연구도 많지 않고, 일부 전문가들 외에는 알려진 사실도 극히 적은 상황을 고려하여 이런 표현을 쓰기로 했다. 도표만으로는 이해가 어려운 부분들도 있기 때문에 항목별로 약간의 설명을 덧붙인다.

1. 『교정별록』

고려대장경 교정에 관한 얘기는 당연히 『교정별록』에서부터 시작해야 한다. 대장경의 역사에서 『교정별록』이 지니는 권위는 실로 막대하다. 어느 대장경에도 없었던 특이한 사례이기 때문이다. 『교정별록』의 제목 아래에는 "사문(沙門) 수기(守其) 등이 교감(校勘)했다"는 기록이 있다. 이 기록으로 인해 수기는 교감작업을 이끈 책임자로부터, 재조대장경의 대표 편집자로, 대장경 조성을 이끈 중심인물로, 나아가서는 '재조대장경' 하면 바로 수기를 떠올리게 되었고, 재조대장경을 넘어 불교문헌의 교정을 상징하는 인물로까지 주목받게 되었다.

그러나 재조대장경 교정의 실태를 조사해 보면『교정별록』은 '교정에 대한 기록'이라기보다는 일종의 '정오표(正誤表)'에 가깝다.『교정별록』의 교정기에는 "옛 송장(宋藏)을 보는 사람을 위하여 (교정한) 정문(正文)을 아래에 기록해 둔다."와 같은 말을 반복하고 있다.『교정별록』의 교정기는 통상 두 부분으로 구성된다. 첫째는 문헌을 교정하게 된 정황을 밝힌 교정기이고, 둘째는 교정을 한 원문이다. 전체 30권 분량 가운데 교정기의 양은 실제 얼마 되지 않고, 교정의 정문(正文), 교정을 한 본문이 대부분을 차지하고 있다.

앞에서도 언급했듯이, 교정은 국본(초조대장경)·송본(개보대장경)·단본(거란본 대장경)의 세 가지 대장경을 중심으로 이루어진다. 이 교정을 통해 새로운 대장경, 재조대장경이 탄생한다. 새로 만든 재조대장경을 볼 수 있는 사람들은 따로 정오표를 가질 필요가 없다. 이미 교정한 대장경이기 때문이다.『교정별록』은 재조대장경을 볼 수 없는 사람들, 국본이나 송본, 단본 등 이전의 대장경을 볼 수밖에 없는 사람들을 위한 기록이다. 좀더 엄하게 얘기하자면『교정별록』의 일차 사용자는 '옛 송장(宋藏)을 보는 사람들'이다. 송장의 내용에 그만큼 오류가 많았던 데 비해, 송장을 보는 사람들이 그만큼 많았기 때문이다.

얼마 전까지만 해도 정오표를 말미에 붙인 책들을 흔히 볼 수 있었다. 정오표를 첨부하는 까닭은 교정본을 새로 찍어내는 데 비용이 많이 들기 때문이다. 교정본이 나올 때마다 새로 돈을 주고 구입하는 일도 번거로운 일이기 때문이다. 아쉽긴 해도 정오표를 통해 비용도 줄이고 오류를 반복하는 일도 피할 수 있다.

『교정별록』이 '정오표'의 성격을 갖는다고 굳이 지적을 하는 까닭은, 재조대장경 안에서『교정별록』의 교정기 외에도 엄청나게 많은 교정의 흔적들을 찾을 수 있기 때문이다. 한두 글자 고친 정도가 아니다. 여러 페이지를 고친 경우들도 흔하다.『교정별록』은 물론 어디에도 기록되어 있지 않은 흔적들이다.『교정별록』은 '교정에 대한 기록'이 아니다. 그 중에서 두드러진 차이만을 골라, 30권이라는 한정된 공간 안에 정리한 것에 불과하다.

『교정별록』의 교정기 가운데, 초조본이 현존하는 경우들을 중심으로 몇 가지 사례를 소개한다.

경번호 0067 **경전명** 반주삼매경(般舟三昧經)
교정 내용 상권, 송본에 16게송이 빠져 있다. 동북(東北) 2본에 의해 교정
초조본 대조 성암 초조본 별록의 내용과 일치
국송단본의 관계 국단본과 송본이 다른 경우
결정 내용 국단본을 따름

경번호 0549 **경전명** 대지도론(大智度論)
교정 내용 제4권 송본에 빠진 22행의 문장을 국단 이본에 의해 보충
초조본 대조 남선사 초조본 별록의 내용과 일치
국송단본의 관계 국단본과 송본이 다른 경우
결정 내용 국단본을 따름

경번호 0549　　**경전명** 대지도론(大智度論)
교정 내용 제14권 송본에 빠진 17행의 문장을 국단 이본에 의해 보충
초조본 대조 남선사 초조본 별록의 내용과 일치
국송단본의 관계 국단본과 송본이 다른 경우
결정 내용 국단본을 따름

경번호 0549　　**경전명** 대지도론(大智度論)
교정 내용 제31권 송본에 빠진 31행의 문장을 국단 이본에 의해 보충
초조본 대조 남선사 초조본 별록의 내용과 일치
국송단본의 관계 국단본과 송본이 다른 경우
결정 내용 국단본을 따름

경번호 0552　　**경전명** 대보적경론(大寶積經論)
교정 내용 송본의 제1권이 국단 이본과 크게 차이가 난다. 송본의 이 부분은 구역 단권 대보적경 제112권과 완전히 같다. 경본을 논의 처음에 갖다 붙인 것. 송본의 이 부분을 버리고 국단본을 정본으로 삼는다.
초조본 대조 남선사 초조본 제1권의 내용이 송본과 같이 대보적경 제112권과 같다. 별록의 국본과 남선사 초조본이 일치하지 않는 경우. 별록의 국본은 뒤에 교정한 교정본으로 추정된다.
국송단본의 관계 국단본과 송본이 다른 경우
결정 내용 국단본을 따름

경번호 0651　　**경전명** 별역잡아함경(別譯雜阿含經)
교정 내용 제5권 끝의 5경(經), 제6권 초의 5경 등, 국송 양본에 열 개의 경전이 빠졌다. 단본에 의해 두 권으로 나누어 보충한다.
초조본 대조 남선사 초조본 25장, 재조본 33장으로 별록의 내용과 일치
국송단본의 관계 국송본과 단본이 다른 경우
결정 내용 단본을 따름

경번호 0748　　**경전명** 불설사미증유경(佛說四未曾有經)
교정 내용 불설사미증유법경(佛說四未曾有法經)을 가리킨다. 국본, 송본, 단본의 경명과 역자명이 같다. 국송본은 내용이 같지만 단본과 다르다. 개원록 약함(若函)에 사미증유경이 있는데, 증일아함 팔난품(八難品)과 동본이역이라고 했다. 교감하니 단본과 같다. 국본과 송본은 훼함(毀函)의 미증유경과 같다. 이를 착오로 중복해서 입장한 것.
초조본 대조 남선사 초조본에 사미증유경(四未曾有經)이 남아 있다. 재조의 불설미증유경(K.0237)과 같다.
국송단본의 관계 국송본과 단본이 다른 경우
결정 내용 단본을 따름

경번호 0973　　**경전명** 분별공덕론(分別功德論)
교정 내용 국본은 5권 단본은 4권본. 개원록은 4권으로 되어 있고, 3권본 5권본 등이 있으나 분권(分卷)이 다르고 내용에는 차이가 없다는 주석이 달려 있다.
초조본 대조 남선사 초조본도 5권본
국송단본의 관계 국본과 단본이 다른 경우
결정 내용 국본을 따름

경번호 0976　　**경전명** 십팔부론(十八部論)
교정 내용 송본에 부이집론(部異執論)을 중복하여 베끼고, 십팔부론으로 다르게 이름하고 있다. 국본에 의해 교정
초조본 대조 남선사 초조본, 재조본과 필체, 판형이 다르다.
국송단본의 관계 국본과 송본이 다른 경우
결정 내용 국본을 따름

2. 권말교정기

권말교정기는 재조대장경 권말에 붙어 있는 교정기를 가리킨다. 『교정별록』에 들어 있는 교정기는 대부분 해당문헌의 권말에도 붙어 있다. 재조대장경을 볼 수 있는 사람은 굳이 『교정별록』을 따로 보지 않아도 교정의 정황을 이해할 수 있도록 문헌별로 편집한 것이다. 권말교정기를 『교정별록』의 교정기와 분리하여 따로 항목을 정한 까닭은 『교정별록』에 포함된 문헌 외에도 상당한 양의 권말교정기가 존재하고 있기 때문이다. 권말교정기는 교정의 성격과 정황, 전거들을 비교적 상세하게 묘사하고 있기 때문에 교정의 실태를 이해하기 위한 일차적인 자료가 된다. 『교정별록』의 교정기가 주로 국본, 송본, 단본의 차이를 규명하는 데 집중되어 있는 데 비해, 『교정별록』 외의 권말교정기는 보다 다양한 경우들을 기록하고 있다.

경번호 0080　　**경명** 대방광불화엄경(大方廣佛華嚴經)
권말기 교정 내용 권제3 청량(淸凉)이 지은 '화엄경대소'에 의해 경문 교감. 청량의 소는 경전의 문의(文義)를 따라, 범본과 대조해 가며 주석을 한 것이어서, 이에 의지하여 서로 다른 판본들을 교감했다. 권제4, 권제5, 권제8, 권제10, 권제11, 권제12 등 모두 7권 말미에 교감기가 붙어 있다. '화엄경소'에 의해 판본들간의 차이를 교정하고, 번역자의 오류까지 지적하고 있다.
초조 비교 초조본이 모두 1줄 14자 형식을 따르는 데 반해, 재조본의 3본 화엄경 즉, 60권본(0079), 80권본(0080), 40권본(1262) 등은 17자본으로 초조본과 저본이 다르다. 화엄종에서 유통하던 교정본을 입장한 것. 3본 모두 권말에 음의(音義)가 붙어 있다. 권말기가 붙어 있는 재조본에 해당하는 초조본은 전하지 않는다.
국송단본의 관계 국송단과 관계없이 교정

경번호 0278　　**경명** 불설관세불형상경(佛說灌洗佛形象經)
권말기 교정 내용 이 경전은 송장(宋藏)에서는 마하찰두경(摩訶刹頭經) 성견(聖堅) 번역으로 되어 있다. 개원록에 의하면 송장의 오류이다. 단본에 의해 관세불형상경(灌洗佛形象經) 법거(法炬) 번역으로 고친다. 또 송장의 이 경전 앞부분 2쪽은 마하찰두경(摩訶刹頭經)의 문장과 같아 차이가 없다. 단본에 의해 2쪽을 대체한다. 뒷부분 31행의 문장은 그대로 둔다.
이 부분의 행간 주석에 따르면, "이하 31행의 문장은 단본에는 없고 송본에는 있어서 그대로 둔다"고 했다.
국송단본의 관계 송본과 단본이 다른 경우
결정 내용 단본을 따름. 중화장에는 금장본(제목 밑에 一名 摩訶刹頭라는 주석이 있고, 법거 번역으로 되어 있다)과 고려 재조본 두 종의 관세불형상경이 들어 있다. 아래 마하찰두경은 없다.

경번호 0279　　**경명** 불설마하찰두경(佛說摩訶刹頭經)
권말기 교정 내용 이 경은 송장(宋藏)에서는 관세불형상경(灌洗佛形象經), 법거(法炬) 번역으로 되어 있다. 이 경문과 송장에 포함되어 있는 마하찰두경(摩訶刹頭經)을 비교해 보니 내용이 같다. 송장의 오류이다. 단본(丹本)에 의하면 이 경은 마하찰두경(摩訶刹頭經) 성견(聖堅) 번역이다. 단본에 의해 제목과 역자를 바꾼다.
초조 비교 남선사 초조본은 경명과 번역자가 재조본과 같다. 제목 아래 재조본에는 "관불형상경(灌佛形象經)이라고도 한다"라고 되어 있는 데 비해 "욕불공덕경(浴佛功德經)이라고도 한다"라고 되어 있다.
경문의 내용에도 차이가 있다.
국송단본의 관계 송본과 단본이 다른 경우
결정 내용 단본을 따름

경번호 0403   **경명** 불설보살본행경(佛說菩薩本行經)
권말기 교정 내용 상권. 단장에서 상권을 하권(下卷)으로, 중권을 상권으로, 하권을 중권이라 했는데 이제 앞뒤를 살펴보니 단장의 오류이다.
초조 비교 남선사 초조본 상중하, 교정기와 일치
국송단본의 관계 국송본과 단본이 다른 경우
결정 내용 국송본을 따름

경번호 0423   **경명** 오불정삼매다라니경(五佛頂三昧陀羅尼經)
권말기 교정 내용 4권. 개원록에 따르면, "일자불정륜왕경(一字佛頂輪王經) 5권은 오불정(五佛頂)이라고도 한다. 혹 4권본도 있다"고 했다. 이 4권본과 일자불정륜왕경(一字佛頂輪王經) 5권본은 같은 경전이고 분권(分卷)이 다를 뿐이다. 또 목록과 음의서(音義書), 단본에 따르면 모두 5권본이고 4권본은 없기 때문에 4권본은 제거해야 하지만, 문맥을 살펴보면 광략(廣略)의 차이일 뿐이고 서로 넣고 빼기가 어려운 부분들이 있어서 향본(鄕本)에 의거 두 본 다 입장한다.
초조 비교 남선사 초조본 일자불정륜왕경(一字佛頂輪王經) 5권, 경명 아래에 "一名五佛頂經"이라는 주석이 있다. 재조본에서는 이 주석을 빼고, 본문을 교정했다.
국송단본의 관계 단향본이 다른 경우
결정 내용 두 본 모두 입장

경번호 1066   **경명** 집고금불도론형(集古今佛道論衡)
권말기 교정 내용 4권. 이 4권의 책을 검토해 보니 국본과 송본의 제4권이 8장인 데 비해 단본은 34장이다. 다소의 차이뿐만 아니라 문맥도 서로 다르다. 또 국본과 송본 제3권이 같은데 단본은 아주 다르다. 교감을 하니 송본이 착각하여 제3권을 빠뜨리고 제4권을 제3권으로 삼았으며, 제4권에는 도사(道士) 곽행진(郭行眞)의 사도귀불문(捨道歸佛文) 10여단을 붙여서 8장 1권으로 만든 것. 국본도 송본에 의지해 같은 오류를 범하고 있다. 이 책의 편제를 보면 한(漢) 명제(明帝)로부터 당(唐) 고종(高宗)까지 역대 조대에 따라 불도론형(佛道論衡)을 기록하고 있다. 국본과 송본의 제3권에 7조의 기사가 실려 있는데, 당(唐) 고종(高宗) 때의 기사들이다. 이제 제4권 8장 뒤에 이어지는 10조의 기사는 고조(高祖)와 대종(大宗) 때의 기사들이다. 앞뒤가 바뀌어 있기 때문에 단본에 의해 고조(高祖)와 대종(大宗) 때의 기사를 제3권에, 고종(高宗) 때의 기사를 제4권으로 바로잡는다. 곽행진의 글은 말미에 첨부한다.
초조 비교 남선사 초조본 제3권 36장이 재조본 제4권(전체 45장) 중 제36장까지 일치. 재조본 37-44장까지는 "집고금불도론형권정속부(集古今佛道論衡卷丁續附)"로 되어 있다. 44장 말미에 수기의 중교서(重校序)가 붙어 있다. 교감기의 내용과 일치한다.
국송단본의 관계 국송본이 같고 단본이 다른 경우
결정 내용 단본을 따름. 교감기 앞에 중교서(重校序)라는 제목이 붙어 있고, 교감기 끝에는 수기서(守其序)라고 교감자의 이름이 적혀 있다. 교감자의 이름을 밝힌 유일한 경우. 교정후서(校正後序)라는 제목이 달린 권말교감기도 네 경우가 있다.

경번호 1070　　　**경명** 도선율사감통록(道宣律師感通錄)
권말기 교정 내용 1권. 이 한 권의 책은 대장경에 들어 있지 않다. 그러나 가흥음소(可洪音疏)에 "정원목록(貞元目錄)에 혜징상좌(惠澄上座)가 책을 전래하여 이 함에 입장했다"라고 했다.
초조 비교 남선사 초조본. 도선율사감통록(道宣律師感通錄) 일권(一卷)이라는 제목 밑에 재조본 권말교감기와 똑같은 내용의 주석이 작은 글자로 붙어 있다. 재조본에서 이 행간 주석을 권말교정기로 옮기고 "인덕원년(麟德元年) 종남산(終南山) 도선찬(道宣撰)"이라는 저자 정보를 삽입했다. 이 문헌은 고려재조본에만 유일하게 입장되어 있었다. 남선사 초조본에 나타나는 것으로 보아, 초조대장경에서 입장했고, 재조본에서 이를 따른 것으로 보인다.
국송단본의 관계 국본과 타본이 다른 경우
결정 내용 국본을 따름. 가흥음소(可洪音疏)는 가흥(可洪)이 편찬한 신집장경음의수함록(新集藏經音義隨函錄 K.1257)을 가리킨다. 『개원석교록』에 입장된 문헌들에 나오는 어휘들의 음의(音義)를 해설한 사전이다. 개보장에 입장된 문헌과 일치하기 때문에 교감의 근거로 삼았다. 그 책에 선율사통록(宣律師感通錄)이란 항목이 있고, "혜징상좌(惠澄上座)가 전래했다"는 주석이 붙어 있다.

다음의 도표는 『교정별록』과 권말교정기 중에서 국본·송본·단본 등 삼본의 차이와 교정의 내용이 비교적 분명한 89건의 경우들을 대상으로 분석한 것이다. 향본(鄕本)이라는 표현도 몇 차례 나오는데, 국본과 향본의 차이가 분명치는 않지만, 내용을 가능한 단순화시켜 보기 위하여 모두 국본으로 간주하였다. 이 도표는 교정의 흐름을 조감하기 위해 의도적으로 항목들을 단순화시킨 것이다. 실제 교정의 내용은 좀더 복잡하다.

전체 89건 가운데 '단본을 따라 교정한 경우'가 60건으로 67.42%에 달한다. 그만큼 재조대장경의 교정에 있어서 단본에 대한 의존도는 분명하다. 그렇다고 해서 교정이 단본만을 의지해서 이루어진 것만은 아니었다. 국송본에 의해 단본을 교정한 경우도 15건으로 약 17%가 된

국송단 삼본 대조현황	건	백분율	교정방식	건	백분율
국송본과 단본이 다른 경우	40	44.94%	단본을 따름	25	62.50%
			국송본을 따름	10	25.00%
			삼본 모두 틀리거나 따로 교정	2	5.00%
			양본 모두 입장	3	7.50%
			계	40	100%
국단본과 송본이 다른 경우	27	30.34%	국단본을 따름	27	100%
국본과 송단본이 다른 경우	8	8.99%	송단본을 따름	4	50.00%
			국본을 따름	3	37.50%
			송본을 따름	1	12.50%
			계	8	100%
송본과 단본이 다른 경우	8	8.99%	단본을 따름	4	50.00%
			양본 입장	3	37.50%
			송본을 따름	1	12.50%
			계	8	100%
삼본이 모두 다른 경우	3	3.37%	단본을 따름	2	66.67%
			별도 교정	1	33.33%
			계	3	100%
삼본과 관계없이 교정한 경우	1	1.12%	별도 교정	1	100%
단본과 향본이 다른 경우	1	1.12%	양본 입장	1	100%
국전본 및 송본과, 국후본 및 단본이 다른 경우	1	1.12%	국후본과 단본을 따름	1	100%
계	89	100%			

표 7 ● 『교정별록』, 권말교정기 교정방식 통계

다. 국송본이 같고 단본이 다른 경우가 40건으로 전체의 45%에 달하는데, 이 중에 단본이 틀린 경우도 30%나 된다.

단본의 정확도나 우수성은 그래도 널리 알려진 편이다. 학자에 따라서는 고려대장경의 정확성이 단본의 정확성 덕택이라는 주장을 하는 분들도 있다. 그러나 이 도표가 보여 주는 가장 두드러진 특성은 아무래도 국본의 정확성이라고 하겠다. '국본을 따라 교정한 경우'가 무려 59건으로 66%나 되기 때문이다. 물론 여기에는 『불명경』의 경우처럼 국본이 분명한 오류를 갖고 있지만, 특정한 사연으로 국본을 버리지 못한 경우들도 포함되어 있기는 하다. 그런 몇 가지 경우들을 제외한다고 해도, 이 수치는 이른바 '국본'이 상당한 수준의 교정을 거친 대장경이라는 사실을 웅변하고 있다. 이 수치만을 보면 국본의 교정 수준은 단본에 비해서도 결코 뒤지지 않는다.

교정의 전통은 일조일석에 재조대장경에서 불쑥 생겨난 것이 아니다. 송본의 복각본이라는 국본이 보여 주는 교정의 수준만 보더라도 그렇다. 초기 송본을 그대로 복각한 이후, 국본 안에서도 꾸준한 교정작업이 이뤄졌고, 새로운 대장경으로 개선되었기 때문이다. 앞에서도 잠깐 언급했지만, 『교정별록』이나 교정기 안에는 국본이라는 표현과 함께 향본(鄕本), 국전본(國前本), 국후본(國後本), 동북본(東北本) 등의 표현들을 섞어 쓰고 있다. 향본이라는 표현은 특정 문헌 안에서 집중적으로 쓰이는 경향이 있기 때문에 국본과 향본의 쓰임새 사이에 뭔가 차이가 있을 법도 해 보인다.

반면에 별 차이 없이 사용한 것처럼 느껴지는 경우도 있다. 뭔가 판단을 내리기에는 아직 근거가 충분하지 않다. 이에 비해 국전본과 국후본이라는 표현은 국본에 두 가지 판본이 존재했다는 사실을 분명하게 드러내 주고 있다. 그렇지만 이런 표현이 단 한 차례밖에 사용되고 있지 않고, 똑같은 대장경을 두 번이나 조성할 필요가 없었을 것이라는 등의 주장으로 인해, 국본＝초조대장경이라는 선입견이 퍼져 있었던 것이 사실이다.

『교정별록』의 교정기를 포함하여 권말교정기가 붙어 있는 문헌 가운데 초조본이 현존하는 경우는 41건에 이른다. 여기에 해당하는 초조본이야말로 교정의 비밀을 풀 수 있는 결정적 단서들을 담고 있다고 할 수 있다. 교정기와 함께 초조본과 재조본을 직접 비교할 수 있게 되었기 때문이다. 결론부터 얘기하자면 41건 가운데 9건의 경우에서 교정기의 내용과 차이를 보이고 있다.

교정기에서 언급한 국본(國本)과 현존하는 초조본 사이에 차이가 있다는 말이다. 이전에도 『교정별록』 안에 국전본(國前本) 국후본(國後本) 등의 표현이 남아 있어, 국본에도 전후(前後) 두 종류의 판본이 있었다는 사실을 추정할 수는 있었다. 하지만 이런 표현이 『근본설일체유부비나야파승사(根本說一切有部毘柰耶破僧事)』라는 문헌, 단 한 건에만 나타나고 있어서, 국전본이나 국후본을 서로 다른 대장경 판본이라고 추정하기 어려웠다. ●102 말이 좀 복잡해지니 교정기의 내용과 차이를 보이는 초조본, 우선 그 사례를 직접 살펴보고 이야기를 진전시켜 보도록 하자.

●102 초조본이 남아 있었다면, 국전 국후의 비밀이 시원하게 해결되었을 텐데, 불행하게도 초조본이 남아 있지 않다.

교정기의 국본과 현존 초조본의 관계

K.0552 대보적경론(大寶積經論)

이 책은 제목 그대로 『대보적경(大寶積經)』에 대한 주석서이다. 그런데 교정기에 따르면, 송본의 1권은 주석서가 아니라 『대보적경(大寶積經)』 112권과 완전히 일치한다고 했다. 주석서를 실어야 할 자리에 경전의 원문을 잘못 삽입한 경우라 하겠다. 심각한 오류이긴 해도 많은 문헌들을 다루다 보면 저지를 수 있을 법한 일이다.

문제는 교정기에서 국본이 송본과 다르다고 언급한 부분이다. 대장경을 연구하는 학자들, 특히 중국과 일본의 학자들은 초조대장경을 '송본의 복각본'으로 간결하게 처리하곤 한다. 그러나 이런 기준에 따르자면 국본과 송본이 다르다는 말 자체에 이미, 국본은 처음 조성한 초조대장경본을 교정한 교정본이라는 의미가 담겨 있다고 할 수 있다. 그대로 복각을 했다면 원본인 송본과 다를 까닭이 없을 것이기 때문이다. 국본과 송본이 다르다는 말은 국본이 송본의 단순한 복각본이 아니라는 사실을 반증한다.

남선사가 소장하고 있는 초조본 『대보적경론』 1권은 논문(論文)이 아니라, 『대보적경(大寶積經)』 112권과 같다. 남선사 초조본이 교정기에서 설명한 송본의 상태와 같다는 말이다. 이 경우는 교정기가 저본으로 삼은 국본과 초조본이 분명하게 차이를 보이는 경우이다. 남선사 초조본은 말 그대로 처음 새긴 초조본이 분명하다. 송본을 그대로 복각한 것이다. 이후 초조본을 교정하여 새로 국본을 조성했고, 수기는 교정본인 국본에 의거하여 송본의 오류를 교정했던 것이다.

3-2 ● 고려대장경 지식베이스 『대보적경론(大寶積經論)』의 초조본과 재조본 비교 열람 화면. 위쪽이 일본 남선사 소장 초조본이고 아래쪽이 재조본이다. 재조본이 논문(論文)인 데 비해 초조본은 '여시아문' 등으로 이어지는 경문(經文)이다.

K.0929 목련문계율중오백경중사 〈目連問戒律中五百經重事〉

이 책은 계율에 관한 오백 가지 의문을 묻고 답하는 형식의 책이다. 그런데 교정기에 따르면 국단본에는 367개의 질문이 있는 데 비해, 송본에는 220개의 질문밖에 없다고 한다. 오백이라고 하는 제목의 숫자도 삼백의 오류가 아닐까 의심하고 있다.

이 경우에도 교정기는 국본과 송본이 분명하게 달라서 국본에 의

해 송본을 교정했다고 한다. 그러나 현존하는 성암고서박물관 소장 초조본은 교정기의 국본과는 다르다. 분량만 보아도 재조본이 49쪽인데 비해 초조본은 32쪽에 불과하다. 이 역시 성암고서박물관의 초조본이 송본의 오류를 그대로 답습한 복각본이었다면, 교정기의 국본은 이를 교정한 교정본이었음을 알려 주는 증거이다.

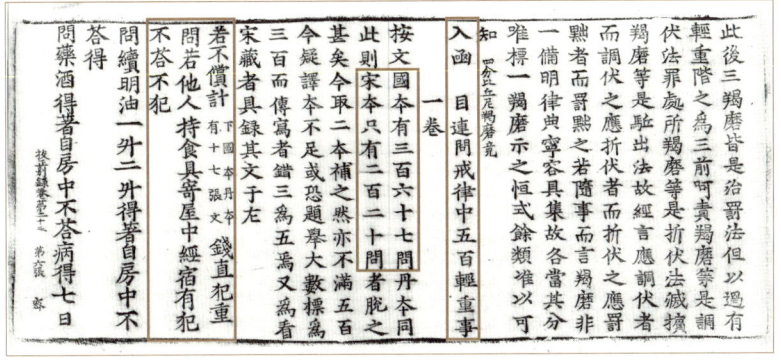

3-3 ● 『목련문계율중오백경중사』, 『교정별록』의 교정기와 교정의 정문(正文) 사례

위의 두 가지 사례는 교정기의 내용과 현존하는 초조본이 두드러지게 차이가 나는 경우들이다. 초조본과 국본의 차이를 통해 교정의 경과를 분명하게 보여 준다. 이와는 반대로 교정기의 내용과 초조본이 완전하게 일치하는 경우들도 많이 있다. 이들의 경우, 가령 송본과 국본의 내용이 다르고, 국본에 의해 송본을 교정한 경우는 송본에서 초조본과 국본을 거쳐 재조본으로 이르는 교정의 계보를 재구성할 수 있는 또다른 증거들을 보여 준다. 현존하는 초조본 또한 단순한 복각본이 아니며, 국본과 정도의 차이가 있을지언정, 상당한 교정을 거친 대장경이

라는 증거들이다. 현존하는 초조본에는 이처럼 복각본과 교정본이 뒤섞여 있다. 아무튼 이런 증거들을 종합해 보면 고려대장경의 교정은 초조대장경 조성시기로부터 여러 차례에 걸쳐 단계적으로 축적되고 발전해 왔다는 사실을 알 수 있다.

K.0745 잡아함경 (雜阿含經)

이 경우는 교정기에서 거론한 경우가 아니라서, 적당한 사례가 아니라는 생각도 든다. 하지만 재조의 교정기라는 것이 숫자만 봐도 워낙 제한된 문헌들을 대상으로 삼고 있기 때문에 교정기에 묻혀 있는 이런 사례를 함께 비교해 보는 것이 좋겠다는 생각에서 첨부하기로 한다. 교정의 기억들은 교정기에만 담겨 있는 것이 아니다. 교정의 기억은 문헌 안에 남아 있기 때문이다. 당연한 얘기겠다.

이 경전의 경우 초조본은 27쪽인 데 비해 재조본은 30쪽이다. 재조본은 『불설칠처삼관경(佛說七處三觀經)』으로 약 4쪽이 더 이어진다. 이 부분은 K.0738 『불설칠처삼관경(佛說七處三觀經)』의 앞부분과 대동소이하다. K.0738은 모두 24쪽이다. 그림에서 맨 위의 것이 초조본이고, 중간이 재조본, 아래가 금장본이다. 재조본과 금장본은 똑같다. 대정신수대장경의 교감기와 금장을 저본으로 한 중화대장경(中華大藏經)의 교감기를 보면, 모든 대장경이 재조본과 같다. 『불설칠처삼관경(佛說七處三觀經)』의 앞부분 4쪽이 더 붙어 있다는 것이다. 대정신수대장경의 교감기에는 팔리 삼장의 전거를 밝혀주고 있는데, K.0738과 동일하게 취급하고 있다. 『출삼장기집(出三藏記集)』에서 잡아함경에 첨부된 『불설칠처삼관경(佛說七處三觀經)』을 언급하고 있는 것으로 보아, 오래전부터 함께 유통했

3-4 ● 잡아함경(K.0745) 뒤에 첨부된 『불설칠처삼관경(佛說七處三觀經)』. 위로부터 초조본, 재조본, 금장본

던 것이 틀림없다.

특이한 점은 한문대장경 가운데 유독 초조본만이 27장이라는 점이다. 게다가 재조본 잡아함경 뒤에 붙어 있는 4쪽이 초조본에는 K.0738『불설칠처삼관경(佛說七處三觀經)』뒤쪽에 붙어 있다. 글자 모양이나 행열이 재조본 잡아함경의 그것과 똑같다. 또 K.0738은 후한(後漢) 때 안식국(安息國) 삼장 안세고(安世高)가 번역한 것이다. 반면에 K.0745 잡아함경은 번역자가 분명하지 않다. 다른 대장경에는 모두 실역(失譯) 곧 역자를 모른다고 했고, 초조본과 재조본만 '부오위이록(附吳魏二錄)'으로 표기하고 있다. 얼른 생각해 봐도 안세고가 번역한 것이 틀림없는 문장을 실역인 잡아함경에 함께 두는 것은 옳지 않은 일이다.

이런 정황과 증거들은 단 하나의 명백한 사실을 지목하고 있는 것처럼 보인다. 초조본을 새기는 과정에서 잡아함경에 붙어 있던 4쪽을 그대로 K.0738『불설칠처삼관경(佛說七處三觀經)』맨뒤로 옮겨 새겼다는 사실이다. 교정을 했다는 말이다. 그리고 재조본의 편집자들이 이를 다시 원위치시켰다는 것이다. 재조본을 편집할 당시에 초조 교정본이 유실되어 교정하기 이전의 판본을 별 생각없이 따른 것이라고 추정해 볼 수도 있다.

하지만 재조본이 다른 대장경처럼 잡아함경을 실역(失譯)이라 표기하지 않고, 초조본을 따라 '부오위이록(附吳魏二錄)'이라고 한 것을 보면 이 또한 가능성이 낮아 보인다. 재조본의 편집자들은 개선이 아니라 개악(改惡)을 했다. 적어도 아직까지는 그렇게 판단을 할 수밖에 없다. 예전 선배들이 했던 교정, 이름도 일도 어느 것 하나 남기지 않고 그늘에서 꾸준히 문헌들을 정리했던 사람들, 재조본의 편집자들은 그들을 무시한 셈이고, 그래서 큰 결례를 범한 셈이 되었다. 대정신수대장경에는 아직도 재조본의 텍스트가 실려 있다. 저 4쪽의 글은 아직도 재조본이 돌려 놓은 자리에 들어 있다.

앞에서 한문대장경의 역사를 도표로 첨부하면서 초조대장경을 V.1, V.2 등으로 표현했다. 이는 현재 초조대장경, 재조대장경과 같은 용어가 거의 표준어와 맞먹을 정도로 널리 쓰이는 상황에서 달리 표현할 길이 마땅치 않아서 임시로 쓴 표현이다. 초조나 재조라는 표현은 언젠가는 개선되어야 할 표현이 아닌가 한다. 초조대장경이라 해도 V.1과 V.2 사이에는 큰 차이가 있다. 조성한 시기나 주체도 다르고, 양과 질도 다르다. 아직까지는 두 대장경본이 섞여 있는 상태이고, V.2도 단계적으로 증보된 것으로 보여 분명한 구분이 어렵긴 해도 이들을 구별하여 표현할 방식을 찾아야 할 것이다.

3. 행간 주석

재조본에는 앞의 예와 같은 행간 주석이 무수히 달려 있다. 특히 국송본의 품명(品名)이 단본과 다른 경우에 별도로 교정하지 않고, 단본의 품명을 주석으로 병기한 경우가 많다. 이 경우가 아니더라도 재조에서 삽입한 행간 주석은 대부분 단본과 연관되어 있다. 반면에 송본(宋本)과 관련된 행간 주석은 단 하나도 없다. 재조대장경의 편집자들이 생각했던 저본, 그리고 국본과 송본, 단본과의 상관관계를 짐작할 수 있는 주요한 단서가 된다.

3-5 ● 『방광반야바라밀경(放光般若波羅蜜經)』 행간 주석의 사례. '이 사이에 35자(字)가 중복해서 씌어 있었다. 단본(丹本)에 준해 제거했다'고 설명하고 있다.

경번호 0002
경명 방광반야바라밀경(放光般若波羅蜜經)
교정 내용 국송본의 품명(品名)이 단본과 다른 경우, 별도로 교정하지 않고, 단본의 품명을 작은 글씨로 주석. 재조에서 삽입한 행간 주석은 대부분 단본과 연관되어 있다. 품명이 다른 경우도 상당수 발견되고 있으며 일관된 원칙을 견지하고 있다.

경번호 0002
경명 방광반야바라밀경(放光般若波羅蜜經)
교정 내용 35자 중복된 것을 단본에 따라 제거한다.

경번호 0036
경명 수마제경(須摩提經)
교정 내용 경명(經名)에 대한 주석. 개원록에 따르면 묘혜동녀경(妙慧童女經)은 보리류지의 후역(後譯)이다.

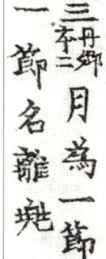

경번호 0156
경명 상속해탈지바라밀요의경(相續解脫地波羅蜜了義經)
교정 내용 행간 주석을 다시 교정하여 더 작게 달아 놓았다.

경번호 0278

경명 불설관세불형상경(佛說灌洗佛形像經)

교정 내용 이 아래 31행의 문장은 단본에는 없지만, 송본에는 있다. 그대로 둔다.
*31행은 적지 않은 분량이다. 교정기나 권말기에서 다루지 않고 주석으로 남긴 경우. 주석으로 남기지 않고 교정한 경우들도 상당수 발견되고 있다.

경번호 0335

경명 존승보살소문일체제법입무량문다라니경(尊勝菩薩所問一切諸法入無量門陀羅尼經)

교정 내용 단장에 5장이 누락된 경우.
* 국송본에 따라 그대로 둔 경우. 역시 많은 분량이다.

경번호 0390

경명 불설불명경(佛說佛名經)

교정 내용 글자를 교정한 경우.
*비슷한 경우가 다수 발견되고 있지만, 국본이나 송본에 대한 주석은 하나도 없다. 국송본을 저본으로 삼고, 단향본을 참고로 제시한다는 의미로 보인다. 국본과 향본을 구별하고 있었다는 증거로 보인다.

경번호 0391

경명 과거장엄겁천불명경(過去莊嚴劫千佛名經)

교정 내용 향본의 차이를 교정한 사례

경번호 0402

경명 대방편불보은경(大方便佛報恩經)

교정 내용 향본의 차이를 교정한 사례

경번호 0433
경명 칠불팔보살소설대다라니신주경(七佛八菩薩所說大陀羅尼神呪經)

교정 내용 이 자리에 29행 주문이 있었다. 단본에 따라 제거한다.

경번호 0433
경명 칠불팔보살소설대다라니신주경(七佛八菩薩所說大陀羅尼神呪經)

교정 내용 송본의 12행 진언(眞言)이 중복되어 제거한다.
집법열사고다라니경(集法悅捨苦陀羅尼經)은 단본에는 없다.

경번호 0806
경명 불설대안반수의경(佛說大安般守意經)

교정 내용 필사할 때의 오류를 지적한 경우

경번호 0971
경명 비바사론(鞞婆沙論)

교정 내용 초조에는 雜 結使 智行 四大 根定 見偈 가 한 행에 씌어 있고, 행간 주석은 없다.

4. 권차(卷次) – 함차(函次) 교정

초조본과 재조본을 비교해 보면, 문헌의 권차(卷次)에 차이가 나는 경우들이 많이 발견되고 있다. 권차에 차이가 생기는 까닭은 본문 내용의 차이로 인해 생기는 경우도 있지만, 내용에는 큰 차이가 없이 권을 나누는 자리[分卷]만 다른 경우들이 대부분이다. 대표적인 경우가 60권본 『화엄경』이다. 초조본은 50권본이어서 분권에 뚜렷한 차이가 난다. 이에 따라 함차(函次)에도 차이가 생기지만, 이런 경우들은 저본이 달라서 생기는 차이이기 때문에 분권 자체를 교정의 사례로 분류할 필요는 없다. 오히려 초조본의 50권본을 빼고 60권본의 다른 저본으로 대체했다는 점에서, '저본의 선택'이라는 더 큰 의미의 교정행위라고 할 수 있다.

대정신수대장경이나 중화대장경의 교감기를 보면 재조본과 송원명(宋元明) 등의 대장경본 사이에 분권(分卷)의 차이가 나는 경우들이 상당히 많이 나타나고 있다. 『개원석교록』등의 경록(經錄)에서 이미 분권에 차이가 나는 사본(寫本)들을 병기해 주고 있기 때문에, 대장경 사이에 나타나는 권차 – 함차의 차이는 편집자들의 취사선택을 가늠하는 중요한 단서가 된다. 그런 점에서도 초조본 – 재조본에서 나타나는 차이는 특별한 의미를 갖는다. '편집자의 선택과 의도'를 분명하게 증거하고 있기 때문이다. 이런 경우들 외에도 권차 – 함차에 분명한 오류들을 교정한 경우들도 있기 때문에 일단 이들을 합하여 권차 – 함차 교정으로 분류하여 소개한다.

참고로 남선사일체경도 고유의 분류체계를 가지고 있어서, 초조본의 권차를 임의로 바꾼 경우가 많이 있다. 예를 들어『출요경(出曜經)』

3-6 ● K.0984 『수행도지경(修行道地經)』

같은 경우, 원래 초조본을 잘라서 분권을 바꾸고, 칠(七)자를 교묘하게 오(五)자로 바꿔 놓는 식으로 고쳐 놓아 분류와 대조에 어려움을 겪기도 했다.

재조본 『수행도지경(修行道地經)』 말미에는 '단장(丹藏)은 6권으로 줄였다'라는 주석이 붙어 있다. 통상적인 교정기의 사례를 따르자면 의당 국송본(國宋本)은 7권본이고, 단본(丹本)은 6권본이어야 한다. 그렇지 않았다면 이런 교정기를 달아 놓았을 까닭이 없다. 그러나 남선사 초조본은 명백히 6권본이다. 이는 초조본과 재조본의 분권(分卷)이 다른 대표적인 경우이기도 하면서 가장 이례적인 경우가 되기도 한다.

거꾸로 6권본 초조본에 근거하여 상식적인 추론을 한다면 6권본 초조본의 저본인 송본 또한 6권본이어야 한다. 초조본이 송본을 복각했다고 하니 말이다. 그렇다면 7권본 재조본은 도대체 어디서 온 것일까? 국본도 아니고, 송본도 아닌 제3의 판본을 의거했다면 어째서 그 근거를 남겨 놓지 않았을까? 상식적으로도 논리적으로도 앞뒤가 맞지 않는다. 그런데 금장(金藏)은 또 7권본이다. 언뜻 보아도 7권본 재조본과 모양이 똑같다. 금장과 재조본은 같은 저본을 사용했던 것으로 보인다. 다시 상식에 의존한다면 그 저본은 송본이어야 한다. 모양을 따지

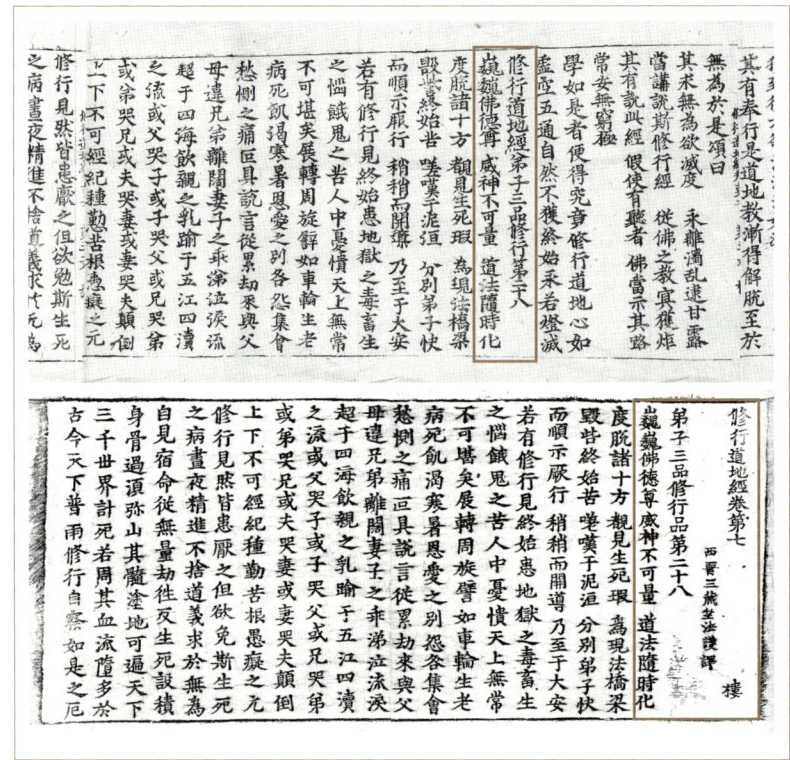

3-7 ● 『수행도지경(修行道地經)』 비교 사례. 아래 재조본 제7권 첫부분에 해당하는 내용이 위의 초조본에는 6권에 계속 이어지고 있다. 재조본이 7권본인 데 비해 초조본은 6권본으로 분권과 권차가 다르다.

자면 초조본도 분권이 다르긴 해도 판형이나 글자 모양은 금장이나 재조본과 똑 닮았다. 역시 같은 뿌리에서 나왔다고 볼 수밖에 없다. 금장(金藏)이 7권본이고 재조본과 판형이 닮았다는 점에서 송본이 7권본이었을 가능성이 훨씬 높아지는 것은 사실이다. 또 하나 금장 제7권 21쪽에 보면 20자(字)를 교정한 흔적이 있다. 원본에 20자가 누락된 것을 작은 글씨로 끼워 새겨 넣고 있다. 초조본이나 재조본에는 그런 교정의 흔적은 없다.

이런 것이 대장경 그림찾기 놀이의 매력이라면 매력이다. 증거들이 서로 부딪치기 시작하면 우선은 상상력을 동원하는 수밖에 없다. 예를 들어 이런 식이다. 송본은 원래 7권본이었다. 초조 V.1도 당연히 7권본을 복각했을 것이다. 그러다 어떤 이유로 초조본 6권본을 교정하였다. 그 이유가 6권본인 단본(丹本)이었을 수도 있겠다. 그 이후로 7권본과 6권본 두 종류의 초조본이 함께 유통했다. 교정본인 6권본(초조 V.2)은 다른 어떤 이유로 유실되었다. 그래서 재조본이 의거한 것은 원래의 7권본이었다. 어쩌면 V.2는 몽고군의 침략 때 소실되었을 수도 있겠고, 그런 연유로 V.1과 V.2가 뒤죽박죽 섞여 버렸을 수도 있겠다. 재조의 저본에도 V.1과 V.2가 뒤섞였을 것이라는 증거는 이외에도 또 있다. 이 점은 이후에 다시 살펴 보도록 하겠다.

참고로 중화대장경(中華大藏經)의 교감기에 따르면, 자복장·적사장·보령장·영락남장·경산장·청장 등은 모두 8권본이라고 한다.

5. 본문 교정

『불본행경(佛本行經)』제4권의 경우, 남선사 초조본에는 재조본보다 무려 5쪽이 더 들어 있다. 언뜻 생각하기에는 재조본에서 5쪽의 분량을 삭제했을 것 같지만,『교정별록』이나 권말기, 행간 주석 등의 어떤 기록도 남아 있지 않다. 초조본과 재조본을 비교해 보면 이런 경우들이 의외로 많이 발견된다. 근거가 분명치 않기 때문에 이런 차이를 모두 재조본을 편집하는 과정에서 교정한 결과라고 단정짓기는 어렵다. 일본 대정신수대장경(大正新修大藏經)의 교감기와 중국 중화대장경(中華大藏經)

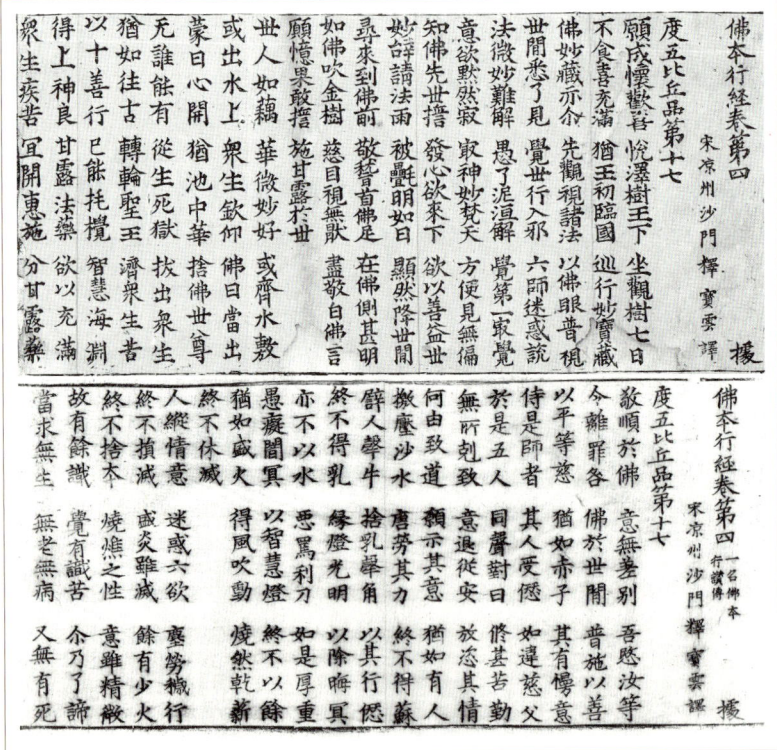

3-8 ● 『불본행경』 초조본(위)과 재조본(아래). 교정의 기록 없이 본문의 5쪽을 교정한 경우. 제목 밑에 '一名 佛本行讚傳'이라는 교정기가 추가됐다.

의 교감기에 따르면, 후대에 만든 대장경은 모두 「도오비구품(度五比丘品) 제십칠(第十七)」이라는 품명(品名) 대신에 「전법륜품(轉法輪品) 제십칠(第十七)」이라는 품명(品名)으로 5장이 더 들어 있다고 한다. 초조본과 재조본은 품명(品名)만 같다.

특이한 점은 금장(金藏)과 재조본만이 거의 완전하게 일치한다는 사실이다. 세세한 차이들이 보이기는 하지만 글자 모양이나 판의 형태까지 그대로 복각한듯이 흡사하다. 금장(金藏)과 재조본 사이에 보이는 이러한 유사성, 특히 교정 부분의 유사성은 후대의 대장경들과 대비시켜 보면 시사하는 바가 매우 크다. 교정이라는 측면에서 보자면 재조대장경은 국(國) – 송(宋) – 단(丹)과의 관계보다 오히려 금장(金藏)과 공유하는 것이 더 많을 수도 있다.

물론 이런 일에도 함정은 있다. 중화대장경 편집에 참여했던 방광창 교수는 중화대장경 안에 들어 있는 금장(金藏)의 이미지들을 '절대로' 있는 그대로 믿어서는 안 된다고 주장한다. 편집과정에서 이미지들을 적잖이 보수했기 때문이다. 그래서 중화대장경 안에 포함된 금장의 이미지는 '중화대장경판 금장'이지 금장 자체는 아니라고 한다. 눈으로 본다고 해서 모두 다 사실인 것은 아니라는 말이다. 교정의 흔적도 뒤에 손으로 고쳐 넣은 것일 수도 있다. 이를 확인하기 위하여는 현재로선 중국 국가도서관에 소장된 원본을 일일이 대조하는 도리밖에는 없다. 이 책에 포함된 금장의 이미지들은 모두 중화대장경에서 인용한 것들이다. 이른바 '중화대장경판 금장'이다. 눈에 보이는 차이들도 이런 점을 고려해서 볼 일이다.

고려대장경 전산화 과정에서도 이와 비슷한 일화가 있었다. 초기의 고려대장경 전산화는 동국대학교 영인본을 저본으로 추진되었다. 이 영인본을 편집하는 과정에서도 극히 일부이긴 해도 사진 이미지에 보수를 했다. 이로 인해 오랫동안 크고 작은 오해와 혼선들이 있었다. 글자의 모양 하나를 두고 해석이 갈리는 경우도 있었고, 이론이 바뀌는 경우도 있었다. 원본 이미지에 손을 대는 일은 원본을 망가뜨리는 일이다. 공개된 이미지에 의존할 수밖에 없는 사용자들은 그런 보수로 인해 끝없이 오류를 반복할 수밖에 없다.

6. 표준화

『개원석교록』의 입장록 : 수록된 1,078부의 불전들 중에서 '불설(佛說)'로 시작하는 경명은 오직 2부뿐이다. 그러나 고려대장경에서는 이 입장록의 불전들 중 418부의 경명이 '불설(佛說)'로 시작된다. 이 '불설'의 유무를 무시하면 약 1,078부 중 약 140부의 불전이 고려대장경의 정식 불전명과 다르므로, 고려대장경은 『개원석교록』의 불전명을 충실히 채택한 편이라고 말할 수 있다. 그러나 '불설'의 유무도 포함한다면 고려대장경은 『개원석교록』 불전명 중 50% 이상을 갱신한 셈이다.

고려대장경의 정식 불전명 : 고려대장경이 전반적으로 견지한 입장은 저본으로 삼은 불전 목록들의 부연 설명을 참조하여 약칭보다는 장중하고 온전한 명칭을 선택하는 것이다. '불설'로 시작하는 경명이 많은 것도 그러한 입장을 대변하는 일례로서 주목된다. 단독 불전으로 통합된 부속 경전까지 포함하여 총 1,540종의 불전명 중

'불설'로 시작하는 명칭은 622종, 경으로 끝나는 명칭은 604종이다. 따라서 고려대장경은 경으로 호칭되는 불전들 중에서 50% 이상의 불전에 '불설-경'이라는 형태의 명칭을 부여했다.

최근래의 통합대장경인 대정신수대장경도 고려대장경의 정식 불전명을 표제(標題)로 채택했다. 이 점에서도 고려대장경의 정식 불전명은 불전의 권위를 정립한 것으로 인정할 수 있다. ●103

재조본에 나타나는 이 같은 문헌 제목의 표준화, 정식화의 경향은 초조본과 재조본의 비교를 통해서도 확인할 수 있다. 이 같은 경향은 'Sūtra-경'의 전통에서 벗어나는 경(經), 곧 '불설'이 아닌 경들이 다수 입장(入藏)되었다는 사실과도 밀접한 관계가 있었을 것이다. 이런 경들을 제외한다면 '불설-경'이라는 정식화의 경향은 '50% 이상'보다 훨씬 높은 비율을 견지하게 된다. 그렇다고 해도 이 같은 경향이 재조본에서만 나타나는 경향이라고 단정하기는 어려워 보인다. 초조본에서도 일정한 경향을 보이고 있고, 초조본에 붙어 있던 '불설(佛說)'을 재조본에서는 빼는 반대의 경우들도 있기 때문이다.

편역자(編譯者)의 표기 방식에 대하여는 2장의 '대장경으로 세계를 꿈꾸다'에서 설명한 바와 같다.

이외에도 자형(字形)이나 범어(梵語) 표기 등을 개선한 사례들이 다수 발견되고 있어, 표준화의 경향을 짐작할 수는 있다. 하지만 이런 개선이 재조본의 편집자들이 주도했던 것이라고 단정하기에는 아직 증거

●103 정승석, 「고려대장경(高麗大藏經)의 편제 중 불전명(佛典名)의 정식화 양상」, 『고려대장경의 연구』, pp. 75-76, 동국대학교출판부, 2006.

가 부족한 것이 사실이다. 이런 표준화의 경향은 초조본과 재조본의 사이에 존재하는 여러 종류의 차이점들, 그 안에서 먼저 재조본의 편집자들이 목적의식을 가지고 했던 교정의 흔적을 가려내는 일로부터 시작해야 한다. 그 안에는 초조본을 편집하는 과정에서 했던 교정들도 분명히 존재하고, 재조본에 오히려 개악을 한 경우들도 분명히 존재한다. 교정의 전통 또한 초조본에서 재조본으로 꾸준히 이어졌을 것이고, 따라서 양자가 공유하던 원칙들도 있었을 것이다.

7. 가독성을 높이기 위한 편집

고려대장경 같은 두루말이형 목판본, 권자본(卷子本)은 후대의 책 모양의 장정에 비해 읽기가 몹시 불편하다. 게다가 구두점도 없는 한문본이다. 페이지 사이에 새겨진 장차(張次)도 겹쳐져 있는 경우가 많아서, 앞뒤의 제목과 번역자, 서문이나 후기 등을 제외하면 어디가 어딘지 구별하기도 쉽지 않다.

　재조본에서는 이런 어려움을 줄이기 위한 노력, 가독성을 높여주기 위한 다양한 형태의 편집이 이루어졌다. 그 중 대표적인 것이 소제목들의 목차를 보기 좋게 편집하는 경우이다. 하지만 초조본과 재조본에 차이가 나타난다고 해서 모두가 재조본의 편집이라고 단정짓기는 어렵다. 초조본이나 금장에서도 비슷한 편집 형태가 보이기도 하고, 재조의 편집의도가 일관성을 갖는 것만도 아니다. 다만 북송본으로부터 꾸준한 개선들이 있어 왔으며, 재조본에서 보다 다양한 시도들이 나타나는 것만큼은 분명하다.

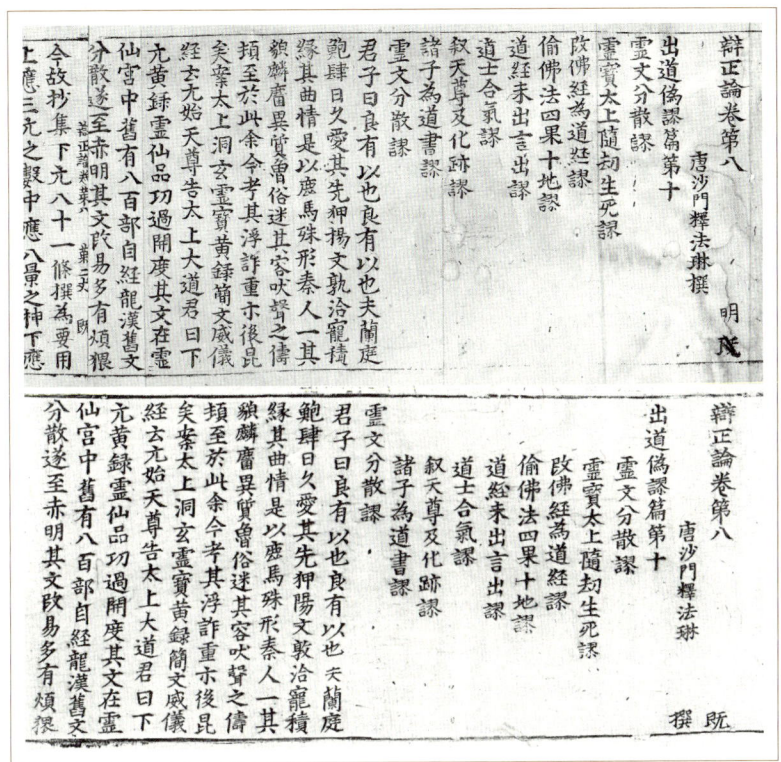

3-9 ● 목차 편집 사례. 초조본(위)과 재조본(아래)

위의 『변정론(辯正論)』 제8권의 경우는 소제목 편집의 형태를 분명하게 보여 주는 경우이다. 하지만 제1권, 제4권, 제6권 등의 경우 초조본에서도 같은 형태의 편집을 하고 있다. 재조본을 편집하면서 초조본 제8권의 형태를 개선시킨 경우라 하겠다. 다음 그림의 경우도 재조본에서만 볼 수 있는 편집의 사례이다. 초조본에는 '이십유일장(二十有一章)'이라는 주석이 본문과 섞여 있어서 혼동하기가 쉽다. 재조본에서는 이를 뽑아내어 제목 밑에 작은 글씨로 보기 좋게 편집을 했다.

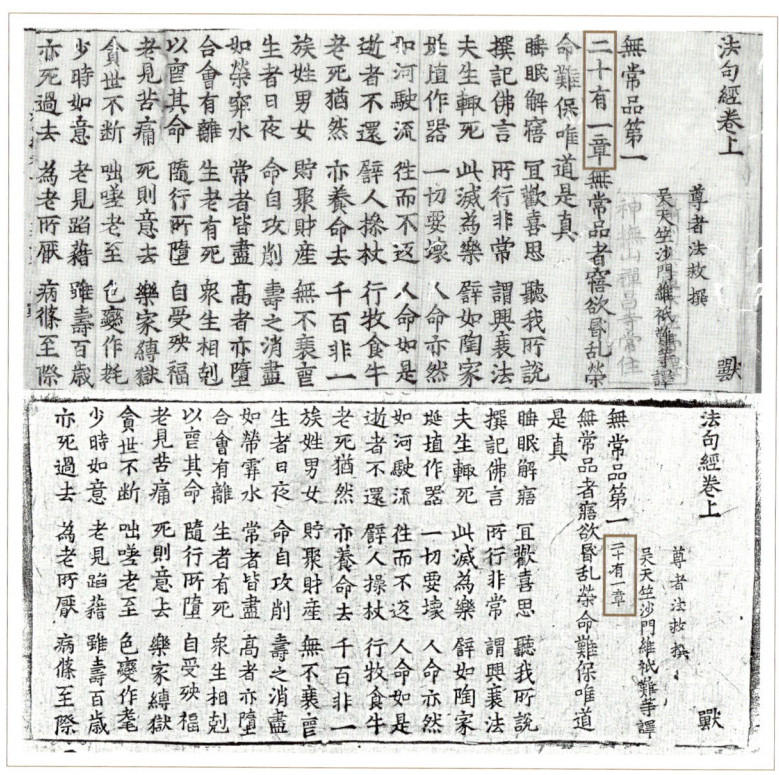

3-10 ● 주석 편집 사례. 초조본(위)과 재조본(아래)

　　다음의 『대지도론(大智度論)』의 경우는 본문의 게송을 보기 좋게 개선시킨 경우이다. 왼편의 장차(張次) 표기도 판(板) 안으로 들여써서 쉽게 찾아 볼 수 있도록 개선했다. 초조본에는 판형이 들쭉날쭉하고 줄이나 글자가 삐뚤어진 경우들도 많이 보인다. 재조본에서 이런 문제들을 완벽하게 개선시킨 것은 아니어서 일관된 편집원칙이 지켜졌던 것으로 보기는 어렵다.

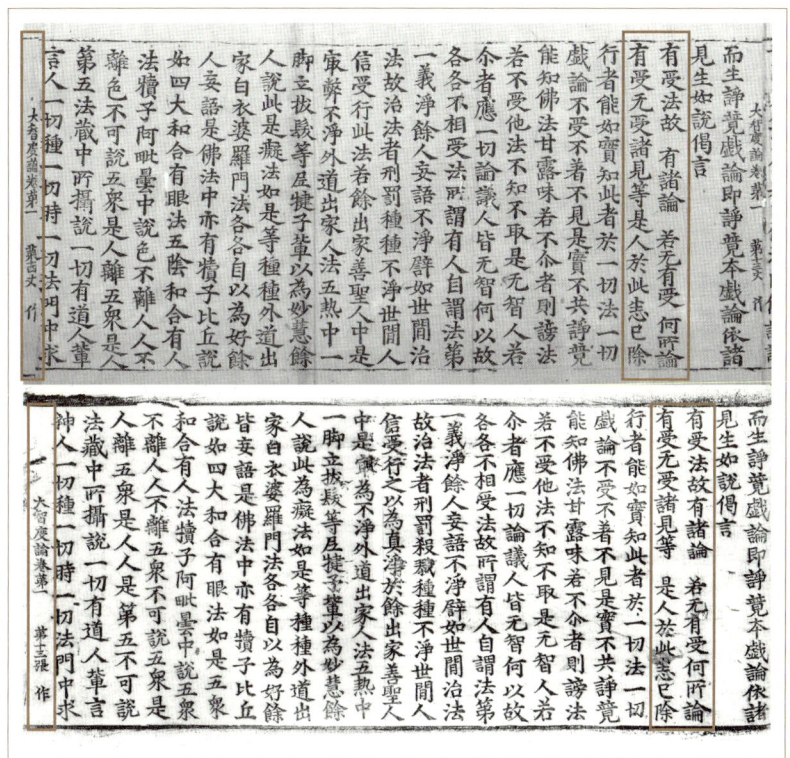

3-11 ● 『대지도론』 게송 편집 사례. 초조본(위)과 재조본(아래)

    재조의 편집자들이 가독성이나 판형을 유지하기 위해 했던 노력은, 이런 경우들보다는 오히려 교정한 내용을 처리하는 방식에서 두드러진다. 재조본이 초조본을 저본으로 복각한 것이라는 점은 앞에서 설명한 바와 같다. 교정의 내용이 한두 글자에 그칠 때는 별 문제가 되지 않는다. 글자를 삭제하거나 추가하는 경우, 행간을 조정하여 쉽게 처리를 할 수 있다. 초조본이나 재조본, 금장(金藏)은 모두 개보장의 계통을 이어 한 줄에 14글자를 새긴 대장경들이다. 글자 수가 13자나 15~6

자로 들쭉날쭉해진 까닭은 대개 이런 교정의 결과이다.

문제는 교정의 내용이 수십 글자에서 수백 글자로 늘어났을 경우이다. 특히 많은 글자를 추가해서 새겨 넣어야 할 경우 상황이 더 복잡해진다. 저본으로 쓰던 초조본과 판형에 큰 차이가 생기는 것도 문제지만, 초조본을 더 이상 저본으로 재활용할 수 없게 되는 문제도 생긴다. 교정을 할 때마다 책 전체를 새로 써서 새겨야 한다는 것이다. 복각을 할 때에 비해 경제적으로 큰 부담이 될 수도 있고, 어쨌든 새로운 공정이 추가되어 일의 순서가 뒤틀릴 수밖에 없다.

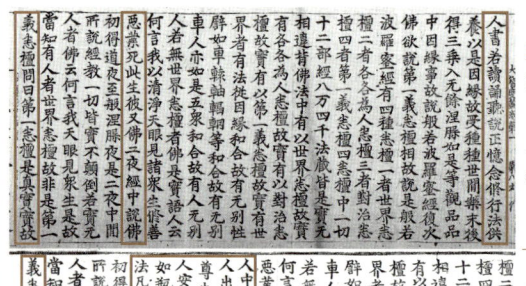

초조
惡業死此生彼
↑
又佛二夜經中說佛
81자 누락

재조
14자 × 3줄 = 42자
13자 × 3줄 = 39자
42자 + 39자 = 81자
제5장 = 25줄, 제6장 = 25줄
제7장 = 26줄, 제8장 = 26줄

금장
제8장 23줄 – 18자로 처리

3-12 ● 교정한 내용의 편집 사례

『대지도론(大智度論)』은 다른 문헌에 비해 유달리 판본간에 차이도 많고 양상도 복잡하다. 위의 경우는 초조본에 81자가 누락되어 이를 추가로 새겨 삽입해야 하는 경우이다. 금장의 경우에도 똑같은 교정을 하고 있다. 재미있는 것은 재조본과 금장의 처리방식이 다르다는 점이다. 재조본은 추가해야 할 81자를 쪼개어 자수와 행수를 조절해서 새겨 넣었다. 언뜻 보기에도 차이를 느끼기 어려울 정도로 보기도 좋지만, 제9장 이후에는 초조판과 판형이 같아지는 효과도 함께 얻을 수 있다. 반면에 금장에서는 81자를 4~5줄에 걸쳐 18자로 처리를 했다. 금장에는 이렇게 14자형 판형이 깨지는 경우가 자주 발견된다. 처리하기는 쉬워도 보기도 싫고 원칙에도 맞지 않아 보인다. ●104

●104 앞에서 언급한 대로 금장의 이런 교정 형태는 중화대장경을 편집하는 과정에서 가필, 보수한 흔적일 수도 있다. 현재의 이미지만으로는 판단이 어렵고, 후일 원본 이미지에 대한 비교연구가 이뤄져야 할 것이다.

8. 불필요한 정보의 삭제

1965년, 한국의 학자들이 처음으로 남선사 초조본을 확인한 이래, 아마도 가장 큰 관심을 모았던 책이 바로 이 『어제비장전(御製秘藏詮, K.1259)』이었을 것이다. 물론 아래 그림에서 보는 것처럼 아름답고 정교한 판화들이 다수 포함되어 있었기 때문이다. 새카만 한문책보다는 그림이 주는 친근함도 원인이었겠지만, 재조본에는 포함되지 않았던 내용이어서 학술적인 가치도 그만큼 크게 느껴졌던 것 같다. 이전부터 남

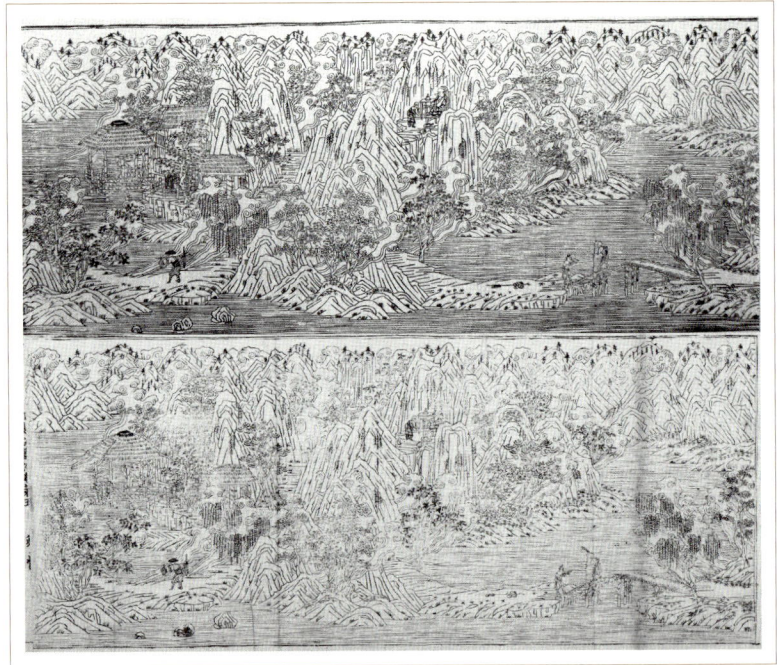

3-13 ● 『어제비장전』 삽화. 위는 하버드대학 포그미술관 소장 개보장본이고, 아래는 남선사 소장 초조본. 그림은 똑같지만 포그본(위)은 제13권 13장에 배치되어 있는 데 비해 남선사본(아래)은 제5권 제9장에 배치되어 있다. 초조본에서 그림의 위치를 바꾸었다. ● 105

● 105 개보대장경 이미지는 방광창 등 주편, 『개보유진(開寶遺珍)』 2010년 11월, 문물출판사(文物出版社).

선사일체경에 대한 접근이 극도로 제한되어 있었기 때문에 궁금한만큼 본격적인 연구가 어려웠던 점도 원인이었을 것이다. 이전의 연구는 그래서 하버드대학 포그(Fogg)미술관에 소장되어 있는 북송본 『어제비장전』 제13권을 중심으로 이루어졌고, 이후 우리나라에서도 성암고서박물관에도 제6권이 공개되기도 했다.

그러나 일부 제한된 자료에 의존하여 연구를 진행하다 보니 초조본 삽화와 하버드대학 소장 북송본의 삽화가 서로 다르며, 초조본 삽화는 고려에서 새로 제작한 것이라는 오해가 생기기도 했다. 근래 남선사 초조본이 공개되고 본격적인 비교 연구가 활발해지면서 삽화의 순서가 일부 바뀌긴 했지만, 송본을 복각한 것이라는 사실을 확인할 수 있었다.

『어제비장전』은 북송 태종(太宗) 연간(976-997)에 태종의 명으로 저술된 이른바 어제문집류(御製文集類)의 하나이다. 재조본에는 이외에도 『어제연화심윤회문게송(御製蓮華心輪廻文偈頌 K.1258)』『어제소요영(御製逍遙詠 K.1260)』『어제연식(御製緣識 K.1261)』 등의 문집이 포함되어 있다. 『고려사』에 991년 한언공(韓彦恭)이 대장경과 이들 문집류를 가지고 왔다는 기록이 나온다. 이로 보아 당시에는 이들 문집이 대장경에 입장되지 않았던 것으로 보인다. 이들 문집이 대장경에 편입되는 데는 아무래도 황제의 지위가 작용했을 것이고 문헌의 가치도 상대적으로 높지 않았다. 삽화가 보기에는 좋지만, 본문의 내용과 직접적인 관련이 있는 것도 아니고 특별한 메시지를 담고 있는 것도 아니다. 재조본에서는 그런 점들을 고려하여 삽화를 빼고 복각을 한 것으로 보인다.

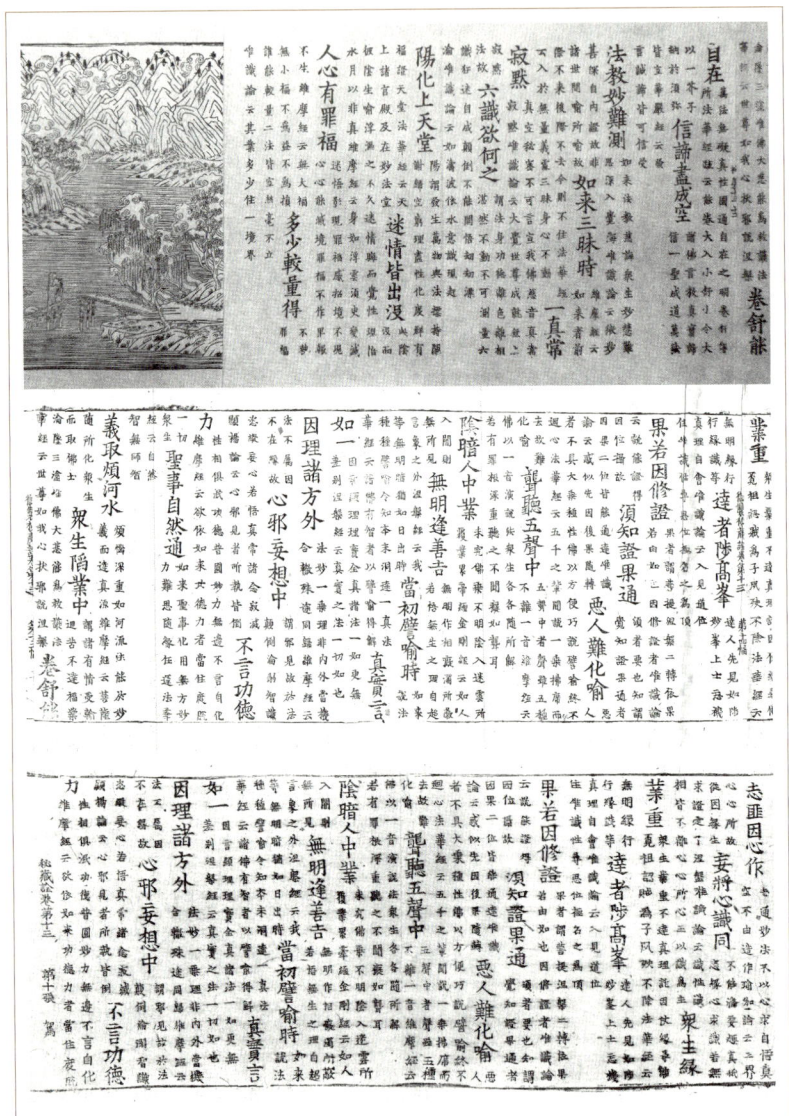

3-14 ● 『어제비장전』 본문 부분. 포그본 개보장본(위), 남선사 초조본(중간), 재조본(아래). 개보장본(위)과 초조본(중간)은 모양이 같지만, 재조본(아래)은 삽화를 제거한 까닭에 페이지 순서가 바뀌었다. ●106

● 106 개보대장경 이미지는 방광창 등 주편, 『개보유진(開寶遺珍)』 2010년 11월, 문물출판사(文物出版社).

초조본에는 송대(宋代)에 새로 번역한 경론들이 수차례에 걸쳐 나뉘어 입장(入藏)되고 있다. 이들 가운데 일부의 문헌에는 번역에 참여했던 사람들을 기록한 후기(後記)가 붙어 있다. 송나라에서 수입한 경론을 그대로 복각하면서 함께 새겼던 것으로 보인다. 이들 번역 후기는 송대 『신역경론』이 번역된 경과를 이해하는 데도 도움이 되지만, 초조본에 입장된 순서와 시기를 짐작할 수 있는 증거로도 활용될 수 있다. 재조본에서는 이들 후기들을 모두 제거했다.

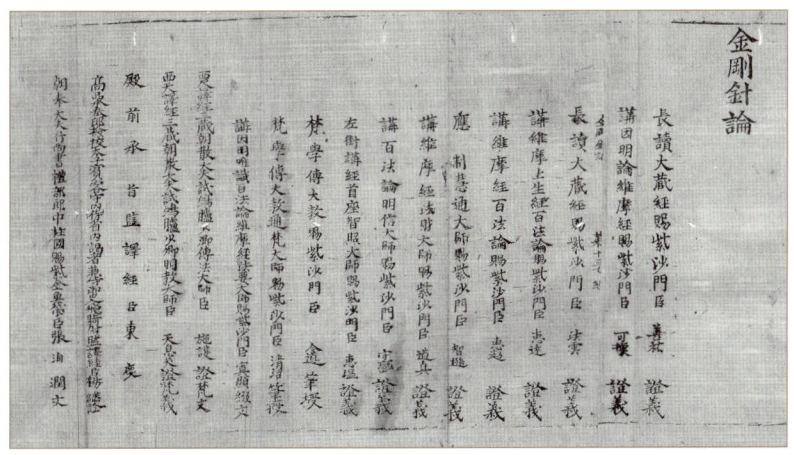

3-15 ● 초조본 송대 『신역경론』 번역 후기

성교서(聖敎序), 문헌을 번역 간행하면서 붙인 황제의 서문도 비슷한 경우에 해당한다. 같은 시기에 출간된 문헌에는 똑같은 성교서가 문헌마다 붙어 있다. 같은 내용을 반복해서 새기기도 불편했겠지만 읽기에도 짜증이 나는 게 사실이다. 재조본에도 당대(唐代)의 성교서와, 송대의 성교서가 일부 남아 있긴 하지만 상당수 제거했다.

아래의 『유식이십론(唯識二十論)』의 경우에는 불필요한 부분을 삭제하면서 교정기를 남겨 놓았다. 거란본에는 이 문헌 뒤에 정매(靖邁)가 지은 30행의 후서(後序)가 붙어 있었는데, 이는 『유식이십론(唯識二十論)』에 대한 후서가 아니라, 자은(慈恩)이 지은 술기(述記)의 후서가 잘못 첨부된 것이어서 삭제한다는 내용이다. 재조본의 편집자들이 분명한 의도와 원칙을 가지고 취사선택을 했다는 좋은 증거라 하겠다.

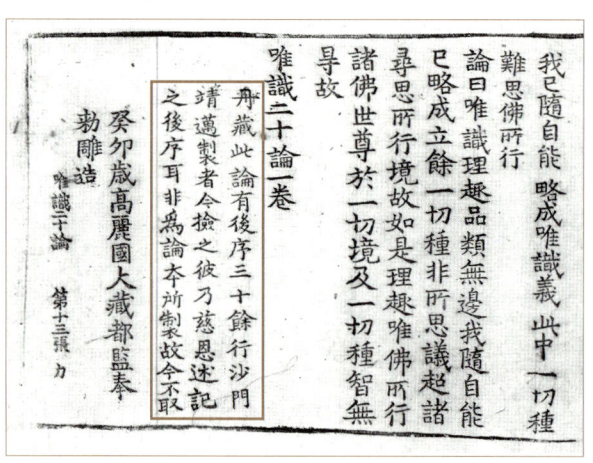

3-16 ● 『유식이십론』 권말교정기

경기도박물관 소장 초조본 80권본 『화엄경』에는 권제1 첫머리에 진신역화엄경표(進新譯華嚴經表), 신역대방광불화엄경총목(新譯大方廣佛華嚴經總目), 어제신역화엄경서(御製新譯華嚴經序) 등이 나란히 들어 있다. 80권본 『화엄경』은 대주(大周), 곧 무칙천(武則天) 때(695년) 우전국(于闐國) 출신의 실차난타(實叉難陀) 삼장이 새로 번역한 『화엄경』이다. 재조본에는 위 세

가지 문장 가운데 세번째 서문만이 '대주신역대방광불화엄경서(大周新譯大方廣佛華嚴經序)'라는 명칭으로 남아 있다. 이들 세 문장은 의천의 『원종문류(圓宗文類)』 권제1에 나란히 실려 있는 것으로 미루어 세 문장이 함께 유통했으며, 원종(圓宗)의 필독서로 중시했던 것으로 보인다.

재조본에 편입된 『화엄경』은 초조본과는 완전히 다른 17자본 판본이다. 80권본 『화엄경』은 물론이고, 재조본에 입장된 화엄종 관련 문헌들의 판형이 17자본인 것으로 미루어, 화엄종에서 유통하던 문헌들을 함께 입장했던 것으로 추정된다. 이들 화엄종 계통의 판본을 편집하는 과정에서 무칙천의 서문만 남겨 놓고, 앞의 두 문장은 삭제했던 것이다.

이 같은 취사선택은 재조본만의 현상은 아니었다. 여타 대장경의 경우에도 서문은 남아 전하였지만, 앞의 두 문장은 대장경에서 삭제된 이후 완전히 실전(失傳)된 것으로 여겨지기도 했다. 이러한 경향을 미루어 짐작해 보면, 취사선택에는 정치적인 동기 등의 문헌 외적인 요인들도 작용했던 것으로 보인다. 근래에 펠리오본 돈황사본 중에서 앞의 두 문장이 발견되어 학자들의 주목을 끌기도 했다.● 107 초조본에 남아 있는 이들 세 편의 문장은 고려대장경 연구는 물론, 문헌 외적인 측면에서도 잠재력이 큰 자산임에 틀림없다.

●107 방광창(方廣錩), 「진신역대방광불화엄경경표(進新譯大方廣佛花嚴經表) 부총목(附總目)」, 『장외불교문헌(藏外佛敎文獻)』 제6책 No. 56. http://taipei.ddbc.edu.tw/sutra/W0056_001.php

3-17 ● 60화엄의 경우, 초조본과 재조본은 판형 자체도 다르지만 초조본은 50권본으로 권차(卷次)와 품차 (品次)도 모두 다르다. 초조본은 권제10이 〈십행품〉 제2로 시작하지만, 재조본은 권제11 〈십행품〉 제1의 중간에 해당한다. 또 하나 흥미있는 변화는 초조본 앞부분에 있는 '無量无邊'이라는 구절의 글자 모양이다. 재조본에서는 모두 '無量無邊'으로 无자를 정자로 바꾸었다. 금장(金藏)에서는 '无量無邊'으로 정자와 이체자의 순서가 바뀌어 있다. '无量无邊'이 '無量无邊'으로 바뀐 경우도 있다. 이처럼 글자 모양을 바꾼 경우들이 많이 발견되고 있지만, 누가 언제 왜 바꾸었는지 '아직은' 알 수 없다. 어쨌든 교정의 과정에서 글자 모양에도 신경을 썼다는 증거임에는 틀림없다.

피휘결획의 비밀

피휘(避諱)는 임금이나 조상, 존귀한 사람의 이름에 포함된 글자를 피하는 관습이다. 초조대장경은 북송(北宋)의 개보대장경을 복각한 것이어서, 개보대장경에서 사용했던 피휘 글자들을 다수 포함하고 있다. 북송 태조(太祖)의 할아버지 이름인 조경(趙敬)의 '敬'과 발음이 비슷한 '鏡' '竟' '境' 등, 태조의 아버지 이름인 조홍은(趙弘殷)의 '弘'과 '殷' 등의 글자가 이에 해당한다. 특히 이 경우에는 글자 전체를 피휘하는 것이 아니라, 글자 중의 한 획을 뺌으로써 피휘의 뜻을 표시했다. 획을 뺐기 때문에 피휘결획 또는 결필피휘(缺筆避諱)라고 한다. 피휘자는 특정한 시기에 집중적으로 나타나기 때문에 문헌의 시대를 추정하는 중요한 단서로 일종의 지문과 같은 역할을 해 왔다.

그래서 초조대장경이 막 공개되기 시작하던 초기에는 이들 결획자가 초조대장경을 판별하는 기준으로까지 사용되기도 했었다. 초기에 공개된 초조본에 상당수의 피휘결획자가 나타났고, 이에 상응하는 재조본에는 정자로 고쳐져 있었다. 재조대장경을 조성하던 시기가 개보대장경이나 초조대장경을 조성하던 시대로부터 2세기 이상 지난 시기였기 때문에 북송대의 피휘결획을 사용할 이유가 없었다. 따라서 교정대장경인 재조본에서 피휘결획자를 수정하는 것이 자연스러운 일로 여겨졌다.

그러던 중, 초조본을 다수 소장하고 있는 호림박물관에서 '호림박물관 소장 초조대장경 조사연구'라는 보고서를 출간하였다.●108 이 보고서는 이런 '자연스러운' 상식에 반하는 증거, 곧 초조본에는 피휘결획자가 없는데, 재조본에 거꾸로 피휘결획자가 나타나는 경우들을 제시하였다. 그리고 이러한 차이가 나타나는 원인으로 재조본이 사용했던 저본에 차이가 있었기 때문이라는 해석을 덧붙였다.

다시 말해, 초조본에 북송본을 저본으로 교정한 판본과, 거란본을 저본으로 교정한 판본의 두 종류가 있었으며, 따라서 북송본을 저본으로 한 판본에서는 피휘결획자가 발견되지만, 거란본으로 교정한 판본에서는 발견되지 않는다는 것이다. 이러한 증거와 해석에 따르자면 첫째는 초조본은 물론 재조본의 경우에도 한 가지 저본만을 일관되게 사용한 것이 아니며, 둘째는 초조본과 재조본 공히 북송본 계열과 거란본 계열의 저본을 사용한 경우가 섞여 있고, 셋째는 재조본의 경우는 피휘결획의 출현이 상대적으로 적다는 것이었다.

이런 정도에서 '피휘결획의 비밀' 끝에 나오는 도표를 한번 보도록 하자. 위에서 말한 피휘결획자 네 글자에 대한 자수통계표이다. 재조대장경의 전산화본은 다양한 글자 형태, 이체자형을 모두 반영하여

●108 『호림박물관 소장 초조대장경 조사연구』, 재단법인 성보문화재단, 1988.

입력하였기 때문에 피휘결획자에 대한 색인과 통계가 가능하다. '경(竟)'자의 경우, 총 33,404회 사용된 가운데, 정자가 96.3%, 피휘결획자가 3.6% 정도의 사용빈도를 보이고 있다. 초조본이 공개되기 이전에는 이런 통계자료에 의미를 부여하기가 어려웠다. 비교할 대상이 없었기 때문이다. 다만 재조본에서 피휘결획자를 교정했으며, 그 정확도가 96.3%로 상당히 높았다는 해석이 고작이었다. 실제 초조본의 3만여 개 글자들이 피휘결획의 기준을 엄격하게 지켰고, 재조본에서 96%를 교정했다고 가정한다면 지금의 관점에서 보아도 놀랄만한 정확도라고 할 수 있다.

아무튼 2004년 이후, 1,800여 권의 남선사 소장 초조본이 공개되면서, 초조본과 재조본의 비교연구에 이런 통계자료를 본격적으로 활용할 수 있는 길이 열렸다. 그리고 이를 통해 이전에는 상상하기도 어려웠던 사실들이 드러나기 시작했다.

재조본에서 '경(竟)'자의 피휘결획은 75종의 문헌에 나타나고 있다. ●109 전체 문헌의 5% 정도에 해당한다. 이 숫자만 보자면 그렇게 많은 양은 아니다. 이들 75종 가운데 비교 가능한 초조본은 37종이다. 이들 37종의 문헌들을 대조해 보니 다음과 같은 결과가 나왔다.

피휘결획이 초재조 함께 나타나는 경우	14종	38%
피휘결획이 재조에만 있고, 초조에는 없는 경우	22종	59%
확인불가	1종	3%
계	37종	100%

●109 부록 "흉_ 재조본 피휘결획의 사례" 참조.

재조본에만 있고, 초조에는 없는 경우가 60%에 달한다. 대장경 전체 문헌 1,500종을 기준으로 보자면, 초조본에서 '경(竟)'자의 피휘결획이 나타나는 비율은 불과 2% 남짓밖에 되지 않는다는 계산이 나온다. 물론 이 통계는 재조본에 피휘결획이 나타나는 경우를 기준으로 뽑은 것이다. 현재 재조본 텍스트만이 전산화가 되어 있어 검색이 가능하기 때문이다. 그렇기 때문에 '초조본에는 있지만 재조본에는 없는 경우'들은 제외될 수밖에 없었다. 이런 경우는 초조본 전체를 재조본과 일일이 대조하여 확인하는 수밖에 없다. 또 하나, 현재 개보대장경본이 불과 10여 종밖에 남아 있지 않은 상황에서 피휘결획의 정도를 추정하기가 어렵다는 점이다.●110 위의 통계를 언뜻 보더라도 초조본이건 재조본이건 피휘결획을 수정했다는 사실에는 의심의 여지가 없다. 문제는 얼마나 많은 양의 수정을 했느냐는 점인데, 그 점을 확인할 길이 없다는 것이다.

이런 점들을 감안해서 본다고 해도 위의 숫자들은 예상을 완전히 뒤집는 결과이다. 일단 이 통계치를 기준으로 추정할 수 있는 사실들을 정리해 보도록 하겠다.

첫째, 이 숫자만 놓고 보자면 재조본의 편집자들은 교정은커녕 피휘결획의 존재 자체를 크게 문제삼지 않았던 것으로 보인다. 피휘결획자만을 놓고 보자면 재조본은 저본으로 삼았던 판본을 있는 그대로 복각했을 가능성이 크다.

둘째, 피휘결획의 수정은 오히려 초조본에서 활발하게 추진되었

●110　현재 확인이 가능한 남선사 소장 개보대장경본 『불본행집경(佛本行集經)』 권제19에는 '경(竟)' 한 글자가 피휘결획으로 되어 있다.

다. 그렇기 때문에 피휘결획의 존재 자체로 초조본을 감정하는 기준을 삼는다든지 하는 특별한 의미를 부여하기 어렵다.

셋째, 적어도 37종의 초조본은 재조본이 저본으로 삼았던 판본과는 분명히 다른 판본이다. 재조본은 송본을 직접 복각했을 수도 있고, 국본을 저본으로 삼았을 수도 있다. 어느 경우가 되었건 이들 37종의 초조본은 피휘결획을 수정한 초조본이 별도로 존재했다는 분명한 증거가 된다. 현종 때 복각한 초조본 V.1에서부터 피휘결획을 수정하기 시작했던 것이 아니라면, 이들 37종은 V.1 이후에 조성된 교정본으로 보아도 무방하겠다.

넷째, 37종 초조본의 분포가 K.0096으로부터 K.1081까지 넓은 범위에 분포되어 있는 것으로 보아 초조 교정본이 독립된 대장경이었을 가능성이 크다.

다섯째, 재조본의 저본은 한 가지가 아니었다. 이를테면 V.1 계통의 복각본과 V.2 계통의 교정본 저본이 혼재되어 있었다는 것이다. 하지만 이 통계만 가지고 이 점을 입증하기는 사실 어렵다. 복각본과 교정본이 원래부터 뒤섞여 있었을 수도 있고, 부인사의 초조본이 불타 버린 후, 판본들의 상황이 악화되었을 수도 있기 때문이다. 복각본과 교정본 두 종류 이상의 판본, 나아가서는 적어도 두 종류의 대장경본이 존재했을 가능성이 크긴 하지만, 단정을 내리기엔 아직 증거가 부족하다는 뜻이다.

천 년의 대장경, 고려대장경의 교정 이야기, 할 이야기는 아직도 많지만 여기서는 이 정도로 줄이려고 한다. 대장경 전산화와 디지털 이미지 기술의 발전 덕택으로 이미지 안에 담긴 수많은 정보들을 손쉽게 재활용할 수 있는 기회가 열렸다. 간단한 소개였지만 이런 새로운 접근방식을 통해 고려대장경의 비밀, 한문대장경의 계보가 조금씩 풀려갈 것이다. 고려대장경이 오랫동안 교정을 거친 우수한 대장경임에는 틀림없지만, 인징이 찬탄했던 것처럼 진미진선의 완전한 대장경은 아니다.

No	한자	코드	출현회수	빈도율(%)	상대빈도율(%)	연계정보
1	竟	U+7ADF	32,178	0.06415	96.32978	글자정정보 일자색인
2	竟	U+7ADF-V2	1,190	0.00237	3.56245	글자정정보 일자색인
3	竟	U+7ADF-V2	25	0.00005	0.07484	글자정정보 일자색인

No	한자	코드	출현회수	빈도율(%)	상대빈도율(%)	연계정보
1	境	U+5883	32,772	0.06533	99.46582	글자정정보 일자색인
2	境	U+5883-V1	114	0.00023	0.34600	글자정정보 일자색인
3	境	U+5883-V2	50	0.00010	0.15175	글자정정보 일자색인
4	境	U+5883-V2	10	0.00002	0.03035	글자정정보 일자색인
5	憬	U+5883-V2	2	0.00000	0.00607	글자정정보 일자색인

No	한자	코드	출현회수	빈도율(%)	상대빈도율(%)	연계정보
1	鏡	U+93E1	5,600	0.01116	95.72650	글자정정보 일자색인
2	鏡	U+93E1-V2	207	0.00041	3.53846	글자정정보 일자색인
3	鏡	U+93E1-V2	25	0.00005	0.42735	글자정정보 일자색인
4	鏡	U+93E1-V2	17	0.00003	0.29060	글자정정보 일자색인
5	鏡	U+93E1-V2	1	0.00000	0.01709	글자정정보 일자색인

No	한자	코드	출현회수	빈도율(%)	상대빈도율(%)	연계정보
1	敬	U+656C-V1	11,371	0.02267	40.85145	글자정정보 일자색인
2	敬	U+656C-V1	8,742	0.01743	31.40650	글자정정보 일자색인
3	敬	U+656C-V1	3,564	0.00710	12.80402	글자정정보 일자색인
4	敬	U+656C	1,893	0.00377	6.80079	글자정정보 일자색인
5	敬	U+656C-V1	1,319	0.00263	4.73864	글자정정보 일자색인
6	敬	U+656C-V1	356	0.00071	1.27897	글자정정보 일자색인
7	敬	U+656C-V1	324	0.00065	1.16400	글자정정보 일자색인
8	敬	U+656C-V2	241	0.00048	0.86582	글자정정보 일자색인
9	敬	U+656C-V2	23	0.00005	0.08263	글자정정보 일자색인
10	敬	U+656C-V2	1	0.00000	0.00359	글자정정보 일자색인
11	敬	U+656C-V2	1	0.00000	0.00359	글자정정보 일자색인

3-18 ● 고려대장경연구소 홈페이지 竟의 피휘결획 검색 결과

재조대장경의 목록 체계와
고려대장경의 꿈

들자니 가섭마등이 한나라에 들어와 성교(聲敎)가 지나(支那)에 미쳤고, 당나라를 거치며 범전(梵典)이 해장(海藏)에 그득했다.

(중략)

개원(開元) 18년 경오년에 서경(西京) 서숭복사(西崇福寺)의 사문 지승(智昇)이 『개원석교록』 20권을 편찬하여 '개원록장(開元錄藏)'이라 하니, 대소승 경률론과 성현집을 합하여 5,048권 481질(帙)로 세간에 성행했다.

(중략)

또 현종(玄宗), 숙종(肅宗), 대종(代宗), 덕종(德宗)의 4조를 지나 덕종황제 정원 10년 갑술년까지 65년간 범승(梵僧) 7인이 대소승 경론을 함께 번역했다. 그리고 개원목록 가운데 의정(義爭)이 번역한 율문(律文) 『유편(遺編)』과 따로 전하던 『대불명경(大佛名經)』 등 도합 134부 299권이 있었다. 서경(西京) 서명사(西明寺) 사문 원조(圓照)가 『속개원록』 3권을 짓고, 또 정원(貞元) 15년 『정원석교록』30권을 편찬하니, 앞에서 말한 7인의 범승(梵僧) 등이 번역한 문헌 332권과 앞의 '개원록장'을 합해 모두 5,830권, 510질로 '정원록장(貞元錄藏)'이라 하여 널리 유행했다. 다만 강남 아래 지역에서는 그 중에 한두 부(部) 정도 대장경에서 누락된 것이 있었다. ●111

재조대장경의 목록 체계에 대하여는 여러 가지 이설들이 있지만, 의천이 언급한 세 가지 범주, 곧 지승의『개원석교록』원소(圓照)●112의『정원속개원석교록(貞元續開元釋敎錄)』송대의『신역경론』등의 6천여 권에 준하여 보면 그다지 복잡할 것도 없다. 재조본 목록의 기본적인 구조가 위에 언급한 항안(恒安)의 설명과 대동소이하기 때문이다. 항안이 언급한『개원록장』은 재조본의 앞부분 480함(K.0001-K.1087)에 해당하고, 범승 7인이 번역한 경론, 의정의 율문, 불명경 등은 K.1264-K.1404에 해당한다.『정원록장』에 준하는 문헌들이다.

다만 문제가 되는 부분이 이른바 송대『신역경론』의 부분이다. 재조본 송대『신역경론』에는 대개 '대송신역삼장성교서(大宋新譯三藏聖敎序)'라는 황제의 서문이 달려 있다. 이를 재조본에서 검색해 보면 K.1088-K.1256, K.1407-K.1496의 크게 두 부분으로 나뉘어 입장되어 있음을 쉽게 알 수 있다. 앞부분 곧 K.1088-K.1256 부분의『신역경론』에 대하여는 송나라 유백(惟白)이 지은(1104년) 대장경강목지요록

●111 　항안(恒安),『대당보대을사세속정원석교록(大唐保大乙巳歲續貞元釋敎錄)』1권(一卷),
　　　K1399V38P0037c01L
●112 　원조(圓照)를 가리킨다.

(大藏經綱目旨要錄)에 준하여 보면 개보대장경 조성 직후에 함께 유통했던 부분으로 보인다. •113

K.1407-K.1496은 송대 『신역경론』 중에 앞에서 누락된 부분을 후대에 증보하여 입장한 문헌들이다. 현재까지 조사된 초조본을 재조 K.번호와 비교해 보면 K.1487 『불설대승보살장정법경(佛說大乘菩薩藏正法經)』까지 발견되고 있다. 함차(函次)에 3함 정도 차이가 나는 것으로 보아, 재조본 입장된 문헌 대부분이 초조본에서 이미 조성을 했고, 극히 일부가 누락되었던 것으로 보인다. 이외에 초조본과 재조본의 함차는 대부분 일치하는 것으로 보아 재조본은 초조본의 복각본으로 보는 편이 타당하다는 생각이다.

송대『신역경론』의 존재는 개보대장경본 이후에 초조본에 증보가 이뤄진 순서를 추정하는 데 중요한 단서가 된다. 곧 '개원록장 → 개보대장경 → 송대신역경론_1, 어제문집류 → 정원록장 → 송대신역경론_2'의 순서이다. 정원록장 부분이 당대에 번역·저술된 문헌인 데 비해, 송대에 번역한 문헌 뒤에 편성되어 있고, 송대에 함께 번역한 문헌들이 앞뒤로 나뉘어 편성된 것으로 보아, 문헌의 유통과 증보에 심각한 혼란이 있었다는 점을 짐작할 수 있다.

이상이 초조본과 재조본 목록 체계의 기본적인 구조이다. 이 사이

•113　이부화(李富華)·하매(何梅), 「대장경강목지요록(大藏經綱目旨要錄)」『한문불교대장경연구(漢文佛敎大藏經硏究)』, pp.78-82에 "대소승 경론 총 5,040여 권 480질의 대장경 외에 경전(經佛) 30질 입장되지 않은 문헌 27질을 함께 하시했는데, 소장을 한 곳도 있고 하지 않은 곳도 있다"고 했다. 이 30질이 K.1088-K.1256에 해당한다. 금장(金藏) 또한 같다. 이 부분은 개보대장경에 처음부터 입장된 것은 아니었고, 함께 유통하다가 어느 시점에 입장된 것으로 보인다. 재조본에 이 뒤로 '어제문집류' 4부가 편성된 것으로 보아, 초기에 개보장을 복각할 때 함께 복각을 했거나 직후에 함께 증보했던 것으로 보인다.

에 자잘한 차이들이 나타나고 있으나, 문헌을 도입하는 과정에서 생긴 차이거나 초조본과 재조본을 교정하는 과정에서 취사선택한 결과라고 할 수 있다. 이들 차이에 대하여는 초조본과 재조본의 교정 관계, 그리고 금장의 목록과 교정 형태 등을 정밀하게 추적해 보면 머지않아 모두 해결될 수 있는 문제들이라고 생각한다.

앞에서 소개했듯이 개보대장경은 『개원석교록』을 기초로 조성한 대장경이다. 『개원석교록』이 엄정한 설계하에 체계적으로 문헌들을 분류했기 때문에 개보대장경까지만 해도 대소승의 삼장과 인도와 중국에서 찬술한 『현성집』 등으로 분류의 원칙이 지켜졌다. 하지만 개보장 이후의 대장경에서는 위의 초조본, 금장, 재조본의 경우만 봐도 알 수 있듯이, 분류의 원칙이 완전히 무시되고 있다. 시간을 두고 이것 저것 필요한 문헌들을 입장하고 있지만, 원칙도 없고 체계도 없다.

흔히 재조대장경의 목록 체계를 '누더기'라고 폄하하지만, 이는 재조대장경만의 문제가 아니다. 시간이 흐르면서 양적으로는 분명히 성장하고 있는 듯이 보이지만, 질적으로 보자면 지속적으로 퇴보의 경향을 보인다고 할 수 있다. 이런 경향은 근대 일본에서 대정신수대장경을 완전히 새로운 분류 체계로 정리할 때까지 개선된 적이 없었다.

원인이야 여러 가지 있었겠지만, 무엇보다 대장경이라는 물건이 필요하다고 함부로 편제나 구성을 바꿀 수 있는 것이 아니었다. 6천 권이 넘는 문헌들의 구성을 바꾸어 새로 판을 짜고 찍어내는 일은 예나 지금이나 쉽게 선택하거나 시도할 수 있는 일이 아니다. 무엇보다 비용이나 인력을 감당할 도리가 없다. 게다가 문헌의 분류방식이 한 번 정해져서 유통하게 되면 능력이 된다고 해서 함부로 손을 대기도 어렵다. 규칙을 바꾸면 그만큼 혼란을 감수해야 하기 때문이다. 『교정별록』의 사례만 봐도 그런 고민을 짐작할 수 있다. 송장(宋藏)이나 단장(丹藏)을 보는 사람들을 염두에 둘 수밖에 없다. 그런 점들을 다 고려해 본다 하더라도 대장경의 편제나 구성에는 아쉬움이 남는다. 재조본을 만들 때, 애써서 교정을 하고, 그 많은 목판들을 새로 새길 바에야 그 참에 편제를 개선할 수도 있지 않았을까?

재조본의 구조를 의천의 언급에 다시 비춰 보면, 의천의 시대에 이미 재조본의 골격이 완성되어 있었음을 짐작할 수 있다. 이 말은 의천이 대장경, 의천의 표현을 따르자면 '삼장의 정문'이 체계없이 증보되어 왔다는 사실도 잘 알고 있었다는 얘기가 된다. 의천은 경록(經錄)의 역사나 문헌의 교정에도 두루 익숙한 전문가였다. '공전(空前)의 일' '삼장의 정문'에 버금가는 대량의 문헌을 집성했던 사람이다.

의천에게는 분명 더 큰 대장경의 그림이 있었을 것이다. '삼장의 정문' 안에도 이미 장소(章疏)도 들어 있고, 문집(文集)도 들어 있었다. 장소와 문집들을 따로 집성하면서 대장경의 그런 불합리한 체계를 그대로 둬야 할 이유가 없었을 것이다. 당장에는 교장의 집성이 급선무였겠지만, 때가 되면 '삼장의 정문'과 '백가의 장소' 그리고 '고금의 문장'을 하나로 묶는 새로운 대장경, 새로운 틀을 염두에 두었을 것이다. 적어도 그 같은 소망은 가지고 있었을 것이라는 말이다.

아무튼 의천의 고려대장경은 몽고군의 침략과 함께 재로 사라졌다. 그리고 고려대장경은 해인사 팔만대장경, 재조대장경으로 남았다. 재조대장경 안에는 의천의 고려대장경은 없다. 어렴풋한 흔적만 남기고 의천의 꿈도, 고려대장경의 꿈도 불에 타 버린 셈이다. 재조대장경 『교정별록』의 편집자 수기(守其)는 '신조대장경(新雕大藏經)' 새로 새긴 대장경이라고 불렀던 그 대장경은 그래서 미완의 대장경이다. 2세기 전 부인사의 장경각을 채웠던 대장경은 해인사 장경각을 채운 대장경과는 다른 대장경이다. 양에서도 질에서도, 꿈에서도 새기다가 만 대장경이다.

근래 한글대장경을 조성하면서도 비슷한 일들이 벌어졌다. 한글대장경의 편집자들은 처음부터 '고려대장경을 우리말로 번역한다'는 명분을 내세우고 번역사업을 추진했다. 하지만 편집위원회가 선택한 편제는 일본의 대정신수대장경이었다. 시간이 흐르고 번역의 영역이 팔리삼장이나 한국의 저술 등으로 확장되면서 한글대장경의 편제는 고려대장경보다 더 심한 누더기가 되고 말았다. 편제를 정리하는 일은 역시 당장의 번역사업에 밀려 이후의 일로 늘 미루어졌기 때문이다.

한글대장경의 편집자들도 물론 소망이 있고 꿈이 있을 것이다. 새로운 대장경, 새로운 틀에 대한 일이다. 결과적으로 보자면 한글대장경의 구성은 의천의 꿈에 근접해 보인다. 한국의 저술들을 포함시키면서 장소와 문집류가 다량으로 입장되었기 때문이다. '삼장의 정문' '백가의 장소' '고금의 문장'이 고루 섞여 있다. 기왕에 새로 만드는 일, 못다한 고려대장경의 꿈을 다시 시도해 보면 어떨까?

천년의 장(藏)

삼장의 결집으로부터 시작한 그릇의 역사는 길고도 화려하다. 그 중에서도 가장 큰 변화는 기억으로, 말로 흘러다니던 것들이 문자로 옮겨지는 과정에서 벌어졌다. 목판인쇄술도 그에 버금할만한 큰 변화를 가져왔다. 하지만 그릇이 바뀌는만큼 내용이 그릇을 따라가지는 못했다. 그 점에서는 고려대장경이 상징적인 존재가 아닌가 싶다. 그릇에 대한 이야기를 장황하게 늘어 놓으면서 사실 하고 싶었던 얘기는 바로 이것이다. 고려대장경의 역사에서 빠진 부분, 그릇이 바뀌는 시기를 거치면서 빠뜨렸던 일에 대한 이야기들이 있다. 그리고 이제 또 다시 비슷하지만 더욱 어렵고 복잡한 도전에 맞서 있기 때문이다.

천하를
천하에 담는다

배를 골짜기에 감추고, 그물을 못 속에 감추고는 안전하다고 한다. 그러나 한밤중에 힘이 있는 자가 지고 달아나더라도, 어두운 자는 알지 못한다. 크고 작은 것을 잘 감추어 두더라도 달아나는 것이 있다. 그러나 만일 천하를 천하에 감추어 둔다면 달아날 수가 없다. 이것이 영원한 존재의 큰 실상이다. ●114

『장자(莊子)』에 나오는 말이다. 여기서 감춘다는 말도 장(藏)이다. 천하를 천하에 감춘다(藏天下於天下)고 한다. 이 말은 또 무슨 말일까? 무협지스럽기도 하고, 뭔가 신나는 얘기가 나올 것도 같다.

장자에게 세 가지 감춤(三藏)이 있으니, 산을 못 안에 감추는 것이요, 배를 골짜기에 감추는 것이며, 천하를 천하 안에 감추는

●114 『장자(莊子)』, 대종사(大宗師)

것이다. 안전하다고 하지만 그렇지 않다. 무상(無常)이 한밤중에 지고 달아나도 어두운 자는 깨닫지 못한다. 세 가지 장(三藏)이라는 것은 사람을 집안에 감추거나, 물건을 그릇에 감추는 것은 작은 감춤[小藏]이요, 배를 골짜기에 감추거나, 산을 못에 감추는 것은 큰 감춤[大藏]이다. 천하를 천하 안에 감추는 것은 장소가 없는 감춤[無所藏]이다. 크고 작다는 차이가 있기는 하지만, 모두 감출 수는 있다. 다만 생각 생각이 흘러서 새록새록 옮겨 바뀌니 이로써 변화하는 도리에는 피할 곳이 없다는 사실을 알겠다. 천하를 천하에 감춘다는 것이 어찌 감추는 것이겠는가? 장소가 없는 감춤이라 하겠다. ●115

장자의 장(藏)에 대한 『종경록(宗鏡錄)』의 해석이다. 『종경록』은 송나라 때 영명연수(永明延壽, 904-975) 스님이 지은 책이다. 100권이나 되는 큰 규모의 저작으로 수백 권에 달하는 대승의 경론들을 자유자재로 인용해 가며, 선종의 입장에서 선교일치의 사상을 풀어가고 있다.

장자의 얘기도 마찬가지다. 이에 빗대어 선(禪)에 대한 얘기를 하자는 뜻이다. 아무튼 연수는 장자의 장(藏)을 세 가지 장(藏), 삼장으로 해석한다. 앞의 장자의 글에서 '그물을 못 속에 감춘다'고 했을 때의 그물은 원문에는 산(山)이라는 글자로 되어 있다. '산을 못 속에 감춘다'는 말이 어색해서 그랬는지, 보통은 이 글자를 산(汕)으로 해석한다. 배를 으슥한 골짜기 안에 세워놓고, 그물은 물 속에 담가 놓는다는 발상이 더 합리

●115 연수(延壽), 『종경록(宗鏡錄)』 권제7. K1499V44P0037b22L

적으로 느껴졌던 모양이다. 어쨌든 연수는 그냥 산(山)으로 읽는다.

연수의 세 가지 장은 명사에 가깝다. '감춘다'라는 동사를 공간 위주로 해석하기 때문이다. 무엇을 감추려면 의당 감출 수 있는 공간이 필요하다. 물건을 담아 감출 수 있는 그릇이나, 사람을 숨길 수 있는 방이나 집, 그런 공간들 말이다. 배를 감추는 골짜기도 공간이고, 산을 감추는 못도 공간이다. 그릇이나 방은 이를테면 작은 공간이고, 골짜기나 못은 큰 공간이다. 작은 공간에 감추는 것은 소장(小藏)이고, 큰 공간에 감추면 대장(大藏)이다. 소장(小藏)이건 대장(大藏)이건 그래서 연수의 장(藏)은 '그릇'에 가깝다. 이런 해석이 불교적인 장(藏)을 염두에 둔 것인지는 분명치 않다. 그래도 삼장이나 대장이라는 표현은 불교와의 관계를 연상시켜 주기는 한다.

연수는 '천하를 천하에 감추는 일'을 무소장(無所藏)이라고 불렀다. 장자의 원문을 의식하여 '장소가 없는 감춤'이라고 번역했지만, 공간 위주로 해석한다면 작은 그릇, 큰 그릇에 대응하여 크거나 작거나 '공간이 없는 그릇'이라고 번역을 할 수도 있겠다. 그러나 말로만 따지자면 '감추지 않는다'거나, '감춤이 없는 감춤'이라는 표현이 더 맞을 것 같다. 실제 명나라 때 덕청(德淸)이라는 분은 소장이나 대장을 유소장(有所藏)이라 해석한다.●116 이렇게 하면 세 가지 장이 아니라, 유소장 – 무소장이라는 두 가지로 설명이 된다. 이런 불교식의 해독은 부처님이 늘 하시던 말, '여래는 감추지 않는다. 무소장적(無所藏積)'을 연상시킨다. 감추지 않는 여래의 장(藏)은 이런 해독에 꼭 맞는다. 크거나 작거나 그

●116 덕청(德淸), 『조론약주(肇論略註)』 권1, 만신찬속장경(卍新纂續藏經) 제54책 No. 0873 http://www.cbeta.org/

릇은 그릇일 뿐이다. 담고 감춘다.

어쨌거나 무소장이라는 해석은 연수의 독특한 해석인 것만큼은 분명하고, 장(藏)을 공간적으로 해석했다는 것도 분명하다. 연수가 장자의 이 말을 인용하는 까닭은 무상(無常), 순간순간 생각생각으로 변하는 세상과 삶을 설명하기 위해서이다. 이런 변화로부터 피하거나 숨을 공간이 없다는 말이다. 그렇기에 감추려고 하지 않고, 피하려고 하지 않는 일, '천하를 천하에 감추는 일'을 얘기하는 것이다.

> 잘 감춘다는 것은 하늘에 감추는 것이다. 태허라는 것은 하늘의 실상이다. 비었는데도 감추는 쓰임새가 있으니 그 감춤은 감춤이 없는 것[無藏]이다. 물건을 숨기지 않는다면 사람들도 다투지 않는다. 크게는 천하로부터 작게는 한낱 물건이라도 힘으로 잡아당기면 망가지고 지혜로 덮는다면 잃어버린다. 물건마다 물건대로 놓아 두어 자연에 감춘 뒤에 하늘의 처분을 기다려야 한다. ●117

하늘에 감추고, 자연에 감추고, 물건은 물건대로 물건에 맡기고. 장자의 '감출 장(藏)'자에 대한 조식의 견해이다. 이 글은 한훤당(寒暄堂) 김굉필(金宏弼)이 소장했던 그림 병풍에 부친 단상이다. 불행한 운명으로 가업이 탕진하여 토막 빗자루 하나 남지 않았다. 간신히 이 그림 하나가 도화서에 소장되었으니 내 물건이 아닌 무장(無藏)의 장(藏)이 되었

●117 조식(曺植), 「한훤당의 그림 병풍에 다는 발문(寒暄堂畫屛跋)」, 『남명집(南冥集)』 권2, 남명학 고문헌시스템(http://nmh.gsnu.ac.kr/)

다. 어느 해인가 그나마 민가로 흘러가 종적을 잃으니 이는 무장(無藏)의 공간으로 돌아간 셈이다. 우여곡절 끝에 다시 가손(家孫)의 소장(所藏)으로 돌아왔고, 그가 와서 발문을 청하기에 마지못해 그 인연을 적는다고 했다.

감추지 않았기[無藏] 때문에 까닭에 감추게 되었고[有藏], 의도하지 않았기 때문에 잘 감추게 되었으니[善藏], 하늘에 감춘다면 물건은 숨을 수도 없고, 사람은 빼앗을 수도 없다는 것을 알 수 있다. 주인에게 바라건대, 집안에 소장하지 말고[家藏] 선생의 서원에 소장토록 한다면 이것이 잘 감추는 일이지 않겠는가. 만일 쇠로 봉하여 대대로 지킨다 해도 골짜기 안에 배를 감추는 격이 되지 않는다고 할 수 없다.

상상은 자유라지만, 상상에도 흐름이 있고 품격이 있는 것 같다. 장천하어천하(藏天下於天下), 장자의 상상력은 영명연수의 무소장(無所藏)으로 변주되고, 조식의 무장(無藏)의 장(藏)으로 구체화된다. 조식은 자연에 맡기는 천장(天藏), 이를 실천하기 위한 구체적인 행동모델까지 제시한다. 집안에 모셔두지 말고 서원에 두라고 한다. 복잡할 것도 없다. 좋은 물건을 감추지 말고 함께 나누라는 말이다.

이른바 유불도(儒佛道) 삼교(三敎)의 거물들이다. 서 있는 자리가 다르고 생각의 바탕도 다르다. 그런데 장(藏)이라는 글자 하나를 매개로 이들은 비슷한 상상과 비슷한 얘기를 나눈다. 물론 직접 맞대면을 할 기회도 없고, 그럴 필요도 없다. 얘기를 위해 자기 자리를 떠날 까닭도 없다. 장자는 장자대로, 연수는 연수대로 조식은 조식대로이다.

2008년 한일 공동 초조대장경 디지털화사업이 막바지에 달했을 무렵, 그때까지 촬영한 초조본 이미지들을 데이터베이스로 구축하여 인터넷 시험서비스를 시작했다. 모든 것이 부족한 상황에서 억지로 끌어오던 사업이어서 어설픈 구석도 많았지만, 보자고 만든 것, 빨리 보여 주는 게 좋겠다는 생각에서 덜컥 공개를 결정했었다. 그런데 웬걸, 공개를 한 지 몇 시간도 되지 않아 서비스 속도가 한없이 느려지는 것이 아닌가? 사실 말이 공개이지, 초조대장경 이미지에 관심을 가져 줄 사람은 전 세계를 통틀어 얼마 되지 않는다. 아는 사람이나 찾아오는 한적한 사이트였다.

그런데 서비스가 시작되자 마자 일종의 해킹이랄까, 서버에 저장된 이미지들을 한 장씩 다운로드하는 사람들이 나타난 것이다. 몇 장을 보자는 게 아니라, 서버에 있는 이미지들을 기계적으로 몽땅 다운로드하자는 시도였다. 그러다 보니 속도가 느려지고 이미지 한 장 열어보는 데 몇 분씩이나 걸리는 상황이 되었다. IP를 차단하면 심천에서 홍콩으로 다시 사천으로, 주소를 바꾸고 장소를 바꿔 다시 시도를 하곤 했다. 어영부영 대장경 일에 끼어든 지도 이십 년인데, 이렇게 집요한 관심을 받아 본 것도 처음 있는 일이었다. 그래서 오히려 기쁜 마음도 생겼다. 초조 이미지들이 소중한 것이긴 한가 보다. 모처럼 보람도 느꼈다. 보자고 만든 것, 저토록 보고싶어 하는 사람이 있다니, 힘들게 꾸려온 일이 드디어 정당한 평가를 받기 시작했다는 생각도 들었다.

하지만 볼 수가 없지 않은가? 누군가 하염없이 사이트의 부하를 독점하고 있으니 다른 사람들은 넋을 놓고 돌아가는 화면만 기다려야 하니. 그런 시간이 2~3일 흘러갔다. 회원제로 로그인을 하도록 공개 방침을 바꾸고 어찌어찌 방어작전을 펴서 평정을 되찾을 수 있었다. 그러고 보니 이젠 막상 들어오는 손님들이 없었다. 주요 고객은 일을 해야 하는 연구소 식구들과 안팎의 연구진 그리고 일부 '극소수'의 전문가들뿐이었다.

고려대장경연구소는 2005년부터 이른바 '이미지 프로젝트'를 추진해 왔다. 여러 판본의 문헌 이미지들을 인터넷상에서 자유롭게 대조할 수 있도록 지원하는 시스템을 구축하자는 것이었다. 몇 년 사이에 수십만 장의 고해상도 이미지들이 서버에 쌓였다. 이미지 숫자만 해도 백만 장을 육박하다 보니 백업이 문제가 되었다. 이 방법 저 방법 궁리를 하고 대비를 해 봐도 뾰족한 수는 없었다. 그저 남이 하는대로 여러 가지 방법을 병행하는 도리 외에는 완벽하게 안전한 방법이란 것은 없어 보였다.

장천하어천하(藏天下於天下) / 천하를 천하에 담는다.

그냥 멋진 표현만은 아니다. 인터넷은 이미 우리의 천하이다. 인터넷에 그냥 열어 놓는 일이 가장 안전한 일이다. 어디선가 누구인가 보고 있으면 될 일이다. 필요한 사람이 가져다 어디엔가 저장하겠지. 천하에 담긴 물건은 절대로 사라지는 법이 없다. 그런데 과연 그럴까? 조식이 서원에 두라고 조언했던 그 그림은 지금 어디에 있을까? 자연으로 돌아갔을까? 누군가가 아직도 보고 있을까?

천 년의 지혜를
천 년의 미래로

고려대장경 천 년의 해. 이 이야기를 시작한 지도 시간이 한참 흘렀다. 그 사이 말도 많고 일도 많았다. 솔직히 처음에는 어디서부터 어떻게 이야기를 꺼내야 할지 막막하기만 했었다. 그 무렵부터 머리 속을 빙빙 돌던 말이 '천 년의 지혜를 천 년의 미래로'라는 것이다.

　우여곡절을 거쳐 2007년 4월, '고려대장경 천 년의 해 선언식'이라는 행사를 가질 수 있었다. 초조대장경 이미지 데이터베이스를 구축하고 막 시험서비스를 시작하려던 참이었다. 잘 됐다 싶어 덜컥 그 말을 대문에 걸었다. 그때 생각으로는 고려 초조대장경이 천 년의 생일을 맞는 날, 생일파티를 해야겠다는 정도였다. 백 년도 아니고 천 년인데, 아무튼 근사한 파티로 기념을 해 줘야 한다는 생각이었다. 천 년은 하여간 다가왔고, 거창한 파티들도 착착 준비가 되어가고 있다. 물론 아직도 그 말은 그 자리에 있다. 처음 그 말을 걸어 놓을 때는 절묘하다는 생각도 들었고, 혼자서 울컥 감상에 젖는 일도 있었다. 그런데 지금은 그저 시큰둥하다. 민망하고 부끄럽다는 생각이 더 많이 든다.

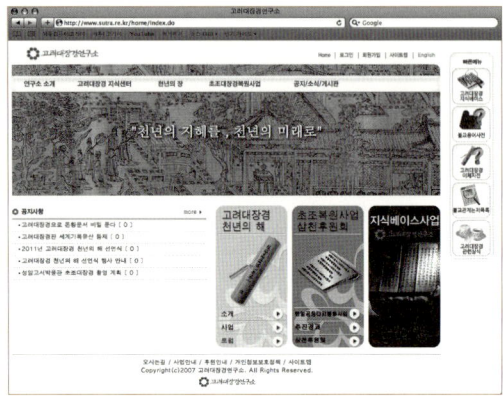
4-1 ● 고려대장경연구소 홈페이지 메인 화면

    천 년의 지혜를 천 년의 미래로. 이 말은 『대각국사문집』을 뒤적이다가 얻은 말이었다. 앞에서 소개했던 어린 왕자의 천 년의 순간, 귀신이라도 들린 것처럼 천 년이라는 시간에 집착하던 때였다. 그래서 그랬는지, 의천의 그 순간이 기이한 인연이나 속된 말로 운명처럼 느껴지기도 했었다. 의천도 그런 감흥을 가졌었는지, 그의 문집 안에도 몇 차례인가 '천 년'이라는 시간을 언급하고 있었다.

    지혜의 태양(慧日) 천 년을 비춰오니, 이어 온 가르침 얻은 기쁨 한이 없네. ●118

    고금의 현인과 철인들의 주소(注疏)가 천 년 동안 대대로 계속되어 이 또한 그 수를 자세히 헤아릴 수 없습니다. ●119

●118   의천, 「감회를 대중에게 보이다」, 『대각국사외집』 권제19.
●119   의천, 「내시 문관에게 주는 편지」, 『대각국사문집』 권제13.

천 년의 세월이 흐른 뒤에 해와 달과 함께 나란히 걸리고, 귀신과 오묘함을 다투도록 해야 합니다. ●120

법륜(法輪)을 다시 염부제에 굴려 도(道)의 광명이 천 년을 다시 비추도록 하려는 것입니다. ●121

'천 년의 지혜를 천 년의 미래로'라는 구절은 말하자면 의천의 저런 언급들을 한 데 뭉뚱그린 것이다. 과거로부터 이어 온 지혜의 햇빛, 그 빛을 천 년 뒤까지 다시 비추도록 하는 일이다. 의천은 그 일을 문헌의 결집, 교장(敎藏)의 조성에서 찾았다. 과거의 천 년을 돌아보고, 미래의 천 년을 내다보면서, 의천 자신의 일을 찾은 것이다. 시간은 과거로부터 현재를 거쳐 미래로 흘러간다. 불교에서는 이렇게 시간을 과거 – 현재 – 미래의 삼세(三世)로 나누어 이해한다.

의천의 천 년 안에는 이 세 가지 천 년이 잘 갖춰져 있었다. 의천이 출가하던 시기로부터 꼭 천 년 전, 불교가 중국 땅으로 처음 들어오던 때로부터 천 년의 역사, 의천은 그 역사를 문헌의 역사로 꼼꼼히 정리했다. 그런 자리로부터 미래의 천 년을 꿈꾸었다. 과거 천 년의 사람들이 이어 왔던 일, 그 일을 이어 미래 천 년의 후학들에게 넘겨 주어야 할 일, 의천은 천 년의 순간에 그 일을 결단했다.

의천의 천 년을 곱씹어 보면, 천 년의 시간을 둔 릴레이게임을 보는 것 같다. 과거로부터 이어 온 천 년의 일, 그 일을 넘겨 받아서 다시

●120 의천, 「송나라 행자 안현(安賢)에게 주는 편지」, 『대각국사문집』 권제11.
●121 의천, 「송나라에 들어가 법을 구하기를 청하는 표」, 『대각국사문집』 권제5.

천 년 뒤로 넘겨 주는 일이다. 의천은 그 일을 지혜에서 찾았고 책으로 이해했다. 의천의 순간으로부터 천 년 전, 가섭마등(迦葉摩騰)과 축법란(竺法蘭)이 가져 온 것도 『사십이장경(四十二章經)』이란 책이었다. 그 책으로부터 새로운 천 년의 역사가 시작되었다. 의천이 넘겨 받은 것은 천 년을 이어 온 책의 역사였다. 책 한 권의 역사는 6천 권의 대장경이 되었고, 다시 오천 권의 교장이 되었다. 의천은 그가 물려받은 책 한 권이 그냥 저냥 저절로 생겨난 것이 아니라는 사실, 그 안에 담긴 지혜, 그리고 그런 지혜를 얻기 위해 또는 전하기 위해 치러야 했던 값을 너무나 잘 알고 있었다.

　의천의 천 년을 통해, 천 년의 일과 천 년의 릴레이를 상상한다지만, 실제 그의 천 년과 우리의 천 년에는 차이가 좀 난다. 그의 천 년이 불교가 중국에 들어온 때로부터 천 년이었다면, 이제 우리가 맞서 있는 천 년은 초조대장경 조성을 시작했던 순간으로부터 천 년이 되는 순간이다. 천 년 그러면 뭔가 길고 거창한 것 같지만, 사실 천 년 아닌 순간이 어디에 있겠는가? 모든 순간은 천 년의 순간이다. 천 년이건 만 년이건 정해 놓은 구분 외에 아무것도 아니다. 매 순간 천 년 이전을 상상할 수도 있고, 매 순간 천 년 뒤의 미래를 꿈꿀 수도 있다. 할 수만 있다면 매 순간마다 밀레니엄을 기념하며 살 수도 있겠다. 천 년의 릴레이, 이 게임 안에서 주고 받는 것은 그런 시간이 아니다. 천 년이라는 시간의 구분이 아니다. 주고 받아야 할 것은 구체적인 일, 천 년의 일이다. 시간은 흘러가는 것이고, 일은 이어져야 하는 것이다.

　아무튼 2011년은 또 다른 천 년의 순간이다. 그리고 이 순간은 우리가 맞이하는 우리의 순간이다. 우리라고는 하지만 우리란 게 또 무엇인가? 시간에 새긴 금이 허망하듯, 우리라는 금도 허망하긴 매한가지 겠다. 그 순간을 함께 숨쉰다고 해서 그 순간이 그냥 우리의 순간이 되는 것도 아닐 것이다. 주는 자가 있으면 받는 자도 있어야 한다. 받는 자가 없다면 받는 일도 없을 것이고, 당연히 줄 수도 없고 주는 일도 없을 것이다.

주는 자도 마찬가지겠다. 의천의 천 년, 의천의 일을 거듭 강조하고는 있지만, 그 일이 모두 의천의 일은 아니었을 것이다. 왕실에서 태어나 부처와 조사의 깃과 날개가 된 의천, 그로부터 천 년의 일을 상상하는 것뿐이다. 의천도 가섭마등과 축법란으로부터 천 년의 일을 상상했지만, 그 일을 그 둘이서 시작하고 넘겨 주었다고는 생각하지 않았을 것이다. 그 일에는 숱한 이름없는 우리가 담겨 있다. 먼지를 털고 교정을 하던 사람들, 나무를 다듬고, 판을 새기던 사람들로부터 거꾸로 거슬러 별을 보고 눈을 밟으며 오고 갔던 천 년의 사람들이 모두 그 안에 담겨 있다. 굳이 왕자 의천처럼 천 년의 일을 자각할 필요도 없다. 천 년의 일 안에 담겨 있는 것만으로 족하다.

하여간 지금 천 년의 대장경을 눈앞에 두고, 천 년의 일을 이야기하고 있지 않은가? 천 년의 대장경, 천 년의 일에는 아무튼 그들이 땀이 배어 있고, 꿈과 용기가 서려 있다. 천 년의 일은 하여튼 이어졌고, 우리에게 남겨졌다. 원하든 원하지 않든, 그래서 그 일은 우리 모두의 일이 되었다.

디지털
대장경

1993년 봄, 태평양이 한눈에 내려다보이는 캘리포니아 스틴슨비치 언덕에 여러 나라에서 온 불교학자들이 모였다. 버클리대학 루이스 랭카스터 교수의 자택이었다. 그 자리에서 EBTI(전자불전협의회, Electronic Buddhist Text Initiative)라는 기구가 결성됐다. '전자불전', 그때 쓰던 용어가 그랬다. 불전은 말할 것도 없고 고전 문헌연구에 컴퓨터기술을 이용해야 한다는 요구가 태동하던 시절이었다. 고려대장경연구소도 고려대장경 전산화사업도 출범한 지 몇 달도 채 지나지 않았던 그때, 태국 마히돌대학에서 온 젊은 스님과 학자들이 BUDSIR(Buddhist Scriptures Information Retrival)라고 부르던 팔리어 불전 검색시스템 시연을 했다. 태국 왕실의 지원으로 1986년에 시작했고, 2년 뒤에 첫 결과물을 발표하여 국제적인 주목을 받던 프로젝트였다. 불교학자와 컴퓨터 학자들이 힘을 합하고 젊은 스님들이 직접 입력을 해서 완성했다고 하는 전자삼장. 고려대장경 전산화를 막 시작하던 때에 전자삼장은 이미 실용화되어 있었다.

하지만 EBTI 결성에 참여했던 학자들의 관심사는 한문불전, 한문대장경에 집중되어 있었다. 팔리문헌이나 티베트문헌의 전산화는 로마자로 추진되었기 때문에 입력이나 검색에 특별한 장애랄 것이 없었고, 문헌의 양도 상대적으로 적었다. 반면, 한문의 경우에는 입력 자체가 문제였다. 우리나라 컴퓨터에서는 공식적으로 겨우 한자 4,888자만을 쓸 수 있던 시절이었다. 일본과 중국도 7천여 자에 불과했다. 대만의 Big-5 코드가 13,050자를 지원하고 있었지만 표준화가 이루어지기 전이어서 불편하기도 했고, 무엇보다 미래를 예측하기도 어려웠다. 고려대장경 전산화를 기준으로 얼추 추산해 봐도 적어도 2만 글자 정도는 지원이 되어야 했다.

고려대장경 전산화를 가장 먼저 시작했던 사람은 루이스 랭카스터 교수였다. 그는 당시 중국 상해 화공연구소의 전산실과 협력하여 대만의 시스템으로『대반야경』전산화를 추진하고 있었다. EBTI를 결성하던 무렵, 그는 2백만 자 규모의 입력자료를 고려대장경연구소에 조건 없이 기증했다. 입력 데이터를 넘겨 주면서 한문대장경의 전산화는 고려대장경연구소를 중심으로 추진되어야 한다는 명분과, 덕담도 잊지 않았다. 데이터는 달랑 플로피디스크 네 장이었지만, 관련 서류는 박스가 넘칠 지경이었다. 그 안에는 남이 하지 않던 일을 시작했던 사람들의 고민과 시행착오도 함께 담겨 있었다. 그는 그 자리에서 '비슷한 생각을 가진 사람들을 만나 기쁘다'는 말도 남겼다. 그때 모인 사람들이 그랬다. 새로운 매체의 시대를 바라보는 열망이랄까, 그런 뭔가를 공유하고 있었다.

그후 고려대장경연구소의 종림 스님은 삼성전자의 지원을 받아

1996년 고려대장경 입력을 완성했다. 문자 그대로 공전(空前)의 일, 예전에 없던 일이었다. 입력을 위해 새로 만든 폰트만 해도 4만 자가 훨씬 넘었고, 이를 처리하기 위해 독자적인 4바이트 코드시스템을 개발해야 했다. 1999년 대만에서 열렸던 제5차 EBTI 회의에서는 랭카스터 교수가 사임을 하고 고려대장경연구소의 종림 스님이 뒤를 이어 의장으로 선임되었다. 그리고 고려대장경연구소는 2000년에 검색프로그램을 내장한 CD-ROM을 발표, 불전전산화가 새로운 국면에 접어들었다는 사실을 분명하게 실증해 보였다.

EBTI 2001년 회의는 동국대학교의 전자불전연구소 주최로 서울에서 열렸다. 그 회의에 모인 사람들은 불전전산화가 완전히 새로운 단계로 넘어서고 있다는 보고서를 채택했다. 입력의 문제에 막혀 있던 단계에서 본격적인 활용의 단계로 넘어섰다는 선언이었다. 한문대장경의 경우, 1998년 일본에서는 동경대학교를 중심으로 SAT라는 기구를 결성하여 산발적으로 이루어지던 대정신수대장경의 입력 작업들을 본격화하고 있었고, 대만에서는 역시 중화전자불전협회(CBETA)를 중심으로 대정신수대장경 55권의 입력작업을 거의 완성해 가고 있었다.

고려대장경연구소는 전산화사업을 시작하면서, 불전전산화의 미래를 '통합'으로 설정했다. 고려대장경 입력이 당면의 과제이긴 했지만, 한역대장경의 입력을 계기로 팔리·산스크리트·티베트 등의 여러 언어, 여러 전통의 불전들을 하나로 묶어 연결시키는 시스템을 꿈꾸고 있었다. 이른바 '통합대장경'의 꿈이었다. 통합대장경이란 키워드를 바탕으로 불전전산화의 역사를 정리해 보자면 다음과 같은 세 가지 단계로 요약을 할 수 있다.

   1. 입력을 위한 모색의 단계 : 산발적으로 불전전산화가 시작되던 때로부터 1996년 고려대장경 입력작업이 완료된 시점까지
   2. 활용을 위한 모색의 단계 : 1996년 이후부터 2000년 전후
   3. 통합을 위한 모색의 단계 : 1999년 이후부터 현재

고려대장경연구소의 일도 여기까지는 대단히 성공적이었다. 고려대장경 전산화라는 일은 조금 거품이 들어간 덕담이긴 했겠지만, 역사상 가장 성공한 프로젝트라는 평가를 받기도 했었다. 거국적이라 할 수 있을 정도의 놀랄만한 관심을 집중시키기도 했고, 그 같은 열렬한 성원 덕분에 일을 시작한 지 2~3년만에 입력작업을 마칠 수도 있었다. 하지만 거기까지였다. 2000년 CD-ROM을 내놓은 뒤로 전산화사업은 '공식적으로 종료'가 되었다고 해도 과언이 아니다. 그리고 1998년 이후 대만과 일본을 중심으로 대정신수대장경 전산화가 궤도에 오르면서 불전전산화의 방향도 대정신수대장경으로 옮겨가고 말았다. 대정신수대장경이 불전연구의 '공식적인' 저본이었다는 측면도 무시할 수 없겠지만, 무엇보다 전산화를 추진하던 동기가 약해졌다는 게 가장 큰 원인이었던 것 같다.

2006년 12월, 북경의 인민대회당에서 '신편대장경(新編大藏經) 편집출판공작회의(編輯出版工作會議)'가 열렸다. 이 회의에서 신편대장경(新編大藏經), 곧 '현존하는 모든 불교경전과 1950년대 이

전의 저술들에 대한 전면적이고 체계적인 정리를 거쳐, 5,600여 부, 25,000여 권을 수록한다'는 야심찬 계획을 발표하였다. ●122

이 회의에는 중국 고전연구자들을 망라했다고 할 정도로 저명한 학자 100명이 참여했다. 이 계획에 따르면, 현재 학계에서는 통용되는 일본의 대정장(大正藏)이 이미 구시대의 것으로 양적으로 질적으로 '오늘날의 연구와 참고의 수요'에 미치지 못한다고 지적하며, '현대인들의 독서습관에 맞추어 최고의 선본(善本), 통일된 편집방식, 번체자 출판, 이체자들의 표준화, 적당한 단락 구분, 나아가 새로운 표점방식을 채용하여 대장경의 현대적인 형식을 철저하게 완성시킬 예정'이라고 했다. 이 계획은 원래 중국 최대의 출판사업이라는 기치 아래, 5년을 목표로 시작했으나, 이후의 진행은 시작처럼 화려하지만은 않아 보인다.

2008년 2월, CBETA는 창립 10주년 기념으로 대만의 법고산대학에서 열렸던 EBTI/CBETA 국제학술회의에서, IBA(Integrated Buddhist Archives) 프로젝트 계획을 발표했다. 이 프로젝트는 중국의 신편대장경 계획에 비해 훨씬 유연하고 실용적이다. 급변하는 디지털환경에 대한 고려나 비전도 담겨 있다. IBA 프로젝트는 거창한 계획보다는 각국의 여러 기관들이 확보한 디지털자원들을 효과적으로 활용할 수 있는, 일종의 분산 네트워크(decentralized network)를 제안한다.

●122 「문회보(文匯報)」 2006. 12. 26.

그리고 2009년 5월, 태국 방콕에서 불탄절(The 2009 UN Day of Vesak) 행사의 일부로 열렸던 워크숍(Buddhist E-Resources and Network Workshop)의 결과, 불전통합목록(The Union Catalog of Buddhist Texts, UCBT) 프로젝트가 시작됐다. 국제불교대학협회(International Association of Buddhist Universities, IABU)가 주관하고, 이 자리에 참석했던 사람들을 포함하여 30여 명의 전문가들이 동참을 했다. 이제까지 디지털 형태로 전환된 모든 종류의 불전들, 우선 통합목록부터 먼저 만들어 보자는 것이었다. 여러 사람들이 의논하여 표준화된 목록을 만들고, 자원들을 점차 연결시켜 가다 보면 머지않아 통합대장경이든 뭐든, 온라인상에서 모든 형태의 불전을 쉽고 편리하게 활용할 수 있지 않겠느냐는 것이다. 팔리·산스크리트·한문·티베트·몽고 등 언어별로 5개 분과를 나누어 2011년까지 통합목록의 프로토타입을 만들겠다는 목표를 설정했다.

　전산화의 새로운 단계를 논의하기 시작한 지도 10년이 지났다. 이런 정도가 10년의 성과라면 성과이다. 현재의 인터넷 환경을 고려하여 최소한의 협력으로 효과를 극대화시켜 보자는 정도이지만, 이나마도 미래가 그리 밝아 보이지 않는다. 동참을 한 전문가나 기관이나 자체적인 목표를 따라가기에도 벅찬 형편에서 공통의 목표를 헌신적으로 끌어갈 리더십도 의지도 부족해 보이기 때문이다.

　통합대장경, 신편대장경, IBA, 이 외에도 다양한 아이디어와 꿈, 시도들이 명멸했지만 아직은 오리무중이라는 편이 맞겠다. 전산화를 추진하던 사람이나 기관들, 그 사이 혁혁한 공을 세웠던 주체들의 처지도 많이 바뀌었고, 그 사이 EBTI 같은 협의기구의 활동조차 유명무실해졌다. 일이 커지고 복잡해지는 만큼 돈도 인력도 동기도 부족해 보인다. 그 사이 이 정도면 할 만큼 했다는 자족, 이 정도만 해도 차고 넘친다는 평가, 그릇에 문제가 있는 게 아니라 연구와 수행, 실천에 문제가 있다는 주장들로 어지럽다. 전산화라는 공통의 목표를 향해 동지애를 갖고 함께 고민하고 헌신적으로 협력하던 시절은 벌써 옛날 이야기가 된 듯하다.

　한국의 통합대장경이나 중국의 신편대장경, 대만의 IBA도 발상은 모두 비슷하다. 새로운 시대를 위한 새로운 대장경을 준비하는 일이다. 중국의 신편대장경 계획의 표현을 따르자면 '현존하는 모든 불전'으로 영역을 확장하는 일이고, '오늘날의 연구와 수요에 맞춰 현대적인 형식'을 완성하자는 것이다. 더 많은 불전들을 현대적인 형식에 담는 일, 다시 그릇에 대한 얘기로 돌아간다. 말할 필요도 없이 우리 시대의 형식, 우리 시대의 그릇, 디지털이라는 새로운 매체이다. 디지털 대장경을 조성하는 일이다.

　불전전산화, 이 일은 그릇을 바꾸는 일이었다. 전산화라는 용어 안에는 그릇을 바꾸는 일에 대한 열망이 담겨 있다. 고려대장경을 전산화한다는 말은 고려대장경을 전자라는 매체에 옮겨 담는다는 뜻이었다. 처음 전산화를 시작하면서 세웠던 목표도 그랬다. 고려대장경을 있는 모양 그대로 컴퓨터 안에 집어 넣겠다는 목표였다. 이전부터 존재하던 내용을 그대로 새로운 그릇에 옮겨 담는 일이다. 일의 중심은 그래서 언제나 그릇에 있었다. 대정신수대장경 프로젝트도, 팔리나 티베트문헌의 전산화도 사정은 크게 다르지 않았다. 하지만 일이 어디 그런가? 그릇이 바뀌면 당연히 내용도 바뀌는 법이다. 아니 그릇에 옮겨 담으려면 내용물을 먼저 그릇에 맞춰 주어야 한다.

삼장의 결집으로부터 시작한 그릇의 역사는 길고도 화려하다. 그 중에서도 가장 큰 변화는 기억으로, 말로 흘러다니던 것들이 문자로 옮겨지는 과정에서 벌어졌다. 목판인쇄술도 그에 버금갈 만한 큰 변화를 가져왔다. 하지만 그릇이 바뀌는만큼 내용이 그릇을 따라가지는 못했다. 그 점에서는 고려대장경이 상징적인 존재가 아닌가 싶다. 그릇에 대한 이야기를 장황하게 늘어 놓으면서 사실 하고 싶었던 얘기는 바로 이것이다. 고려대장경의 역사에서 빠진 부분, 그릇이 바뀌는 시기를 거치면서 빠뜨렸던 일에 대한 이야기들이 있다. 그리고 이제 또 다시 비슷하지만 더욱 어렵고 복잡한 도전에 맞서 있기 때문이다.

의천의 일로 돌아가 보자. 그때의 그릇은 목판이었다. 목판 이전의 불전들, 금가루 은가루를 개어, 때에 따라서는 피까지 뽑아가며 베껴 썼던 필사본들은 사라지고 흩어졌다. 얼마간 남은 것들은 보물로 문화재로 기껏해야 박물관에서나 흘깃 볼 수밖에 없는 유리창 너머의 물건이 되어 버렸다. 기억을 담아 전해주는 책으로서의 기능을 잃은 지 오래라는 말이다. 목판이 아니었다면 천 년의 기억 역시 유리창 너머의 물건으로 전락했을 것이다.

의천이 경험했던 당시의 고려대장경, '삼장의 정문'은 필사본을 가능한 있는 그대로 새로운 매체, 목판인쇄술로 재현한 것이었다. 매체가 가진 특성, 기술의 한계 때문에 누더기처럼 기워진 대장경이었다. 그런 자리에서 의천은 완전히 새로운 고려대장경을 꿈꾸었다. '삼장의 정문'을 넘어 교장과 『석원사림』『원종문류』로 이어지던 꿈, 양적으로 확장되고 질적으로 개선된 새로운 형태의 새로운 결집이었다.

　이 일은 의천 이후에도 꾸준이 이어졌어야 했다. 한 번에 다할 수 없는 일이었기 때문이다. 그래서 다시 전쟁이 한탄스럽다. 부인의 대장경이 불에 타 버리지 않았다면, 의천 이후의 사람들은 부인사의 대장경에서부터 다시 시작할 수 있었을 것이다. 확장되고 개선된 기억들을 새로운 그릇에 담아 내는 일을 꾸준히 이어갈 수 있었을 것이다. 목판인쇄술이라는 새로운 매체에 어울리는 새로운 대장경을 완성할 수 있었을 것이다.

　우리가 가진 고려대장경은 그런 미완의 목판대장경이다. 천 년도 전에 결집했던 대장경을 750년 전에 베껴 새긴 구닥다리 누더기이다. 고려대장경 전산화는 그런 미완의 물건을 디지털이라는 또 다른 매체에 옮겨 담는 일이었다. 미완의 물건을 미완의 매체에 옮겨 담는 미완의 일, 그런 전산화나마 불전연구에 완전히 새로운 전기를 마련해 주었다. 대정신수대장경이 되었건, 고려대장경이 되었건, 디지털 자료의 검색은 연구의 필수불가결한 조건이 되었다. 이로부터 예전에는 경험할 수 없었던 극적인 변화들이 생겨나기 시작했다. 고려대장경 입력을 완성했던 1996년, 후세의 사람들은 이날을 절대로 잊지 못할 것이다.

　고려대장경연구소는 2005년부터 텍스트 중심의 전산화에서 벗어나 이른바 '이미지 프로젝트'에 전념해 왔다. 새로 촬영한 초조본 이미지와 재조본 이미지를 결합하여, 이미지 안에 담긴 다양한 정보들을 손쉽게 재활용할 수 있는 새로운 방법을 찾는 일이었다. 앞에서 했던 '그림찾기 놀이' 얘기도 그런 와중에서 나왔다. 이미지들이 고려본을 넘어 금장(金藏)과 돈황(敦煌) 사본(寫本) 등으로 확장되면서, '이미지를 읽고' '그림을 찾는' 얘기의 대상도 무한정 늘어만 갔다. 이 역시 디지털이라는 그릇의 선물이고, 앞으로 그려가야 할 디지털 대장경의 미래이다. 예전 같으면 절대로 흉내도 낼 수 없는 일이 이 안에 있다.

2004년 무렵, 대만에서 불전전산화를 주제로 학술회의가 열린 적이 있었다. 인터넷에도 공개된 회의자료에 '무한경쟁'이라는 표현이 들어 있었다. 불전 전산화, 디지털 대장경에도 이런 면이 있다. 물론 일부 참석자들의 제한된 입장이었겠지만, 국가나 기관, 전문가들 사이에 얼마간의 경쟁심리가 존재하는 것은 사실이다. 불교의 전통을 지닌 아시아 국가들 사이에는 정도의 차이는 있지만, 국가나 민족적인 자존심이 개입하기 마련이다. 때로는 저본의 선택이나 자료를 다루는 방식 등에 견해차이가 생기는 수도 있다.

전산화가 막 시작되던 초창기 10년간에는 이런 문제들이 개입할 여지가 없었다. 초기에 전산화를 이끌던 사람들, 이들은 주로 학술이나 종교적인 동기를 가지고 전산화에 투신한 개인들이었기 때문에, 이들 사이에는 사명감이나 동지애 같은 것이 있었다. 그래서 초창기에는 비밀도 없었고, 저작권도 없었다. 1993년 창설된 EBTI에는 함께 신천지를 찾아 모험을 떠나는 것과 같은 분위기, 돌이켜 보면 낭만적인 때가 있었다. 문제는 불전 전산화의 환경이 너무 빠르게 바뀌었다는 데서부터 시작되었다. 한문대장경의 경우에는 대정신수대장경 서비스가 안정되면서 모든 것이 바뀌어 버렸다. 디지털 대장경이라는 목적으로 치자면 이제 겨우 방향을 잡은 정도일 텐데, 일에 대한 열망이나 동기는 갑작스레 식어 버렸다. 전산화의 일은 소수 전문기관의 일이 되었고, 그만큼 아이디어나 실험정신도 빠르게 위축되었다. 새로운 일에 대한 동기가 줄어들자 사람들도 흩어지고 도전으로 느껴지던 일도 일상의 일이 되었다.

무한경쟁이라는 표현은 그런 환경에서 불쑥 나타났다. 이전에는 상상도 하기 힘든 일이었기 때문에 그만큼 충격처럼 느껴지기도 했지만, 불전전산화의 현실을 상징하는 표현이라는 생각도 들었다. 불전전산화, 대장경 전산화가 이만큼이라도 진전이 되어 연구 환경이 극적으로 개선된 것만큼은 분명하다. 그렇다 해도 이제 겨우 시작일 뿐이다. 2500년 불전의 역사, 수만 권이 넘는 문헌들은 대부분 아직도 비밀에 싸여 있다. 경쟁이라고 해 보았자, 실제 디지털 불전의 사용자층은 전 세계를 통틀어도 얼마 되지 않는다. 그 문헌들이 지닌 지적, 문화적 가치는 차치하고라도 우선은 볼 수라도 있어야 얘기라도 꺼낼 수 있지 않겠는가? 선의의 경쟁이 선의의 결과를 낳는다지만, 이런 일은 경쟁심으로 해결될 일이 아니다. 교장의 결집에 평생을 걸었던 의천도 그랬을 것이고, 불에 타 버린 고려대장경을 새로 새기던 사람들도 그랬을 것이다. 당장 눈 앞에서 성과를 바랄 일이 아니었다. 그들이 아니었다면 영영 사라지고 말았을 기억들이다. 긴 시간을 두고 긴 꿈을 꾸었던 사람들, 그들 덕택에 우리도 이제 그 기억들을 공유할 수 있는 것이다.

천 년의 대장경, 대장경의 천년, 이 순간이 의미가 있는 순간이라면, 대장경의 일, 천 년의 일이 있었기 때문이다. 어린 왕자 승통이 꿈꾸었던 천 년의 일, 천 년 뒤의 사람들에게 남겨 주고 싶었던 기억들,

이제 우리의 순간, 우리의 일을 상상한다면 그 일은 마땅히 디지털 대장경이어야 한다. 천 년의 기억을 다시 새로운 그릇에 담아 미래의 천년에 넘겨 주는 일이기 때문이다. 그것이 우리가 꿈꾸는 천 년의 릴레이이고, 이런 얘기들도 모두 그런 일에 대한 몽상일 뿐이다.

바다 그릇 (海藏)

용녀(용왕의 딸): 대왕이시여, 이 성인을 뵙자니 절대로 소인배가 아닙니다. 우리 해장(海藏) 안에 천하(天河)의 강바닥을 다지던 신진철(神珍鐵)이라는 무기가 하나 있는데, 요 며칠 사이에 노을빛이 아름답게 빛나고 상서로운 기운이 등등하였습니다. 이 성인을 만나려고 나타난 징조가 아닌가 싶습니다.

용왕: 그것은 우왕(禹王)이 물을 다스릴 적에 강과 바다의 깊이를 고르기 위해 바닥을 다지던 물건이다. 이런 신비한 쇳덩이를 어디에 쓰겠는가?

용왕의 부인: 그가 쓰건 못쓰건 상관할 것 없습니다. 그냥 줘 버립시다. 어떻게 고쳐 쓸지야 그가 알아서 할 것이고, 궁 문을 나가 주기만 하면 그만입니다.

오공: 가져와 보세요, 내가 볼 테니.

용왕: (손을 저으며) 멜 수도 들 수도 없습니다. 상선(上仙)께서 직접 가서 보실 수밖에 없습니다.

바다 그릇(海藏)

> **오공**: 어디 있어요? 당신이 날 데려다 줘요.
>
> 용왕이 도리없이 오공을 안내하여 해장(海藏)으로 가는 중간에 문득 금빛이 찬란하게 빛나는 것을 보았다.
>
> **용왕**: (빛을 가리키며) 저기 빛나는 게 바로 그거예요.
>
> 오공이 옷을 걷어올리고 만져 보니, 그것은 쇠기둥이었다.
> ● 123

『서유기』의 초반, 제천대성 손오공이 용궁에 들어가 여의봉을 '갈취'해 오는 장면이다. 용왕은 오공의 억지에 못이겨 '해장(海藏)'을 열고 여의봉을 보여 준다. 신비한 보배쇠로 만든 여의봉은 예전 우왕이 치수 사업을 벌일 때, 강과 바다의 바닥을 다지던 도구였다고 한다. 쓸모가 다했는지 바다 깊은 창고에 보관해 둔 물건이 이제 새로 임자를 만났다. 토목공사에 쓰던 도구가 오공의 무기로 다시 빛을 발하는 장면이다. 진시황이 만리장성을 쌓을 때 마법의 채찍을 휘두르면, 산과 바위들이 저절로 움직였다는 전설도 있다. 요즘 세상에 꼭 필요한 마법이라는 생각도 든다.

아무튼 용궁해장(龍宮海藏)은 불교적 비유, 불교적 상상력의 소산이다. 비가 됐건 눈이 됐건, 더러운 물이건 깨끗한 물이건 모든 물은 바다로 흘러 들어간다. 그 바다 깊은 곳에 보배창고가 있다. 물살에 쓸려 흘러 들어온 온갖 보배들이 그 깊은 창고에 차곡차곡 쌓여 있다. 깊고 넓은 바다는 그래서 훌륭한 창고요, 좋은 그릇의 모델이 된다. 용궁해장

● 123   오승은, 『서유기』 제3회.

과 같은 부처님의 가르침, 부처님의 가르침을 해장으로 비유하는 까닭도 여기에 있다. 용궁해장을 매개로 인도와 중국의 상상력이 섞인다. 여의봉이란 무기는 그렇게 탄생했다.

대룡보살(大龍菩薩)이 아깝기도 하고 불쌍하기도 하여, 곧 (용수를) 이끌어 바다 속으로 들어갔다. 궁전 안에서 칠보의 창고[七寶藏]를 열고 칠보의 꽃 상자를 꺼내어 심오한 경전과 미묘한 법을 주었다. 용수가 90일 동안 읽어 보니 훤하게 이해되는 것이 참으로 많았다. 마음은 깊이 침잠하여 귀한 이익들을 체득할 수 있었다.
용이 그 마음을 알고 물었다.
용: 경전을 충분히 읽었는가?
용수: 그대의 함 가운데 경전이 하도 많아 헤아릴 수가 없습니다. 제가 읽을 수 있었던 것만 해도 염부제에 있는 경전보다 열 배는 넘습니다.
용: 나의 궁전 안에 있는 경전들은 다른 곳에 비해 헤아릴 수가 없다.
용수가 이미 여러 경전들을 얻어 무생(無生)의 깊은 경지에 깊이 들어 두 가지 지혜를 갖추었으니, 용이 밖으로 다시 내보내 주었다. ●124

●124 구마라집(鳩摩羅什) 역, 『용수보살전(龍樹菩薩傳)』, K1041V30P0671a01L

> 이 경전은 마하연장(摩訶衍藏)이다. 문수사리(文殊師利)와 아난이 철위산(鐵圍山)에서 이 경전을 결집하여 용궁에 넣어 두었다. 용수보살이 용궁에 가서 이 경전을 보니 3본이 있었다. (그 가운데) 세번째 하본(下本)이 10만 게송으로 48품이었다. 용수가 외워서 세간에 유통시켰다. ●125

『화엄경』에 얽힌 전설이다. 앞의 이야기는 여의봉 이야기와 매우 닮았다. 용왕이 해장을 열어 오공에게 무기를 꺼내 주듯, 용왕이 해장을 열어 경전을 꺼내 준다. 손오공의 이야기는 용수의 이야기를 아주 조금 비튼 것일 뿐이다. 가르침에서 무기로, 용왕의 가엾게 여기는 마음에서, 오공의 무례한 갈취로 바뀌었을 뿐이다. 그런 보물들을 담고 있는 곳이 바로 용궁의 해장이다.

동북아시아 대승불교권에서 『화엄경』의 위치는 절대적이다. 종교적 측면에서 화엄종이라는 종파의 영향력도 막대하지만, 아시아문화 곳곳에 『화엄경』의 흔적들이 남아 있다. 그렇게 중요한 문헌이 오로지 이런 전설에 기대어 있다. 언제 누가 어떻게 결집을 했는지, 남아 있는 기록은 없다. 법장(法藏)이 지은 『화엄경전기(華嚴經傳記)』에도 문수보살이 결집했다고만 되어 있다. ●126

부처님이 열반에 든 후 450년 동안 문수보살은 세간에 남아 이 경전을 지켰다고 한다. 『대지도론(大智度論)』의 기록을 그대로 인용한 것이다. 『대지도론』에 따르면 보살장을 결집하는 주체는 주로 문수보살이

●125   징관(澄觀), 『대방광불화엄경소(大方廣佛華嚴經疏)』 권제3. T1735_.35.0523a12
●126   법장(法藏), 『화엄경전기(華嚴經傳記)』. T2073_.51.0153b17

다. 부처님이 깨달음을 성취한 직후, 『화엄경』을 설했지만 누구도 알아듣지 못했다. 문수보살은 450년 동안 대승의 가르침을 받아들일 수 있는 뛰어난 사람을 기다렸다. 그 사이 그 가르침은 용왕에게 맡겨 해장에 보관토록 했다. 문수보살이 아난과 함께 결집을 했다는 철위산도 수미산 밖에 있다는 전설의 공간이다.

시간도 공간도 사람도 사실도 모두 그런 전설, 그런 비유에 의지해 있다. 아시아문화권에서 『화엄경』의 지위가 대단하듯, 용수보살의 지위 또한 대단하다. 『화엄경』이 오랜 세월 영향력을 잃지 않고 널리 유행했듯, 용수보살도 대승불교를 이끄는 수퍼스타였다. 그렇게 중요한 문헌, 그렇게 중요한 인물이다. 일체지자(一切智者), 모든 것을 아는 사람이라던 용수보살이다. 화엄교학의 학승들 또한 읽기와 쓰기, 논술의 초절정 고수들이다. 그들의 지식과 지혜가 모두 용궁해장에 근원을 두고 있고, 이들을 지탱해 주는 바탕도 바로 용궁해장이다.

생명은 정보의 흐름 속에서 태어난 교차점(node) 같은 것이다. DNA를 기억의 시스템으로 갖고 있는 생명체로서 사람은 자신의 개성을 자기가 지닌 기억으로부터 얻는다. 기억들이 환상과 같을지라도 인류가 존재하는 것도 기억들 때문이다. 컴퓨터가 기억을 외부로 표출시켜 줄 수 있게 해 주었을 때, 사람들은 그것이 의미하는 것들을 숙고했어야 했다. 나는 정보의 바다에서 태어난 생명체이다. •127

●127 일본 만화영화 '공각기동대' 중에서.

손오공은 용궁해장으로 들어가 여의봉을 얻었고, 용수는 같은 용궁해장으로 들어가 『화엄경』을 얻었다. 일본 만화영화 '공각기동대'에는 아예 생명을 얻었다고 한다. 굳이 만화영화를 들먹이지 않아도 '정보의 바다'는 흔해 빠진 비유이다. 아무튼 '정보의 바다'는 용궁해장을 해독하기 위한 또 다른 모델일 수 있다. 그들이 갖고 있는 문제, 우리가 서 있는 자리가 비슷하기 때문이다. 그래서 그들은 비슷한 비유, 바다와 용궁해장의 판타지들을 오고 간다. 그들은 모두 바다와 용궁해장의 판타지 위에서 존재한다.

연생(緣生)의 법에는
주인이 없다

일승법계도(一乘法界圖)는 시(詩)를 합하여 하나의 도장으로 만든 것이다. 『화엄경』과 『십지론(十地論)』에 의거하여 원교(圓敎)의 종요(宗要)를 표한다. 총장(總章) 원년(元年, 668년) 7월 15일 쓰다.

물음: 어떤 까닭에 편집한 사람의 이름이 없는가?

대답: 연생(緣生)의 법에는 주인이라는 것이 없기 때문이다.

물음: 어떤 까닭에 연월의 표기는 있는가?

대답: 모든 법은 연생에 의지하기 때문이다. ●128

일승법계도는 의상(義相)이 지은 글이라고 한다. 이런 식으로 말을 꺼내는 까닭은 그 글을 쓴 사람이 자기 이름을 밝히지 않았기 때문이다. 그래서 그런지 지은 사람에 대해서 이래 저래 말들이 많다. 하지만 누가 지었건 간에 그 사람은 그런 일에 별 신경을 쓰지 않았던 모양이

●128 『법계도기총수록(法界圖記叢髓錄)』, K1502 V45P0211b21L

다. 아니 거꾸로 신경을 무척 많이 썼다는 표현이 맞을 것이다.

위에 인용한 글은 일승법계도에 대한 주석서 『법계도기총수록(法界圖記叢髓錄)』의 일부이다. 물음과 대답의 형식을 빌어 이름은 없고 날짜만 적혀 있는 까닭을 설명하고 있다. 연생의 법에는 주인이 없다. 이게 이름을 굳이 밝히지 않은 까닭이란다. 이름은 없고, 날짜만 적어둔 까닭은 이렇게 '심오'하다.

고려대장경지식베이스에서 '연생(緣生)'이라는 단어를 검색하면, 361종의 문헌에서 총 3,699건의 결과가 나온다. 재조대장경에 입장된 문헌의 약 24%에 이 단어가 들어 있다는 말이다. K.0001에서 K.1513까지 대장경 전체에 고르게 분포되어 있다. 이런 숫자만 보아도 이 단어가 지닌 힘, 이 단어가 불교를 대변하는 가장 중요한 키워드의 하나라는 사실을 짐작할 수 있다. 이 세상의 모든 존재들은 원인과 조건에 의해서 생겨난 것이라는 뜻이다. 그렇기 때문에 자기만의 고유한 특성도 없고, 자기라는 것도 없다. 이 글도 『화엄경』과 『십지론』에서 이것저것 뽑아서 요약한 글이란다. 글을 쓴 주체도 여기저기, 이것저것이 모이고 얽혀서 생긴 것이다. 자기랄 것도 없는데 자기 것이라는 게 있을 턱이 없다. 다만 시절인연이 닿아 이래저래 생겨난 글일 뿐이다.

'여시아문(如是我聞)' 즉 '이렇게 내가 들었다'라는 말은 모든 경전의 맨 앞에 나오는 말이다. 부처님이 아난에게 이렇게 하라고 가르쳐 주었다고 한다.

'내가 들었다'고 하는 것은 문성취(聞成就)이다. '나'는 문수보살과 아난해(阿難海)이다.

다섯 가지 쌓임[五蘊]에 의존하는 존재를 어째서 '나'라고 하는가? '나'에는 네 가지 종류가 있다. 첫째는 범부의 어리석은 집착, 둘째는 외도(外道)의 생각, 셋째는 여러 성인들이 세상의 필요에 따라 임시로 주객(主客)을 나눈 것, 넷째는 법신(法身)의 진아(眞我)이다. 여기서는 뒤의 두 종류에 해당한다. 그렇기 때문에 잘못된 것이 아니다. 무상종(無相宗)의 주장에 따르면, '나'는 곧 무아(無我)이고, '들었다'는 것도 들음이 없는 것이다. 연(緣)을 따라 생긴 것은 공(空)하기 때문이다. •129

『원각경(圓覺經)』의 주석서인 『원각경약소(圓覺經略疏)』의 해석이다. 신(信)·문(聞)·시(時)·주(主)·처(處)·중(衆) 즉, 믿음·들음·시간·설법의 주체·장소·대중이다. 모든 경전의 첫머리, 곧 서분(序分)에는 이 여섯 가지가 기록되어 있다. 이를 여섯 가지 성취(成就)라고 부른다. 경전이 성립되는 여섯 가지의 조건들[이 또한 緣이다]이기 때문에 성취라고 한다. '이렇게 내가 들었다'는 말은 이 가운데 문성취에 해당한다. 앞에서 보살장(菩薩藏), 곧 대승의 경전들은 문수보살과 아난해가 결집했다고 했다. 『원각경』은 보살장에 속하고 그래서 이 경을 들은 '나' 또한 문수와 아난해라고 하는 것이다. 문수나 아난해나 모두 다섯 가지 쌓임의 조건으로 빚어진, 다시 말해 연생(緣生)의 존재이기 때문에 무아(無我)이고 공(空)하다. '나'라고 지칭할 자성(自性)이 없다. 그런데 왜 '나'라고 부르는 것일까? 주석서는 스스로 묻고 스스로 답한다. 필요에 의해 임시방편으로

•129 종밀(宗密), 『원각경약소(圓覺經略疏)』 권상. T1795_.39.0528c11

'나'라고 하는 것이고, 법신(法身)의 진아(眞我)이기 때문이란다.

　법신의 진아(眞我), 이런 말은 주석서의 저자인 종밀의 견해가 담긴 말이고 오해의 소지도 큰 말이다. 이 역시 방편이고 보살장의 독특한 어법에서 생긴 것이어서 굳이 '나'라고 해독할 필요도 없다. 보살장을 해석하는 과정에서 가르침이나 법을 추상화시킨 개념이라는 정도로 넘어가는 게 좋겠다. 아무튼 대승의 견해로 보면 여섯 가지 성취도 조건일 뿐이고 연생(緣生)일 뿐이다. 나도 없고 들은 것도 없다. 다만 필요에 따라 임시로 부르는 말일 뿐이다.

　말씀을 꺼낸 가르침의 주체(說主)로서의 부처님도 예외가 없다. 평생 자기 얘기라고는 한 마디도 해 본 적이 없다는 분이다. 주인도 없고 자성도 없다. 무명의 세계 속에서 굴러다니던 법을 이리저리 엮어서 가르침을 편 것뿐이다. 그 가르침은 단 하나의 명제를 지향하고, 그 단 하나의 명제에 근거한다. 연생의 법에는 주인이 없다.

　고려대장경 재조본에는 "을사세(乙巳歲)에 고려국(高麗國) 대장도감(大藏都監)에서 칙명으로 조조(雕造)했다"라는 간기(刊記)가 붙어 있다. '누구'도 있고 '언제'도 있다. 그런데 초조본에는 이름도 시간도 없다. 어디에나 다 붙어 있는 간기가 없다. 그래서 한때는 이 역시 무아(無我)를 표현하고 싶은 깊은 뜻이 담긴 것이라는 고상한 해석을 하는 사람들도 있었다. 하지만 초조본은 경우가 좀 다르긴 하다. 송나라 개보대장경을 그저 복각한 것이어서 이름이나 시간을 달아 주기가 민망했을 것이다. 남의 나라 간기(刊記)를 그냥 두기도 어려웠을 것이고, 그렇다고 고려국 간기로 바꿔 달기에도 어설픈 입장이었을 것이다.

　역시 개보대장경을 복각한 금장(金藏)도 똑같다. 간기가 없다. 다만 문헌의 앞에 변상도를 집어 넣고, 한 귀퉁이에 '조성현(趙城縣) 광승사(廣勝寺)'라고 조그맣게 장소만을 밝히고 있다. 금장 안에는 개보장의 간기(刊記)까지 함께 복각한 경우도 보인다. 수만 장이나 넘는 목판을 새기다 보면 이런 실수도 하게 마련이겠다. 조선시대에는 일본에 재조대장경을 하사하면서 재조본의 간기만을 빼고 인경하여 준 경우도 있다. 대장경이야 달라니까 주긴 하겠지만, '고려국'이라는 이름까지는 주고 싶지 않았던 모양이다. 이름이란 게 이렇게 묘한 것이다.

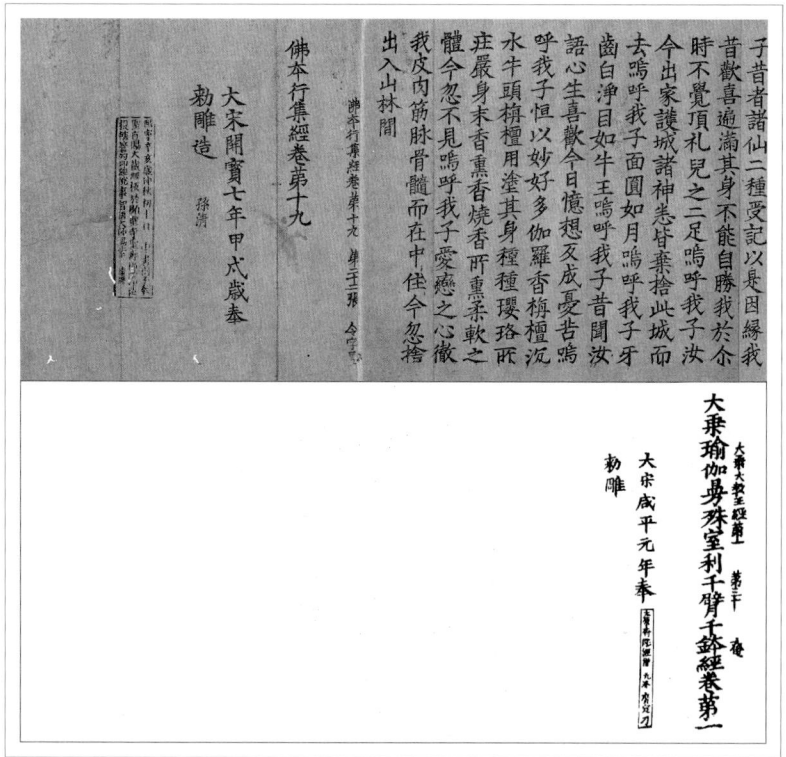

4-2 ● 남선사 소장 개보대장경의 간기. 아래의 이미지는 금장(金藏)으로 대송(大宋) 간기가 붙어 있다. 개보장을 복각하면서 실수로 간기도 함께 복각한 이례적인 경우이다.

음악가는 천상 도둑놈들이다. 이 노래에서 조금 오려내고 저 노래에서 훑아다가, 이 전에 나왔던 사람들의 노래 구절에 자기의 스타일을 만들어내는, 그들은 먹어치우는 데는 도사들이다. 우디 거스리(Woody Guthrie)는 이걸 알았다. 그는 리드벨리(Leadbelly)로부터 멜로디를 가져왔다. 그 대신 누구라도 자기 것을 가져가도록 놓아 두었다. 섹스 피스톨즈(Sex Pistols)는 이걸 알았다. 그네들은 부끄럼도 없이 뉴욕 돌스(New York Dolls)와 아바(ABBA)를 훔쳐다 십대의 폭동을 촉발시켰다. 그리고 제임스 브라운(James Brown)도 이걸 알고 있다. ●130

연생(緣生)의 법을 절감한 사람들에게 이름이란 아무런 의미가 없다. 디지털시대, 네트워크 세계의 표현을 빌자면, 이들은 모두 '천상 도둑놈'일 뿐이다. 여기서 오려내고 저기서 훑아다가 얘기를 지어낸다. 그래도 그들을 도둑놈이라고 부르지 않는 까닭은 자기의 스타일을 주장하지도, 자기의 이름을 내걸지도 않기 때문이다. 그들은 하늘에 담고 바다에 담는다. 천하에서 얻어 온 것, 천하에 그대로 맡겨 둔다. 때로는 이름을 걸고, 시간과 장소를 밝히기도 하지만, 다만 연(緣) 조건을 밝히자는 것뿐이다. 이들에게 천장(天藏)이나 해장(海藏)은 더 이상 몽상이 아니다. 비유가 아니다. 훔쳐 오고 훔쳐 가고 부끄러운 일도 아니고, 이름을 걸고 멋을 부려도 자랑스러운 일도 아니다. 그런 게 그들이 존재하는 조건이고 살아가는 방식이다.

●130 토마스 괴츠(Thomas Goetz), '미래를 샘플하기(Sample the Future)' 와이어드(WIRED) 12.11, 2004년 11월. http://www.wired.com/wired/archive/12.11/sample.html

요즘엔 저런 짓을 표절이라고 부른다. 자기표절이라는 말도 있다. 자기가 쓴 글이라도 두 번 세 번 베껴서 써먹으면 도덕적으로 문제를 삼는다. 인터넷의 시대, 정보의 바다에서 속임수는 여간해서 통하지 않는다. 뒤지면 나오게 마련이다. 하지만 이런 일도 잠시 잠깐일 것 같다. 네트워크의 시대에 표절이 아닌 것은 하나도 없기 때문이다. 카피레프트라는 표현은 이런 경향을 암시한다. 샘플링이라는 기술은 이제 불법이 아니다. 적정한 규칙만 따른다면 베끼는 것도 예술이 된다. 용궁해장의 여의봉도 용왕의 것이 아니듯, 손오공의 것도 아니다. 굴러다니던 물건 쓸 수 있는 자가 잘 쓰면 그만이다. 찾는 자가 없으니 묻혀있었을 뿐 누가 굳이 감추려고 한 것도 아니다.

우리는 디지털 콘텐츠를 방어하는 일이 가능하다고는 믿지 않는다. 음악의 세계에서 도둑질은 새로운 게 아니다. 새로운 것은 이 훔친 물건들을 놀랄 정도로 효과적으로 퍼뜨리는 인터넷이라고 부르는 시스템이다. 게다가 누구도 인터넷을 꺼 버리진 않는다. 인터넷에 올리는 데는 훔친 복사본 하나만 있어도 족하다. 자물쇠 한 개만 따면 모든 문을 열 수 있다. 자물쇠 하나 따는 데는 한 사람이면 족하다. 최악의 경우 누구 한 사람이 자기 CD 플레이어에서 아날로그로 연주하는 것을 녹음해서 인터넷에 올리는 것이다. 그런 일은 절대로 막을 수 없다. 그렇기 때문에 그런 일에 맞서야 한다. ●131

●131 아이튠즈(iTunes)에 대한 스티브 잡스(Steve Jobs)의 인터뷰, 〈롤링스톤(Rolling Stone)〉 2003년 12월 9일.

희대의 장사꾼 스티브 잡스는 저렇게 거대한 레코드회사들을 설득했고, 그렇게 집어 삼켰다. 소셜네트워크시대의 젊은 세대들은 이미 이런 경향을 절감하고 있다. 부처님은 연생의 법을 깨달은 자들을 연각(緣覺)이라고 불렀다. 인터넷 안에서 저들은 이미 모두가 연각이다. 나쁜 마음으로 이름을 감추고 도둑질을 하는 자들도 있겠지만, 저들은 이미 이름의 가치를 잃어버렸다. 아니 그들이 버린 것은 예전의 이름이다. 자기만의 세계, 독창적인 것을 찬미하던 시절에 이름이 갖던 무게감이다. 저들은 어쩌면 이름이 지니는 새로운 의미, 새로운 가치를 찾고, 만들어가고 있는지도 모른다. 물론 돈도 만든다. 아주 많이.

저들, 새로운 연각들에게 천 년이라는 시간, 또는 천 년의 순간은 어떤 의미가 있을까? 어쨌거나 천 년의 대장경, 천 년의 일은 저들의 일이다. 이 일은 처음부터 미래의 중생들을 위한 일이었다. 시간이 간다고 시간만 바뀔까? 사람들이 바뀌고 모든 것이 바뀌는데 천 년 전의 일로 천 년 뒤의 일을 감당할 수 있을까? 미래, 아직 오지 않았다는 뜻이다. 지금은 없는 일들이다. 없는 일을 생각하는 것을 꿈이라고 부른다. 천 년의 일은 그래서 어차피 꿈이고 몽상이다. 아무려나, 상상은 자유라지 않던가?

그릇에 대한 몽상 – 스토리지/메모리

장(藏)이라는 글자는 묘한 글자이다. 무엇보다 쓰기가 아주 편리하다. 우리의 고려대장경지식베이스나, 대만의 CBETA, 일본의 SAT, 대장경 데이터베이스●132에 '장(藏)'이라는 글자를 검색해 보면 담박에 느낄 수 있다. 앞에 거론했던 쓰임새 외에도 천장(天藏)·지장(地藏)·해장(海藏)·허공장(虛空藏)·화장(華藏)·비밀장(秘密藏)·무진장(無盡藏)·각장(覺藏)·태장(胎藏)·공덕장(功德藏)·무명장(無明藏) 등에서부터, 장식(藏識)이나 여래장(如來藏)·신통대광명장(神通大光明藏) ……. 글자의 양도 많지만 쓰임새도 다양하다. 우리가 상상할 수 있는 용례는 거의 모두 찾을 수 있을 것도 같다. 용례별로 뜻을 찾아가다 보면 얽히고설킨 실타래 속에 갇혀 오리무중이 되기 십상이다. 그러다 보면 뭐 분명하지는 않더라도 대충 써도 얼추 맞는 말처럼 보이기도 한다. 그래서 쓰기가 편한 글자라고 하는 것이다. 대강 써도 말이 되는 것 같고, 뭔가 그럴듯해 보이기 때문이다.

●132 고려대장경지식베이스 http://kb.sutra.re.kr
대만 CBETA http://www.cbeta.org
일본 SAT http://21dzk.l.u-tokyo.ac.jp/SAT/index_en.html

4-3 ● 장(藏)의 어원(『불광대사전』) ● 133

이런 사전적인 정의만 보더라도, 근원이 다른 말들이 모두 장(藏)이라는 그럴듯한 글자로 번역이 되었다는 사실을 알 수 있다. 어원은 다른데, 글자는 같다 보니 그만큼 오해가 생길 소지도 크다. 어원이 다르다고는 하지만, 모두 담는다거나 담는 공간에서 유래한 것이라서 혼동하기도 쉽다. 그래서 시간이 가고 장소와 사람들이 바뀌면서 어원과도 상관없이 쓰임새가 서로 섞이는 경우들이 나타나기도 했다. 말이 많다는 것은 그만큼 생각이 많았다는 뜻이겠다. 장(藏)이라는 글자를 둘러싼 생각들이다. 말도 많고, 생각도 많은 이 글자는 그래서 풍요로운 상상력의 지평을 열어 준다. 그런 얘기들을 한번에 다할 수는 없겠다. 우선 익숙한 용례로부터 시작해 보도록 하자.

큰 그릇, 대장경의 장(藏)은 아무튼 '그릇'에서 시작한 말이다. 트리피타카, 세 개의 바구니, 여기서부터 시작된 말이다. 이규보 식으로

● 133 『불광대사전(佛光大辭典)』: http://www.fgs.org.tw/fgs_book/fgs_drser.aspx

정의하자면 '금구옥설을 담는 그릇'이다. 말을 담는 그릇이 무엇인가? 이규보에 입장에서 보자면 목판인쇄술로 새겨서 찍은 문헌이다. 목판일 수도 있고 종이일 수도 있다. 그것을 묶은 두루마리 책일 수도 있고 그런 책을 집성한 대장경 전체일 수도 있다. 그런 그릇 안에 말이 담긴다.

그렇다면 말이란 것은 또 무엇인가? 사람이 목을 통해 내는 소리이다. 그 소리에 뭔가 뜻이나 생각이 담긴다. 뜻이건 생각이건 그런 내용이 담겨 있지 않은 소리라면, 말이라고 부르지는 않는다. 불교에서는 말 안에 이름[名]과 구절[句]과 문장[文]이 담긴다고 한다. 그리고 이름이나 구절, 문장 안에는 또다시 생각이 담긴다. 목판이 그릇이듯 말도 그릇이고, 이름도 그릇이다. 물그릇 안에 물이 담기고 밥그릇 안에 밥이 담기듯, 저런 그릇들 안에도 담겨야 할 것들이 차례로 담긴다. 그릇 안에 무엇인가를 담는 까닭은 그릇을 통해 뭔가를 주고 받으려 하기 때문이다. 생각을 주고 받는 일, 곧 소통하는 일이다.

앞에서 능장(能藏)과 소장(所藏)의 구분에 대해 언급한 적이 있었다. 그릇이라는 물건은 무엇인가를 담자고 있는 것이다. 뭔가 내용을 전제로 하고 있다는 말이다. 담는 물건으로서의 그릇과 담기는 내용으로서의 말과 같은 구분이다. 담는 것과 담기는 것, 이런 구분에 능소(能所)의 개념이 개입한다. 이런 개입을 통해 보자면 그릇이라는 명사는 어느덧 '담는다'는 동사와 연관을 갖기 시작한다. 불교의 사고방식이 이런 식이어서 더 그렇다. 그릇이라는 명사가 어느새 동사로 작용한다. 아니 이 글자의 연원을 추적해 보면, 이 글자는 본래 동사로부터 시작된 것이라고 할 수도 있다. 무소장적(無所藏積)과 같은 표현이다. '여래는 아무것도 감춰 둔 것이 없다'는 표현이다. 감추고 담고, 그런 게 그릇이 하는 일이고, 그런 일 그런 기능은 동사가 된다.

말이나 생각을 담는 그릇, 요즘 쓰는 컴퓨터 용어로 치자면 데이터를 저장하는 스토리지(Storage)에 가깝다. 플로피디스크나 하드디스크, CD-ROM 같은 장치들이다. 하드디스크라는 말처럼 딱딱한 그릇을 연상시키는 이름도 있지만, CD-ROM은 이와는 달리 'Read-Only-Memory', 스토리지처럼 느껴지지 않는 이름을 갖고 있다. 하지만 이런 이름과는 상관없이 모든 스토리지는 메모리이다. 스토리지가 원래 메모리를 구성하는 한 부분이기 때문이다. 스토리지가 없다면 메모리도 없을 것이기 때문이다. 기억을 담아 둘 장소가 없다면 기억이라는 행위 자체가 성립할 수 없기 때문이다. 하지만 메모리를 뭔가 담는 행위로 이해한다거나, 담기 위해서는 담는 공간이 필요하다는 투의 생각은 말하자면 일종의 유비(類比)에 불과하다.

불교에서는 '마음 심(心)'이라는 글자를 좋아한다. 이게 일종의 만병통치약이다. 염통이라는 뜻에서부터 우주 그 자체까지 통하지 않는 곳이 없다. 글자의 쓰임새가 그렇다는 말이다. 아무튼 기억을 심장에 담아 두든지, 마음에 담아 두든지, 아니면 뇌세포에 담아 두든지 어딘가에 무엇을 담아 둬야 한다는 점에서는 대강 다 비슷한 얘기가 된다. 메모리나 기억이나 뭔가 사람이 하는 행위를 지칭하는 말이다. 이걸 스토리지나 공간에 비유하고, 공간으로 상상하다 보면 혼선이나 오해가 생길 수밖에 없다.

ROM과 같은 저장장치가 사양길에 접어들면서 스토리지라는 표현보다는 이제는 메모리라는 표현이 더욱 널리 쓰이게 된 것 같다.

스토리지는 원래가 메모리의 한 부분인 까닭이기도 하다. 말이건 생각이건, 데이터를 담아 두는 일은 데이터를 집어 넣고 꺼내는 과정의 일부분이기 때문이다. ROM에 대비되던 용어가 바로 RAM이라는 말이다. Random Access Memory, 오래전부터 듣던 말이지만 아직도 요령부득의 표현이다. 그러다 여기에 '다이내믹(Dynamic)'이니 '스태틱(Static)'이니 하는 수식어가 붙기 시작했다. 'Volatile'이라는 수식어를 붙여 놓고 이를 '휘발성 메모리'로 번역하는 데까지 이르면 갈수록 태산이라는 생각밖에 남는 게 없다. 어쨌거나 '전기가 나가면 메모리도 날라간다'는 뜻이라니 그 편은 그래도 이해가 쉽다는 생각은 든다.

전기가 나가면 날라가는 기억, 이런 게 컴퓨터시대의 기억이고 그릇이다. 전기가 나가면 그릇으로서의 기능을 할 수 없다. 죽어 버린다. 그릇이 죽는다니 이상한 상상일 수도 있겠지만, 장(藏)이라는 글자 안에는 이와 비슷한 상상이 담겨 있다. 장이라는 글자는 분명히 그릇이라는 어원, 명사에서부터 출발했다. 그런데 이 글자는 점점 동사처럼 쓰이기 시작한다. 그릇의 쓰임새가 담는 일이니까, 담는 행위도 그릇의 중요한 요소로 이해하기 때문이다. 생각하고 기억하는 일은 그냥 그릇이 아니다. 행위나 동작이 없으면 그릇도 없다. 기억으로서의 장은 살아서 움직인다.

여래나 아난이나 기억을 몸 안에 담고 있을 때는 너무나 당연한 일이었겠다. 여래나 아난이나 생명이 끊기면 기억도 사라진다. 결집을 한 까닭도 생명이 끊어지고 기억이 사라질 것을 염려했기 때문이다. 새로 결집한 기억도 아직은 대중들의 몸 안에 있다. 게다가 장이나 기억이나 그저 아무렇게나 담는 일이 아니다. 허실을 따져 보고 본말을 헤아려야 한다. 살아 있는 생명체가 생각하고 판단하고, 그래야 기억은 유지된다. 그런 일이 끊어지면 전기가 끊긴 메모리처럼 기억도 생명이 끊긴다. 성문들은 그렇게 기억을 함께 살려갔다. 기억의 기술을 갈고 닦았다.

그런데 기억이 몸을 떠나 나뭇잎이나 종이에 기록되기 시작하면서 문제가 점점 더 복잡해지기 시작했다. 그런 종류의 보조기억장치에는 생명이 없기 때문이다. 살아 있는 그릇이 아니기 때문이다. 보조기억장치의 기능은 말 그대로 살아 있는 시스템을 보조하는 일이다. 시스템 없이 살아 있는 보조기억장치란 있을 수가 없다. 몸 밖에 기록된 기억들은 그래서 위험하다. 시간이 지나고 사람들의 기억이 이어지지 않으면 그저 흔적으로만 남을 뿐이다.

그래서 기억을 '살리는' 일이 또 일이 되었다. 살리는 기술이 없다면 기억도 없다. 기껏해야 유리창 너머의 보물이나 될 수 있을 뿐이다. 그래서 선사(禪師)들은 '교(敎)는 부처님의 말이요, 선(禪)은 부처님의 마음'이라고 굳이 구별을 한다. 부처의 마음을 잡아 말에 생명을 불어 넣어야 한다. 부처님도 늘 하던 말이다. 아난이나 가섭, 후대의 보살들이 여래장을 모도잡는 기술자들이었다면, 그들은 기억에 생명을 불어 넣는 기억의 마스터들이다.

그때에 세존(世尊)께서 바다 용왕의 궁전에서 설법을 하시고, 이레가 지나 큰 바다로부터 나오니……, 나바나 야차왕이 바다에 파도가 치는 것을 보고, 대중들이 모인 자리에 장식(藏識)의

큰 바다가 바람으로 움직여 전식(轉識)의 파도가 치는 것을 관
(觀)하였다. ●134

바다의 판타지, 다시 용궁해장이다. 정보의 바다, 기억의 바다, 따지고 보면 우리는 이미 그 바다 속에 빠져 있다. 위 아래, 사방을 둘러봐도 용궁해장이 아닌 곳이 없다. 그러니 용궁에서 설법을 했다는 표현도 이상할 것이 없다. 정보의 바다에 다시 얼마간의 정보를 흘린 것뿐이다. 그런데 여기서 바다의 판타지가 또 다른 판타지와 섞인다. 생각의 판타지이다. 야차왕(夜叉王)은 바다에 파도가 일렁이는 것을 보고 장식(藏識)으로부터 전식(轉識)이 파도치는 것을 관(觀)한다. 불교의 인식론이다.

생각에는 장식과 전식의 두 가지가 있다. 장으로서의 생각은 그릇의 판타지이다. 생각은 그릇과 같다. 생각의 그릇 안에는 생각의 쪼가리, 생각의 씨앗, 종자(種子)가 담긴다. 전식은 살아 있는 그릇이 움직이는 일이다. 생각의 그릇으로부터 종자들이 들고 난다. 담고 담기는 일이다. 생각의 그릇에 파도가 치는 일이고, 그릇이 뒤집히는 일이다.

야차왕은 한 걸음 더 나아간다. 생각의 큰 바다, 바다에 파도가 치는 모양을 대중들이 모인 자리로 확장했다. 어느 한 중생의 바다가 아니다. 대중들의 생각이고 대중들의 바다이다. 대중들의 바다가, 대중들의 그릇이 요동치는 일이다. 중생들은 그렇게 큰 바다, 큰 그릇 안에서 이리저리 파도친다. 저 짧은 글 안에 참으로 많은 이야기가 담겨 있

●134 『대승입능가경(大乘入楞伽經)』, K0161V10P0919c03L

다. 이런 게 불교식의 그릇에 대한 상상력이다.

　얼마 전 애플에서 출시한 알싸한 노트북, 새로운 아이북에서는 아예 하드디스크를 빼 버렸다고 한다. 덩치도 크고 전기도 많이 먹고 무엇보다 너무 뜨겁기 때문이다. 그래서 그런 골치 아픈 보조장치를 떼어 버리고 작고 가벼운 새로운 기술의 새로운 메모리로 대체했단다. 메모리는 그렇게 진화한다. 종이가 가진, 목판이 가진 한계를 넘어 살아 있는 그릇으로 바뀌어 간다. 살아 있는 기억장치들이다.

　그러고 보니 고려대장경과 대정신수대장경을 몽땅 노트북에 담고 다니던 때의 생각이 난다. 1,000쪽짜리 무거운 책 수백 권을 가방에 넣고 다닐 수 있다니. 천하를 수중에 얻은 기분이랄까……. 세월이 흘러 이제 그런 정도는 USB 한 개에 들어가고도 남는다. 하지만 이젠 그런 걸 주머니에 넣고 다닐 필요도 없다. 모든 것이 인터넷에 다 들어 있다. 수십만 장의 고해상도 이미지들을 갖고 노는 '그림찾기' 놀이도 인터넷만 있으면 그만이다. 인터넷에서 놀고, 놀던 흔적조차 그 자리에 그대로 저장이 된다. 인터넷에 연결만 할 수 있다면 다른 그릇은 이제 아무것도 필요하지 않다. 접속하는 순간 기억도, 생각도, 일도, 놀이도 함께 이어진다. 접속이 바로 그릇이다. 이런 게 우리 시대의 '천하를 천하에 담는' 방식이다. 요즘의 아이들은 인터넷이란 큰 그릇 안에서 이리저리 요동친다. 파도가 치고 그릇이 뒤집힌다. 야차왕처럼 그런 아이들은 멀리서도 금세 안다. 요동치는 그릇의 정체를.

고무오리의
의미론

고무오리의 여행

- 1992년 1월 10일: 중국에서 출발하여 태평양으로 향하던 화물선이 풍랑에 휩쓸리며 컨테이너 다섯 개가 바다에 빠졌다. 그 안에는 아기들이 목욕할 때 쓰는 장난감 고무오리 29,000개가 실려 있었다. 각각의 고무오리에 제조회사의 이름 'The First Years'라는 도장이 찍혀 있었다.

- 1992년 11월 16일: 장난감 고무오리는 알래스카 해변에 나타나기 시작했다. 태평양에 빠진 오리들이 Subpolar Gyre(알래스카와 시베리아 사이 베링해를 시계 반대방향으로 도는 해류)를 타고 알래스카 해변으로 흘러온 것이다.

- 1995년 초: 오리들이 북미 해변과 하와이 해변에 도착하기 시작했다.

- 1995년~2000년: 오리들이 Subpolar Gyre를 벗어나 북쪽으로 베링해협을 지나 북극해로 들어갔다. 북극을 지나 천천

히 동쪽으로 이동했다.

- 2000년: 오리들이 북대서양 해변에 도착하기 시작했다. 북미 메인주에서 매사추세츠로 흐르는 해류에 발견되기 시작했다.
- 2001년: 타이타닉호가 침몰한 지역에서 발견되기 시작했다.
- 2003년 7월~12월: 오리를 만든 회사에서, 1992년 태평양에 빠진 오리를 주워 오는 사람에게 미화 100달러 상당의 채권을 제공했다. 오리를 제공하는 사람은 오리를 발견한 시간과 장소를 정확하게 제시해야 했다. ● 135

바닷가 사람들은 오래전부터 바다를 통해 바다 건너의 존재들과 소통을 했다. 빈 병에 편지를 담아 바다에 던지면, 태평양을 건너 대서양을 건너 언젠가 누군가로부터 답장이 오겠지. 그들은 그런 방식으로 바다의 물길을 짐작했다. 그리고 그런 물길을 따라 물건들이 떠다니고

● 135 영국 〈데일리메일〉 2007년 6월 27일자 기사.
http://www.dailymail.co.uk/news/article-464768/Thousands-rubber-ducks-land-British-shores-15-year-journey.html

생명이 흘러다니며, 문명이 전파되었다는 사실을 알게 되었다.

커티스 에베스마이어(Curtis Ebbesmeyer) 박사는 해변에서 보물찾기를 하는 이른바 비치코머(beachcomber)이다. 미국 서북부 태평양 연안의 워싱턴에 사는 해양학자인 그는 이 해변 저 해변을 누비며 온갖 것들을 찾아 헤맨다. 보물만 찾는 것도 아니다. 온갖 쓰레기와 부유물들을 수집하고 정리한다. 그는 비슷한 사람들, 비치코머들의 네트워크를 구축했고, 그들이 긁어 모은 쓰레기들을 학문의 영역으로 끌어 올렸다. 그는 그 학문에 '표류 메트릭스(flotsametrics)'라는 이름을 붙였다. ●136 위에 인용한 고무오리 사건은 이 '해양쓰레기 학문'에 특별한 계기를 가져다 주었다. 드문드문 떠다니던 쓰레기들과 달리, 이들 고무오리들은 특별한 모양과 빛깔들을 가지고, 바다 물길에 보다 뚜렷한 패턴을 보여주었기 때문이다.

오스커즈(OSCURS, Ocean Surface Current Simulator)는 알래스카 수산과학센터에서 만든 해양 조류 시뮬레이션 프로그램이다. 이 프로그램의 목적은 물고기를 좀더 많이 잡자는 데 있다. 물고기들이 바다의 물길을 따라 흘러다니기 때문이다. 바다의 흐름을 수치로 계량화시켜 물고기들의 흐름을 예측하고 대비하자는 것이다. ●137 에베스마이어 박사와 같은 비치코머들은 20년간 수집한 백여 마리의 고무오리들을 이런 프로그램에 적용하여 오리들의 여정을 계산해냈다. 태평양을 세 바퀴나 돌고 미국 서해안에 안착한 오리도 있었고, 큰 물길에서 벗어나 해안의 작은 물길을 빙빙 돌다가 다시 큰 물길을 타고 유럽의 해안에서 발견된

●136 http://beachcombersalert.org
●137 http://www.afsc.noaa.gov/REFM/docs/oscurs/get_to_know.htm

오리도 있었다. 어떤
오리는 누군가에 물어
뜯긴 흔적을 가지고 있
었고, 그 흔적이 오리
의 여정을 바꿔 놓았다
는 사실도 계산할 수
있었다.

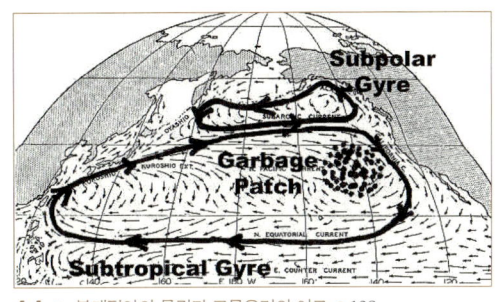

4-4 ● 북태평양의 물길과 고무오리의 여로 ●138

이런 시뮬레이션은 오리가 발견된 시간과 장소에 기초한다. 그 시간과 장소는 그 오리의 여정을 말해 준다. 반대로 물길의 흐름을 예측함으로써 어떤 장소에서 언제쯤 오리가 발견될 것이라는 사실을 예측할 수도 있다. 그들의 계산은 맞아 떨어지기 시작했다. 예측한 시간에 예측한 장소에서 오리들이 발견되기 시작했던 것이다.

1992년 고무오리가 컨테이너에 실릴 무렵, 그 고무오리들이 가진 의미는 단순하고 분명했다.

> 고무나 비닐 같은 재료로 만든 오리 모양의 장난감, 보통 빛깔은 노란색이고 바닥은 납작하다. 노란 고무오리는 미국의 대중문화에서 목욕을 연상시키는 상징적인 의미를 가지고 있다.

이런 것이 고무오리가 가진 사전적인 의미이다. 아기들을 목욕시킬 때, 투정을 줄이고 목욕을 즐길 수 있도록 고안된 장난감이다. 미국

●138 http://beachcombersalert.org/RubberDuckies.html

에서 자란 아기들은 누구나 한번쯤은 가지고 놀았을 물건이고, 그래서 누구에게나 특별하고 고유한 추억과 의미를 안겨 주었을 그런 물건이다. 고무오리들은 모두가 똑같이 그런 사전적 의미를 지니고, 사전적 목적을 가지고 동등하게 태어났다. 하지만 그때뿐이다. 공장을 떠나는 순간 오리들의 운명은 갈라진다. 누군가의 다락방이나 지하실에 보관된 고무오리 또한 누군가의 어린 시절을 담고 있다. 태평양을 세 바퀴 돌아 미국 해안에 정착한 오리와, 남극해를 여행했던 오리가 지나온 길은 판이하다. 그런 추억이나 여정들을 모두 사전에 기록할 수는 없다.

오리 얘기가 길어졌다. 이런 얘기를 여기서 꺼내는 까닭은 요동치는 그릇, 해장(海藏) 얘기를 꺼냈기 때문이다. 태평양에 물길이 있듯, 해장에도 물길이 있다. 고무오리의 여정이 다르듯, 해장을 흘러다니는 말의 여정도 다르다. 고무오리를 발견한 시간과 장소가, 고무오리의 여정을 증거하듯, 말이 쓰인 시간과 장소가 말의 여정을 증거한다. 말의 길, 말의 여정, 그 사이에 말에는 숱한 경험과 기억들이 새겨진다. 바다를 떠돌던 고무오리들처럼 빛이 바래기도 하고 상처를 입기도 한다.

『개원석교록』에는 서기 67년부터 730년 사이에 한문으로 번역되거나 저술된 문헌들이 담겨 있다. 고려대장경은 11세기~13세기 사이 2백여 년간에 걸쳐 조성된 문헌집성이다.『개원석교록』으로부터 재조본의 조성까지 다시 오백 년이 흘렀으니, 고려대장경에는 얼추 잡아도 천백 년간에 걸쳐 형성되어 온 한문불전들이 담겨 있다는 얘기이다. 그리고 나서도 다시 칠팔백 년의 세월이 흘렀다. 한문으로 번역되던 시절, 교정을 거쳐 대장경으로 완성되던 시절, 그리고 대장경의 형식으로 유통하던 시절을 다 합하면 얼추 2천 년을 채운다. 대장경에 담긴 글자들은 그렇게 긴 여정을 거쳐왔다. 빛도 바랬고 상처들도 있다. 닳고 닳아서 그런 글자들에게 사전적인 의미란 별 쓸모가 없다. 옥편이나 사전에는 그런 긴 시간, 긴 추억을 담을 공간이 없다. 숱한 사람들의 입과 귀, 그릇들을 거친 글자들이다. 글자 하나하나가 고유한 추억과 기억을 담고 있다.

    비치코머들이 주워 온 고무오리들에게는 하나씩 이름을 붙였다. 고무오리들의 여정을 분석하고 이해하기 위해서 편의상 붙인 이름이다. 일련번호로 매겨진 이름이라 멋도 개성도 없다. 그래도 이름을 가진 고무오리들은 이름값을 한다. 아기들이 빨고 놀던 고무오리들 중에도 이름을 가진 것들이 제법 있을 것이다. 아기의 엄마나 아기들이 직접 지어 준 이름들일 것이다. 그리고 그 아기들은 커서도 그 이름으로 자기의 고무오리를 추억할 것이다. 고려 재조대장경에는 오천이백만 자의 글자가 들어 있다. 마찬가지로 대장경에 담긴 글자들에게도 그런 이름을 하나씩 달아 줘야 한다. 글자마다 고유한 경험과 기억이 담겨 있기 때문이다.

    사실 재조대장경 전산화를 한다는 의미 안에는 이미 그런 이름들이 포함되어 있다. 글자마다 고유한 번호를 가지고 있고, 고유한 주소를 가지고 있기 때문이다. 전산화된 대장경 안에서 글자를 검색한다는 의미는 그런 주소들을 찾아가는 일이다. 이름과 주소가 없다면 말 그대로 '남대문 김서방'일 터이다. 이름과 주소가 있으니 이제 추적이 가능하다. 천 년이 넘은 역사라지만 그래 봤자 천 년이고, 그래 봤자 오천만 자이다. 컴퓨터도 있겠다, 쫓아가다 보면 흘러온 물길도 알게 되고 계산도 예측도 가능하다.

　글자도 그릇이다. 누군가의 입과 손, 뇌세포와 심장을 거치며 생각과 기억을 담는다. 생각과 기억들에는 깨달음이나 가르침 같은 또 다른 어떤 것들이 담겨 있다. 담고 담기는 과정을 거치면서 내용물은 들고 나고, 그릇은 닳고 깨진다. 글자는 같아도 글자들이 담고 있는 경험과 기억은 판이하다.

　'천 년의 장(藏)'이라는 이 글 자체가 그런 경험과 기억을 거꾸로 찾아가 보는 일이다. 장(藏)이라는 글자, 장(藏)이라는 오리가 거쳐 온 길이다. 부처님의 입으로부터 흘러나온 후로 이천오백 년이 흘렀다. 무려 이천오백 년의 여정이다. 한자로 바뀐 이후만 따져도 이천 년이다. 어찌 보면 장(藏)이라는 말은 저 글자가 가진 이름에 불과한지도 모른다. 장이라는 이름을 가진 글자, 그 글자가 해장을 흘러온 과정, 생각과 기억들이 그 글자를 들고 나는 중에 더해지고 빠지고, 뒤섞였던 것들, 그런 것들이 저 글자가 가지는 의미들이다. 그런 의미들은 장이라는 이름이나, 저 글자 저 그릇 안에 담겨 있지 않다. 그런 의미들은 저 이름, 저 글자가 흘러다닌 해장(海藏)의 여정 안에 여기저기 흩어져 있다. 태평양의 물길을 짐작할 수 있어야 오리의 여정을 추정할 수 있듯이, 저 글자의 의미를 이해하기 위하여는 역시 해장의 물길을 짐작할 수 있어야 한다. 고무오리에 대한 사전의 정의 안에 고무오리의 여정이 모두 담길 수 없듯이, 장(藏)이라는 글자, 그 이름만 가지고는 이천오백 년의 의미들을 짐작조차 하기 어렵다.

　사전의 정의는 여정의 시작일 뿐이다. 폭풍을 만난 고무오리들이 컨테이너를 벗어나 파도 속으로 흘러 들어갔듯, 입을 떠난 글자들도 비숫한 폭풍과 파도에 헤매었다. 오해도 있었고, 왜곡도 있었고, 어리석음도 있었고, 속임수도 있었고, 장삿속도 있었고, 협박도 있었고, 전쟁도 있었다. 심심풀이 낙서였을 수도 있고, 빌려온 책을 바삐 베끼다 실수를 했을 수도 있다. 저 글자를 들고 나던 생각과 기억들, 저 이름이 불러일으켰던 생각의 파도들, 몇 가지 사전적인 정의만 가지고는 그런 역사, 그런 의미들을 절대로 복원해 낼 수 없다.

빈도	경번호	경명	편저자	번역자	시간	장소
24	K.0080	대방광불화엄경		실차난타	695	낙양
24	K.1262	대방광불화엄경		반야	734	장안
24	K.1272	대승유가금강성해만수실리천비천발대교왕경		불공	771	낙양
22	K.0079	대방광불화엄경		불타발타라	415	건강
6	K.1258	어제연화심윤회문게송			976-997	변량
6	K.1404	불설불명경				
5	K.1396	대종지현문본론	마명	진제	548	건업
5	K.1505	선문염송집	혜심		1226	고려
4	K.0104	대방광불화엄경입법계품		지바하라	685	장안
4	K.0382	최승문보살십주제구단결경		축불념	399-416	장안
4	K.0390	불설불명경		보리류지	508	낙양
4	K.1062	개원석교록	지승		730	장안

빈도	경번호	경명	편저자	번역자	시간	장소
4	K.1263	신화엄경론	이통현		719	태원
4	K.1329	대방광불화엄경입법계품사십이자관문		불공	720	낙양
4	K.1401	정원신정석교목록	원조		799	장안
4	K.1499	종경록	연수		961	절강성 영명사
4	K.1513	화엄경탐현기	법장		643-712	장안
3	K.1257	신집장경음의수함록	가홍		931	
3	K.1510	석화엄교분기원통초	균여		923-973	고려
2	K.0151	대승동성경		사나야사	564	장안
2	K.0530	보살영락본업경		축불념	399-416	장안
2	K.0550	십지경론		보리류지	693-722	장안

표 8 ● 해장(海藏)의 '표류 매트릭스(flotsametrics)'

    해장(海藏)이라는 키워드를 고려대장경 지식베이스에서 검색하면 '60종의 문헌에 209번'이라는 결과가 나온다. 위의 도표는 2번 이상 쓰인 문헌만을 빈도별로 예시한 것이다. 언뜻 봐도 주로 『화엄경』 계통의 문헌에 등장한다는 사실을 알 수 있다. 편저자와 번역자를 통해 이 말이 쓰인 시기와 장소를 얼추나마 추정할 수 있다. 이런 정도의 정보만 가지고도 이 키워드가 지나온 여정을 대강은 짐작할 수 있다.

다시 말해 이런 정도의 정보만 가지고도 고무오리의 여정을 추정해 냈던 오스커즈(OSCURS)와 같은 물길 시뮬레이션 프로그램을 만들 수 있다는 것이다. 해장의 물길을 그릴 수 있다는 뜻이다. 물론 아직은 정보가 충분하지 않다. 후대에 한문으로 저술된 문헌들, 예를 들어 의천의 교장(敎藏)이 남아 있었더라면 보다 정교한 프로그램을 만들 수 있었을 것이다. 후대의 주석서는 대장경에 입장된 문헌들을 기초로 저술되었기 때문에 글자의 여정이 보다 뚜렷하게 나타나기 때문이다. 말하자면 인용과 표절의 여정이다. 더 많은 양의 데이터가 추가될수록 시뮬레이션의 정확도 또한 높아질 것이다.

대장경의 글자를 해독하는 데에도 이렇게 이름과 주소, 그 글자가 쓰인 시간과 장소가 요긴할 수 있다. 그 글자를 썼던 사람, 보고 들었던 사람, 그들이 살던 세계, 그런 것들이 모두 그 글자의 언저리를 싸고 돈다. 그리고 그런 이야기들이 그 글자가 지닌 사전적인 의미보다 훨씬 더 크고 복잡한 의미들을 담고 있다. 대장경의 글자들을 읽고 쓴다는 의미는 이렇게 글자의 주소를 들고 글자의 여정을 되짚어 보는 일과 같다. 여정을 돌아보며 흘러온 길을 추정해 보고, 흘러갈 방향을 예측해 보는 일이다. 그리고 그런 일의 최종 목표는 부처님의 가르침이고 깨달음이다. 성문과 보살들이 꾸준히 갈고 닦아 왔던 일, 말을 통해 글자를 통해 그 안에 담긴 기억들을 자기 몸 안에서 실험하는 일이다.

천 년 대장경의 일이 있다면 그 일은 이런 일일 수 있다. 해장의 물길을 헤아리고, 글자들의 여정과 의미를 헤아리는 일이다. 그리고 그렇게 해독된 의미들을 우리의 몸에 연결시킴으로써 살아 있는 기억으로 생명을 불어 넣는 일이다. 그런 일들을 상상하고 실험하는 일이다. 그리고 우리 시대, 디지털의 시대에 그 일은 '디지털 대장경'이란 말로 집약된다. 글자들이 인터넷 안에서 이름과 주소를 가지게 된 시대, 우리 시대에 저런 일은 이제 어려운 일이 아니다. 오스커즈(OSCURS)를 통해 고무오리의 여정을 추정하고 예측할 수 있었듯이, 이제는 대장경의 바다, 그 안을 흘러다니는 글자들의 여정을 추정하고 예측할 수 있는 시대가 되었다.

도장
찍기

법보종찰 해인사에서는 매년 음력 3월 10일 '팔만대장경 정대불사'라는 큰 법회를 열고 있다. 1961년부터 이어 온 최대의 행사라고 한다. '정대(頂戴)'라는 말은 '머리에 인다'는 뜻이다. 팔만대장경을 머리에 이고 모시는 법회라는 뜻인 만큼, 법회에 동참한 사람들은 대장경을 머리에 이고 마당에 그려 놓은 '해인도(海印圖)'를 따라서 돈다. 해인도를 따라서 도는 법회가 언제부터 시작됐는지는 모르겠지만, 해인사와 팔만대장경, 해인도를 도는 정대불사, 잘 어울린다는 생각이다.

> 일승법계도(一乘法界圖)는 시(詩)를 합하여 하나의 도장으로 만든 것이다. 『화엄경』과 『십지론(十地論)』에 의거하여 원교(圓敎)의 종요(宗要)를 표(表)한다.

앞에서도 인용했던 「법계도기총수록(法界圖記叢髓錄)」의 구절이다. 해인도는 저 '일승법계도'를 가리킨다. 시(詩)를 도장(印)으로 만든 것이다.

4-5 ● K.1502 『법계도기총수록(法界圖記叢髓錄)』
210개 글자가 54차례 꺾이면서 네모 도장을 이룬다.

시(詩)는 '법성게(法性偈)'라고 하는 노래이다. 우리나라 어느 절에 가든지 적어도 하루에 한 차례쯤은 들을 수 있을 만큼 애송되는, 말하자면 애창곡 중의 하나이다. 화엄종의 핵심을 뽑아 210자의 노래로 만들었다는데, 하필 왜 도장으로 만들었을까?

물음: 어떤 까닭에 도장에 의지하는가?
대답: 석가여래의 '가르침의 그물(敎網)'에 걸린 '세 가지 세간(三種世間)'이 해인삼매로부터 나타났다는 것을 표현하려는 까닭이다. 세 가지 세간이란 기세간(器世間)·중생세간(衆生世間)·지정각세간(智正覺世間)이다. 지정각(智正覺)은 불(佛)·보살(菩薩)이다. 세 가지 세간 안에 모든 법이 모두 포함되기 때문에 나머지는 논하지 않는다. ●139

●139   『법계도기총수록(法界圖記叢髓錄)』, K1502V45P0165b02L

해인(海印)은 비유로 말한 것이다. 큰 바다는 아주 깊어 바닥까지 밝고 맑다. 하늘의 제석천과 아수라가 투쟁할 때, 모든 병사들과 무기들이 바다에 비추어 분명하게 볼 수 있는 것이 글씨를 도장 찍는 것과 같아서 해인이라고 이름 붙인 것이다. ●140

대승경전에서는 보통 부처님이 설법을 시작하기에 앞서 특정한 삼매의 경지에 들었다가 나와, 삼매를 근거로 설법을 시작한다. 그런데 '가르침의 그물' 그 그물 안에 걸린 모든 것들, 중생들과 그 중생들이 사는 산하대지와 불보살들까지 모든 것이 다 해인삼매로부터 나타난 것이라고 한다. 모든 가르침, 모든 법을 포괄하고 그 근거가 되기 때문에 말하자면 삼매 중에서도 가장 중요하고 큰, 궁극의 삼매인 셈이다. 모든 법이 이 안에 모두 포함되고, 이것에 의지한다는 표현은 '가르침'이라는 관점에서 나온 표현이다. 가르침을 그물이라고 표현하는 까닭도 비슷하다. 이 그물 안에 모든 것이 다 걸리기 때문이다.

바다 도장, 해인은 비유에서 나온 이름이다. 태평양 같은 큰 바다에 파도가 잠잠해지면 우주의 삼라만상을 거울 같은 물 위에 있는 그대로 비추게 된다. 큰 바다에 큰 파도, 앞에서 인용했던 '장식(藏識)의 바다에 전식(轉識)의 파도' 같은 것이고, 그런 파도가 완전히 사라진 상태를 비유한 말이다.

●140 『법계도기총수록(法界圖記叢髓錄)』, K1502V45P0187b09L

라후라 아수라왕은 갖가지 무기로 위엄을 갖추고 비마질다라와 함께 뛰어올라 환술(幻術)로 변화하여 세 아수라왕과 작은 왕들의 무리들을 앞뒤로 거느리고 아수라성을 나와 도리천과 큰 전투를 벌이려 했다. 그때 난타와 우파난타 등 두 큰 용왕이 궁전에서 나와 각각 몸으로 수미산을 일곱 번 감아 한 번에 요동을 쳤다. 거듭 요동을 치니 크게 진동하여 큰 물기둥이 솟구쳤다. 꼬리로 바다를 때리니 물이 허공으로 솟구쳐 수미산 정상으로 쏟아졌다. 이때에 하늘의 주인 제석이 여러 하늘의 무리들에게 이렇게 고했다. '그대들은 대지가 이렇게 진동하는 것을 보았느냐? 공중은 구름이 끼어 비가 내리는 것 같고, 짙은 안개가 낀 것 같다. 내가 이제 아수라들이 하늘과 전투를 벌이려 하는 것을 분명히 알겠다.' 이에 바다 안에 머물던 용들이 용궁으로부터 갖가지로 병기로 위엄을 갖추고 나와 아수라와 맞섰다. 아수라와 싸워 이긴다면 그들을 물리치고 궁전으로 바로 쳐들어 가겠지만 그렇지 않다면 공포로 패주하게 될 것이다. 그래서 함께 땅에 사는 야차를 찾아가 말했다. '그대들은 아수라들이 하늘과 전투를 하려 한다는 사실을 알아야 합니다. 저희와 함께 도와서 그들을 타파할 수 있겠습니까?' 야차들은 이 말을 듣고 무장을 하고 용들을 따라 아수라와 전투에 나섰다. ●141

불교의 이야기는 이래서 재미가 있다. 여기 「법계도기총수록(法界圖記叢髓錄)」뿐만이 아니고, 여러 종류의 『화엄경』 주석서에 자주 등장하는 비유이다. 하늘세계와 아수라세계가 전면전을 벌이는 장면. 상상을 해 보자. 일곱 가지 보배로 치장한 갖가지 무기와 갑옷으로 위엄을 갖춘 제석천의 군대와 아수라왕의 군대가 허공에서 전투를 벌이는 장면이다. 그 장면이 그대로 바다 위에 도장 찍듯 찍힌다는 말이다. 『기세경』에는 전투 장면이 이후에도 길고 생동감 있게 그려진다. 용과 야차, 사천왕 등이 모두 다른 무기와 다른 위엄으로 제석천 밑으로 모여 아수라 군대에 맞선다. 제천대성 손오공이 하늘의 왕들과 맞서는 장면도 이런 이야기를 빌어 온 것이다.

부처님의 설법은 언제나 이렇게 흥미진진하다. 그런 이야기 사이로 무겁고 진지한 주제들이 들락거린다. 「법계도기총수록(法界圖記叢髓錄)」이라는 글이 그렇다. 속된 말로 머리에 쥐가 날 정도로 복잡하고 정교한 글이다. 경전 중의 경전이라는 『화엄경』, 그 경전을 바탕으로 형성된 화엄교학, 그 중에서도 가장 긴요한 주제들을 하염없이 나열한다. 그런 사이에 저 같은 상상력이 얹혀 있다.

210자의 법성게, 네모꼴의 도장은 만만한 대상이 아니다. 화엄종의 교리, 인간과 우주가 몽땅 거기에 담겨 있다. 팔만대장경을 머리에 정대하고 해인도를 따라 54굽이를 도는 까닭은 복잡한 교리에 있다기보다는 종교적인 신앙심이랄까, 주로 복을 비는 마음에 있을 것이다. 해인사 팔만대장경 정대불사에서는 법성게나 해인도도 사유의 대상이라기보다는 신앙의 대상이 된다. 하지만 법성게나 해인도는 수행을 위하여, 깨달음을 향하여 가는 도구로서 설계된 그릇이다. 화엄의 종요(宗

4-6 ● 해인사 정대불사. 법보종찰 해인사에서는 매년 음력 3월 10일 '팔만대장경 정대불사'라는 큰 법회를 열고 있다. 1961년부터 이어온 최대의 행사라고 한다. 정대불사는 대장경판을 머리에 이고 해인도(海印圖)를 따라 도는 법회다.

要)를 도장에 담아 눈으로 찍고 마음으로 찍는 방법, 해인삼매를 실험하고 터득해 가는 기술이다.

앞에서 과문(科文)에 대해 소개한 적이 있었다. 문헌의 줄거리를 도식화시키는 기술이다. 줄거리를 도식화시키는 까닭은 문헌을 통째로 한꺼번에 이해시키기 위해서이다. 줄거리를 논리적으로 따라가는 것이 아니라, 직관적으로 총체적으로 한꺼번에 '보게' 해 주는 기술이다. 영어에 '사진 같은 기억(photographic memory)'이라는 표현이 있다. 어떤 장면을 볼 때, 사진찍듯 이미지를 그대로 기억한다는 뜻이다.

그처럼 아주 세세한 부분까지 정확하게 기억을 하는 사람들도 제법 있다. 텔레비전에서 그런 기술을 과시하는 사람들도 있고, 그런 기술을 돈 받고 전수해 주는 사람들도 있다. 과문(科文)이나 해인 같은 도장의 비슷한 기술이다. 천성적으로 타고난 사람들도 있겠지만, 끊임없는 수행을 통해 그런 기술을 점차 터득해 가는 사람들도 있다. '모도잡아 여래장', 가르침을 한꺼번에 총지하는 일이다. 바다 도장, 해인은 이런 기술의 결정체이다. 그래서 해인도를 총지하면, 『화엄경』을 총지하게 되고, 『화엄경』을 총지하면, 중생과 중생들이 사는 세계와 불보살의 세계를 몽땅 한꺼번에 총지하게 되는 것이다.

불교에서는 글을 읽고 쓰는 일이 모두가 수행이다. 경전을 독송하고 듣는 일도 마찬가지로 수행의 방편이 된다. 읽고 쓰고 듣고 외우면서 가르침을 총지하는 기술을 닦고 익히기 때문이다. 그렇게 닦고 익히는 과정이 관행(觀行)을 닦는 관문(觀門)이 된다. 문(門)이라고 비유하는 까닭은 이를 통해 그 세계로 들어갈 수 있기 때문이다. 과문(科文)을 통해 글을 읽고 외우는 사람들은 총지의 기술을 터득해 간다.

어느 순간, 그들의 머리 속에는 『화엄경』 전체, 주석서 전체가 하나의 그림으로 박힌다. 앞에서부터 뒤로, 뒤에서부터 앞으로, 어느 곳도 빠짐없이 한번에 기억을 한다. 해인도는 그런 기능을 가진 도장이다. 『화엄경』을 통째로 모도잡게 해 주는 관문이다. 그래서 대장경을 머리에 정대하고 해인도를 도는 일도 단순히 기복의 행위만은 아니겠다. 그런 일이 도장 찍기로 들어가는 관문의 초입일 터이니 말이다.

도장에는 해인도와 같이 눈으로 찍는 눈도장도 있지만, 법성게와 같은 시(詩), 노래처럼 귀로 찍는 귀도장도 있다. 귀로 듣고, 눈으로 보고, 그런 것은 비유이다. 목표는 하나, 심인(心印), 마음에 도장을 찍는 일이다.

과문이나 도장은 기억과 지식을 시각화시켜 주는 기술이다. 앞에서 마인드맵과 같은 디지털시대의 새로운 도구들에 대해 소개했다. 이런 도구들은 목판의 시대에는 상상할 수도 없었던 기능들을 갖고 있다. 이런 도구들은 앞으로도 끝없이 개선될 것이고 더 많은 사람들이 손쉽게 이용할 수 있을 것이다. 모도잡는 기술을, 기술이라고 했지만, 사실 아무나 배우거나 쓸 수 있는 기술이 아니었다. 아난과 같은 불가사의한 능력을 타고 난 사람에게도 어려웠던 일이다. 그래서 그런 일은 고도의 훈련을 받은 특정한 엘리트들의 일이었다. 무지렁이 중생들이 할 수 있는 일이 아니었다는 말이다.

아난이 결집한 삼장은 여래장을 모도잡기 위해 특정한 기술로 설계된 특정한 그릇이었다. 시대가 바뀌고 그릇도 바뀌었다. 우리 시대의 그릇에는 우리 시대에 어울리는 모도잡이 기술이 있을 것이다. 마음도장까지야 누가 알랴마는, 귀도장 눈도장쯤은 별일도 아니다. 목판대장경의 시대로부터 시간은 얼마나 흘렀고, 사람들은 또 얼마나 바뀌었는가? 디지털시대의 디지털대장경은 이런 기술들, 새로운 상상력을 바탕으로 새롭게 설계되어야 한다. 사본대장경, 목판대장경을 읽는 방식과 디지털대장경을 읽는 방식은 당연히 달라야 한다. 디지털도장으로 여래장을 모도잡는 젊은 연각들, 미래의 중생들을 상상해 본다. 아니 미래랄 것도 없겠다.

그물도 그릇도 비유일 뿐이다. 그러나 어찌 보면 이런 비유가 우리가 가진 모든 것이다. 우리는 말이 지닌 그런 기능들을 가지고 생각하고 상상한다. 우리가 아는 목판대장경, 그 대장경 안에는 그런 생각과 상상이 담겨 있다. 누군가 그런 말, 그런 비유들을 가지고 뭔가를 생각했고 뭔가를 담았다.

꽃과 빛의 장(藏)

이 향수해(香水海)에 큰 연꽃이 있는데, 그 가운데 화장장엄세계해(華藏莊嚴世界海)가 있다. 사방이 고르게 평평하고 청정하고 견고하다. 금강륜산이 에워싸고 땅과 바다와 숲으로 구별되어 있다. ●142

그때 세존이 여러 보살들이 마음에 생각하는 것을 알고, 입안의 이빨 사이로부터 헤아릴 수도 없이 많은 빛줄기를 뿜었다. (중략) 이렇게 헤아릴 수도 없이 많은 빛줄기들이 각각 다시 헤아릴 수도 없이 많은 빛줄기로 갈라져 비추니, 그 빛줄기들은 여러 가지 오묘한 보배의 빛깔을 띠고 열 가지 방향(十方)으로 각각 일억의 헤아릴 수도 없는 세계해(世界海)를 두루 비추었다. 이들 세계해 안의 보살의 무리들은 이 광명 가운데서 각각 이

●142 『대방광불화엄경(大方廣佛華嚴經)』 권제8. K0080V08P0470c04L

런 화장장엄세계해(華藏莊嚴世界海)를 볼 수 있었다. •143

　　화장장엄세계해(華藏莊嚴世界海)는 인도의 신화적인 전통에서 유래한 세계관을 비유로 채용한 것이다. 화장세계 맨 밑에는 수많은 바람바퀴[風輪]들이 있고, 바퀴들의 맨 위에 향수(香水) 바다인 향수해가 있다. 그 바다에 연꽃이 하나 피었는데, 그 연꽃 안에 화장장엄세계해(華藏莊嚴世界海)가 있다. 스무겹으로 중첩된 그 세계 한 귀퉁이에 우리가 살고 있는 세계도 들어 있다. 향수해에 핀 큰 연꽃의 이름은 '갖가지 광명의 꽃술'이다. 이 이름만 봐도 활짝 핀 꽃이 아니다. 열린 듯 닫혀 있고, 닫힌 듯 열려 있는 연꽃의 모습이 그려진다. 연꽃은 저녁이면 오무라들고, 낮이 되면 다시 피어난다고 한다.

　　장자에게 천하를 천하에 담는 그릇이 있었다면, 『화엄경(華嚴經)』은 그런 천하를 꽃으로 상상한다. 열렸다 닫혔다 하는 연꽃을 매개로 하는 새로운 장(藏), 꽃그릇의 세계이다. 큰 장(藏)이건, 작은 장(藏)이건, 무소장(無所藏)이건 그저 꽃 한 송이, 묘하게 감추고 있는 꽃[妙藏華]일 뿐이다. 화장세계의 장(藏)은 어원이 'garbah'라고 한다. 자궁을 가리킨다. 이것도 그릇이라면 '엄마 그릇'인 셈이다. 자궁이라는 말을 쓰는 까닭은 생명이나 근원을 암시하기 때문이다. 꽃그릇은 연꽃으로 치자면 씨방, 연밥의 자리이다. 연꽃이 씨앗을 감싸고 있듯 겹겹의 세계와 중생들을 모두 감싸고 있다. •144

●143　『대방광불화엄경(大方廣佛華嚴經)』 권제8. K0080V08P0470c04L
●144　『대방광불화엄경수소연의초(大方廣佛華嚴經隨疏演義鈔)』에서는 장(藏)의 어원을 '다라(多羅, 범어의 Tara)'라고 한다. 화장(華藏)은 '연꽃이 씨앗을 품고 있는 자리'를 가리킨다. T1736_.36.0199a18

연꽃의 장(藏) 안에 무수한 세계가 열리고, 무수한 중생들이 존재한다. 연꽃의 장 가운데서 무수한 부처들은 무수한 빛줄기를 뿜어 세계를 비춘다. 빛줄기는 모든 세계의 부처와 보살, 중생들에게 연결된다. 빛을 받은 부처와 보살들은 다시 빛으로 대응한다. 그들은 그렇게 묘장화(妙藏華) 안에서 빛으로 소통한다. 주고 받는 빛의 줄기들이 허공에서 부딪히고 섞이는 모습을 광명운대(光明雲臺)라고 비유한다. 어둠 속에서 빛줄기는 뿌연 구름처럼 주위에 여운으로 퍼진다. 그래서 허공에 떠오르는 '환한 구름의 누각'에 비유를 하는 것이다. 광명운대는 열리고 닫히는 꽃의 장(藏)들이 환한 빛으로 소통하는 모습이다. 갖가지 묘한 빛깔로 비추고, 겹겹으로 이어진 밝고 장엄한 세계, 이것이 화엄에서 그리고 있는 화장장엄세계해(華藏莊嚴世界海)이다. 빛으로 소통하는 꽃그릇이다.

천정에 그물이 걸려 있는데, 각 그물코마다 구슬이 하나씩 달려 있다. 그 구슬들은 빛의 방향에 따라 저마다 다른 빛깔로 빛을 낸다. 하나의 구슬을 자세히 들여다보면 그 구슬 하나에 다른 모든 그물코의 구슬들이 하나하나 비추어져 있다. 그 구슬 속에 비친 다른 구슬들의 영상 속으로는 또 다른 구슬들의 영상이 비친다. 하나의 구슬 속에 다른 구슬들의 영상이 겹겹으로 무한히 비추어져 있다. 다른 모든 구슬들도 마찬가지다. 이것이 『화엄경』에서 말하는 인다라망(因陀羅網)의 비유이다. 인다라는 '인드라'라는 인도 전통의 신이다. 제석천이라고도 하는 최고의 신이다. 이 인다라 신의 궁전에 가면 그런 구슬의 그물로 치장되어 있다고 한다. 이 그물은 또 인다라신의 무기로도 쓰인다고도 한다. 어쨌거나, 영롱한 구슬들의 오묘한 빛의 조화를 비유로 설명하는 것이다. 겹겹으로 서로 비추는 구슬의 네트워크. (중략)

인다라망의 비유에는 서로 다른 두 층의 비유가 섞여 있다. 하나는 그물의 비유이고, 다른 하나는 영상의 비유이다. 그물의 비유는 말 그대로 네트워크의 비유이다. 그물코에 달려 있는 구슬들은 네트워크의 연결점인 노드에 해당한다. 각각의 노드들은 그물로 연결된다. 영상의 비유는 또 다른 차원의 네트워크를 비유하고 있다. 이 비유야말로 인다라망 비유의 핵심이다. 그물의 네트워크는 눈에 보이는 하드웨어의 네트워크이다. 반면에 영상의 네트워크는 눈에 보이지 않는 네트워크이다. 하나의 구슬에 비친 다른 구슬, 그 두 구슬 사이에는 보이지 않는 빛의 링크가 있다. 서로가 서로를 비추고, 또 서로에게 비추이면서 끝없이 이어져 나가는 네트워크, 이러한 네트워크를 들어 이 세상의 얽히고설킨 존재의 네트워크를 비유한 것이다.

하나의 구슬이 다른 구슬에 비추이는 관계의 네트워크는 빛의 네트워크이다. 우리는 영상이라는 결과물을 통해 구슬과 구슬이 연결되어 있음을 짐작할 수 있다. 그러나 눈에 보이는 것은 각각의 구슬에 비치는 구슬의 영상들일 뿐이다. 구슬과 구슬 사이의 링크는 눈에 보이지 않는다. 영화를 보면 적외선 안경을 끼고 적외선 감시망을 피해가는 장면들이 더러 나온다. 이를테면 박물관의 값진 전시품에는 적외선 보호망이 여러 겹으로 쳐져 있다. 맨눈으로는 볼 수 없는 빛의 링크이다. 적외선 안경을 쓰면 보이지 않던 빛의 링크들이 비로소 보인다. 빛의 그물망이다. 이처럼 적외선 안경을 쓰고 적외선 망을 보듯이 어떤 특수한 종류의 안경이 있어서 인다라망의 구슬과 구슬들, 그 사이의 관계들을 눈으로 볼 수 있다면, 인간 세계를 둘러싼 관계의 도리를 통달할 수 있을까? ●145

인다라의 그물은 널리 알려진 비유이다. 빛으로 이어지고, 빛으로 소통하는 세계의 모습, 삶의 모습들을 비유한 것이다. 『화엄경』은 이런 비유와 상상으로 가득찬 책이다. 상식의 눈으로는 따라갈 수도 이해할 수도 없다. 그래서 주석서들을 안내삼아 해독을 해 보지만, 상상으로 가득찬 본문과, 논리적인 주석서를 연결시키는 일조차 쉽지 않다. 화장세계 안에 여러 세계들이 겹겹이 이어지듯, 이들 이야기 안에도 여러 겹의 세계가 공존하기 때문이다. 화장세계의 중생들은 '자기'라는 그릇, 아집의 감옥 안에 갇혀 있다. 광명운대는 밝게 빛나지만 아집에 갇힌 중생들은 보지 못한다. 보는 자들의 세계와 보지 못하는 자들의 세계가 겹쳐진다. 이런 비유와 상상들은 이들을 잇는 빛이다.

●145 오윤희, 『매트릭스, 사이버스페이스 그리고 선(禪)』, p. 46, 도서출판 호미, 2003.

다만
그릇일 뿐

온 법계가 다만 하나의 장(藏)일 뿐이다. 이 장(藏) 밖에 다른 법은 하나도 없다. ●146

장(藏)이라고 하는 것은 모든 중생이 다 여래의 지혜 안에 존재하기 때문에 장이라고 부르는 것이다. 여여(如如)한 지혜가 여여한 대상에 대응하는 까닭에 모든 중생은 절대로 여여한 대상에서 벗어날 수가 없다. 모두 여래가 포섭하여 의지해 주기 때문에 소장(所藏)이라고 부른다. 중생들은 여래장(如來藏)이다. ●147

중생을 여래장이라고 부르는 까닭은 여래의 그릇에 담겨 있기(所藏) 때문이라고 한다. 여래의 그릇에도 능장(能藏)의 측면이 있고 소장(所藏)

●146 요연(了然), 『대승지관법문종원기(大乘止觀法門宗圓記)』 권제1. X.0904V55 0523b22
http://www.cbeta.org/
●147 천친(天親), 『불성론(佛性論)』 권제2. K0596V17P0279c07L

의 측면이 있다. 능장이나 소장을 구분하는 까닭은 나누어 보아서 이해를 돕자는 것뿐이다. 능장도 여래장이고, 소장도 여래장이다. 담고 담기는 일, 장(藏) 이외에 일은 그래서 단 하나도 없다. 모든 것이 여래의 그릇에 담겨 있고 여래의 그릇에서 나온다.

그릇의 상상력, 담고 담기는 이야기가 이런 데까지 미치면 좀 막막해지는 면도 있다. 하지만 불교에는 분명 이런 사고방식, 그릇 일원론이랄까, 그릇의 상상으로 모든 법, 모든 존재를 설명하려는 시도들이 있다. 그리고 이런 시도에 여래장사상(如來藏思想)이라는 거창한 이름도 붙어 있다. 장(藏)이라고 이름을 붙이는 까닭은 이 안에 모든 존재, 모든 법이 포함되기 때문이다.

> 보살은 이 경지에서 이 지혜를 얻는다. 구름에 세 가지 의미가 있는 것에 비유하자면, 능장(能藏)과 능부(能覆)와 능익(能益)의 뜻이 있다. 맑은 물이 구름 안에 들어 있어서 구름에 포함되니 이것이 능장의 뜻이다. 이 지혜도 마찬가지다. 다라니문(陀羅尼門)과 삼마제문(三摩提門)이 마치 맑은 물이 이 지혜 안에 있는 것처럼 이 지혜 안에 포함되는 까닭에 능장의 뜻이 있다. 구름은 허공의 일부분을 덮는다(能覆). 이 지혜도 마찬가지로 모든 거칠고 큰 미혹의 장애들을 덮어 치료할 수 있기 때문이다. 또 구름이 허공을 가득 채우는 것처럼 이 지혜도 마찬가지로 보살의 전의(轉依)한 법신(法身)을 원만하게 해 준다. 이 두 가지 뜻 때문에 능부(能覆)의 뜻이 있다. 보살은 이 지혜가 있기 때문에 큰 구름이 모든 중생들에게 비를 내려 주는 것처럼 근성(根性)에 따라

법우(法雨)를 늘 내려 중생들의 번뇌로부터 오는 열기를 제거해 주고, 세 가지 장애의 번뇌들로부터 해탈케 해 주고, 중생들의 삼승(三乘)의 좋은 씨앗들을 생장하게 해 주기 때문에 능익의 뜻이 있다. 구름으로 지혜를 비유하여 법의 구름(法雲)이라고 하는 것이다. ●148

이런 식이라면 장(藏)이라는 글자는 모든 존재, 모든 행위, 모든 생각의 근원을 제공하는 원인자요 보편자처럼 쓰인다. 그릇도, 그물도, 구름도 물론 비유일 뿐이다. 여래의 지혜, 여래의 깨달음을 비유한 것이다. 대승의 이론가들은 이를 한 걸음 더 나아가 불성(佛性)이라고까지 한다. 모든 존재의 원인이 되고, 근거가 되는 보편적인 성품, 모두를 이롭게 해 주는 하나의 가치. 그래서 이런 이야기들은 논란을 낳는다. 불교는 제법무아(諸法無我), 어떤 법에도 자성(自性)이 없다는 깨달음으로부터 시작했다. 없다는 자성에다 다시 속성들을 부여하는 꼴이다. 불교에서는 자어상위(自語相違)의 허물이라고 부른다. 전제와 결론이 일치하지 않는다는 뜻이고 앞뒤가 맞지 않는다는 말이다. 그래서 여래장사상이나 불성론 따위는 불교도 아니라고 주장하는 사람들도 생겨났다. ●149

큰 그릇, 큰 기억, 대장경의 장(藏)은 물론 여래장의 장(藏)과 구별되어야 한다. 무엇보다 어원이 다르다. 논증을 시작하는 사람들은 그래서 그런 범어나 팔리어 어원의 차이로부터 시작한다. 하지만 생각이란

●148 　세친(世親), 『섭대승론석(攝大乘論釋)』 권제10. K0590V16P1197910L
●149 　마쓰모도 시로(松本史朗), 『緣起と空――如來藏思想批判』, 大藏出版, 1989.

게 그렇게 단순하고 명료하지만 않다. 입을 열 때마다 어원을 따져가며 심사숙고하는 사람들은 그리 많지 않다. 어원이 어찌 됐건 그릇은 그릇이다. 담고 담기는 일은 그리 복잡한 일이 아니다. 어원이 다르고 함축이 다르다고 해도 그릇을 비유로 쓰다 보면 생각이 섞일 수밖에 없다.

게다가 여래의 법장을 결집하던 때는 물론이고, 부처님의 말 안에도 법에 대한 신념, 보편적인 속성에 대한 생각은 분명하다. 과거에도 있었고, 현재에도 있고, 미래에도 있어야 할 법장이다. 법장을 지키려는 까닭은 미래의 중생들을 이롭게 하기 위해서이다. 미래에도 통하는 그릇과 기억, 그런 전제는 뒤에 나온 여래장사상이 아니더라도 처음부터 있었다. 어원은 달라도 생각은 섞이고, 따라서 말도 섞인다. 장(藏)이나 그릇에 대한 상상은 말의 어원보다 훨씬 더 근원적인 생각에 뿌리를 두고 있다.

"낮 말은 새가 듣고 밤 말은 쥐가 듣는다." 별 생각 없이 쓰는 이런 말에도 많은 생각들이 담긴다. "하늘을 우러러 부끄러운 게 없다"는 표현도 자주 쓴다. 천라지망(天羅地網)이라는 무협지 스타일의 표현도 있다. 위로는 비단 그물, 아래로는 쇠 그물, 빠져 나갈 구멍이 없다는 뜻이다. 무협지만이 아니다. 불교는 물론 도교와 유교도 함께 공유하던 상상이다. 말이나 행동이나, 생각까지도 누군가 듣고, 누군가 보고, 누군가 기억한다는 뜻이겠다. 이런 생각은 의외로 우리 주위에 폭넓게 퍼져 있다.

실제 요즘 청문회 관련 댓글들을 보면 실감이 가다 못해 소름이 끼칠 정도이다. 인터넷이라는 그물망을 넘어 유비쿼터스 기술까지 테크놀로지가 상상의 영역까지도 완전히 장악해 버렸다는 생각까지 든다.

마법사 해리포터의 마법들도, 요즘 성행하는 스마트폰 광고에 대비해 보면, 마법은커녕 구닥다리 기술에도 미치지 못한다는 생각이 들 정도이다. 우리는 이미 테크놀로지가 무협지나 동화를 대체하는 시대를 살고 있다. 이런 정도라면 머잖아 테크놀로지의 상상력이 종교적 상상력조차 대체하는 때가 올 것도 같다.

큰 그릇, 대장경으로 돌아와 보면 이런 상황은 더욱더 절실하다. 대승의 보살들은 성문의 기억을 넘어 대승의 기억을 바다 그릇, 바다 기억, 해장(海藏)에서 찾았다. 문수보살은 또 다른 아난과 변화의 몸으로 환상의 결집을 했다. 그리고 빛과 꽃의 그릇, 화장(華藏)의 세계를 그려냈다. 시간이 더 흘러 후대의 선사(禪師)들은 그런 기억을 아예 자기 몸 안에서 찾는다. 더 이상 천장(天藏)도 해장(海藏)도 필요없다. 그때 누군가 했던 일이라면, 지금 이 순간, 이 몸으로도 얼마든지 재현할 수 있어야 한다. 여래의 그릇으로부터 아난의 그릇, 성문의 그릇으로 이어지던 때가 있었다. 여기까지는 쉽게 이해할 수 있는 기억의 역사이다. 기억이 됐건, 문자가 됐건 뚜렷이 남아 전해 온 기억들이다. 그러나 그런 기억들이 보살의 그릇, 선사들의 그릇에 미치면 역사를 뛰어넘어 보편이 되어 버린다.

불교가 불교인 까닭은 이것이 가르침인 탓이다. 가르침은 언젠가 어느 누군가 했던 일이다. 많은 사람들이 보는 앞에서 벌어졌던 현실의 일이고, 역사적인 사실이다. 그래서 불교에서는 교리(敎理), 만고불변의 진리 앞에 가르침을 앞세운다. 진리를 얘기해도 가르침의 일부로써 이해한다. 가르침을 넘어 서는 이치는 없다. 가르침의 역사를 저버리면 더 이상 불교는 없다. 그래서 사람들은 그 가르침의 흔적, 가르침의 기억을 더듬어 사막과 설산을 헤맸던 것이다. 그런데 어느 순간 교(敎)와 리(理) 사이에 뒤집힘이 벌어진다. 보편의 진리에 대한 확신만 있다면, 더 이상 기억의 흔적들을 찾아 사막과 설산을 헤맬 필요가 없다. 손오공의 술법도 필요없다. 여기에도 있는 진리를 찾아서 멀리 갈 필요가 있겠는가? 지금 이 자리에서도 마찬가지다. 기억의 흔적을 따르는 자들은 못난 자들일 뿐이다. 필요한 것은 기억이 아니라 기억을 살려내는 일이고, 내 몸에 실현하는 일이기 때문이다.

부처님이 열반에 들기 전에 나투었던 망가진 수레, 병들고 약한 노인의 모습 안에 그런 의도가 이미 담겨 있다. 법을 빛으로 삼고, 자기 자신을 빛으로 삼는 일이다. 법장에 대한 기억만으로는 부족하다. 기억을 자기 안에 되살려 낼 수 있어야 한다. 법장을 결집했던 까닭은 살아 있는 기억을 산 채로 전해 주어야 했기 때문이다. 그래서 이 안에는 기억의 기술은 물론, 기억을 살리는 기술 또한 담겨 있다. 아난과 가섭의 갈등은 말하자면 이런 두 가지 기술의 갈등이다. 이 두 가지 일은 선택할 수 있는 일이 아니다. 그래서 아난과 가섭, 오백성중이 함께 성취한 결집은 살아 있는 기억의 결집이었다. 살아 있는 기억을 살아 있는 채로 미래에 전하자는 것이었다.

대승경전 안에서 성문(聲聞)과 보살(菩薩) 또한 기억을 두고 맞선다. 성문이 문자 그대로 귀로 들은 기억을 상징한다면, 위로는 보리(菩提)를 구하고, 아래로는 중생들을 돕는[上求菩提 下化衆生] 보살들은 기억을 되살려 중생에게 돌려 준다. 보살이 성문을 성문이라고 부르는 까닭도 그들의 기억이 죽은 기억이라고 판단했기 때문이다. 기억은 죽은 자들의 머리 속에 존재하는 것도 아니고, 그들이 기록한 문자 안에 존재하는 것도 아니다. 기억은 살아 있어야 한다. 여래의 그릇, 여래장의 사상 안에는 그런 열망이 담겨 있다. 기억을 살리는 기술을 담고 있다. 가르침의 기억만으로는 부족하기 때문이다. 내용이야 어찌되었건 의도는 분명하다.

큰 그릇, 큰 기억, 대장경 안에는 이런 이야기들이 모두 담겨 있다. 그리고 이런 이야기들이 그릇이 만들어지고 바뀌어 온 이야기들이기도 하다. 이 이야기는 그릇에서 시작해서 그릇으로 끝난다. 하지만 이천오백 년 그릇의 역사, 그릇의 이야기를 한 번에 다할 수는 없다. 아시아 대륙을 넘나들며 그릇 안에는 말 그대로 온갖 사람들의 온갖 이야기들이 다 담겼다. 삶의 기억들, 기억의 흔적들이다. 그 그릇 안에서 이야기들은 어울리기도 하고 다투기도 한다. 깨끗한 것도 있고 더러운 것도 있다. 거짓도 있고 부끄러운 일도 있다. 그리고 그런 것들을 골라내고 추려내려는 노력들도 있었다. 어쨌거나 그릇은 살아 있어야 한다. 살아 있는 기억을 산 채로 담고, 산 채로 전할 수 있어야 한다. 그래서 대장경의 이야기는 그릇의 이야기이고, 그릇을 살리는 이야기이다.

새로운 매체, 새로운 테크놀로지는 기억과 그릇의 구분을 애매하게 만들어 놓았다. 디지털기술은 이제 기억을 살아 있는 채로 담기 때문이다. 해리포터의 마법사 덤블도어는 돌로 만든 그릇, 펜지브(Pensieve)에 기억을 산 채로 담는다. 마법사라면 누구나 언제든 살아 있는 기억을 꺼내어 산 채로 체험할 수 있다. 깨지지 않는 그릇, 인터넷은 헤아릴 수도 없을 만큼 많은 기억들을 산 채로 담는다. 이런 시대에 해리포터의 마법들은 테크놀로지에 대한 패러디처럼 느껴진다. ●150

●150 「Magical objects in Harry Potter」 위키피디아.
http://en.wikipedia.org/wiki/Magical_objects_in_Harry_Potter#Pensieve

그때 선재동자는 공손히 미륵보살을 오른쪽으로 돌고 나서 여쭈었다.

"바라건대, 큰 성인께서 누각의 문을 열어 제가 들어가게 해 주십시오."

그러자 미륵보살이 누각으로 나아가, 오른손으로 손가락을 튕겨 소리를 냈다. 그 문이 곧 열리자 선재에게 들어가라고 명령했다. 선재가 기쁜 마음으로 들어가자 문이 다시 닫혔다. (중략) 선재동자는 잊지 않는 기억력을 얻은 까닭에, 시방의 청정한 눈을 얻은 까닭에, 잘 관찰하는 무애(無碍)의 지혜를 얻은 까닭에, 여러 보살의 자재(自在)한 지혜를 얻은 까닭에, 여러 보살의 얻은 지혜의 경계에서 광대한 이해를 얻은 까닭에, 모든 누각 안에 있는 낱낱의 물건에서 이러한 것들을 모두 볼 수 있었고, 셀 수도 없는 불가사의하고 자재한 경계의 장엄한 일들을 모두 볼 수 있었다. (중략)

이때 미륵보살이 누각으로 들어가 신통력을 거두고 손가락을 튕겨 소리를 내며 선재에게 말하였다.

"선남자(善男子)야, 착한 남자야, 일어나라. 법의 성품이 이와 같다. 이는 보살이 모든 법의 지혜를 알아, 인연으로 모여서 나타난 모양일 뿐이다. 이렇게 자성(自性)은 하나도 얻을 수 없으니, 환(幻) 같고 꿈 같고 그림자 같고 영상과 같다."

이때 선재동자는 손가락 튕기는 소리를 듣고 삼매에서 일어났다. ● 151

● 151 『대방광불화엄경(大方廣佛華嚴經)』 권제79, 「입법계품」. K0080V08P0931c04L

마술 같은 힘으로 보살들의 세계를 나투고 체험한다. 그리고 어린 선재는 그런 과정을 겪으며 보살이 된다. 선재가 들어갔던 누각의 이름은 '비로자나(毘盧遮那)의 장엄장(莊嚴藏)'이다. 또 다시 그릇이고 기억이다. 말하자면 부처의 기억, 보살의 기억을 되살려 가상의 영상들을 체험하게 하면서 선재를 교육하는 장면이다. 해리포터의 마법사들의 막대기를 쓴다면 『화엄경』『입법계품』의 미륵보살은 손가락을 쓴다. 이런 게 대장경의 방식이다. 살아 있는 기억을 마음대로 쓸 수 있는 기술이다. 이런 얘기는 단순한 비유나 상상의 소산만은 아니다. 환(幻) 같고, 꿈 같은 세계를 볼 수 있는 자들의 말투일 뿐이다. 그들의 세계, 그들의 기술, 그들의 기억을 전제하지 않는다면 해독하기 어려운 그들만의 어법이다.

대장경 안에 담긴, 그릇의 세계, 덤블도어의 펜지브가 더 이상 마법의 그릇만이 아니듯, 천장이나 해장, 화장이라는 그릇들도 더 이상 소수의 보살들이 꿈꾸던 몽상만은 아니다. 미래의 대장경, 미래의 그릇은 이렇게 환 같고 꿈 같은 기술로 설계되어야 한다.

마지막
이야기

 이 글이 마무리되어 갈 무렵, 이른바 위키리크스(Wikileaks) 사건이 터졌다. 위키리크스(Wikileaks)라는 말이 재미있다. 물이 새듯 비밀이 새는 것도 'leak'이다. 인터넷의 기술이라는 것도 미국 국무부의 정보기관들로부터 시작된 것이다. 외교와 전쟁을 수행하던 전문가들의 첩보와 정보, 지식과 기술들이 어느 순간 조금씩 새어나오기 시작했고, 그런 지식과 기술들이 상업적인 이해관계를 거치면서 줄줄 흘러나와 오늘날의 인터넷을 만들었다.
 위키리크스의 배후에는 수많은 해커들이 활동하고 있다고 한다. 그릇의 약점, 새는 부분을 잘 알고 있는 사람들이다. 이런 사람들의 존재 자체가 이 그릇의 속성을 암시한다고 할 수 있다. 예전의 그릇, 예전의 비밀창고는 더 이상 닫힌 창고가 아니라는 점이다. 주인의 허락없이 드나들 수 있는 뒷문도 있고, 굳이 드나들려고 하지 않아도 새어나오는 빈틈도 있다는 뜻이다.
 법을 들으면 스스로 판단해 보아야 한다. 여러 경전으로부터 허실을 따지고, 계율에 의지하고 법에 의지하여 본말을 깊이 헤아려 봐야 한다고 부처님은 말씀하셨다. 뉴스를 들으면 근거가 되었던 원문들을 클릭하여 읽고 스스로 판단할 수 있어야 한다. 어산지는 이를 '과학적 저널리즘'이라고 부르지만, 불교식으로 따져 보면 현대판 '법등명 자등명'으로 보인다. 미래의 중생들이 스스로 판단할 수 있도록 부처님의 법이 열려 있어야 했듯, 위키리크스는 독자들이 스스로 판단할 수 있도록 뉴스의 원천들을 누설해야 했다.

고려대장경 전산화를 시작한 게 1990년대 전후였다. 세상이 바뀌고 기술이 발전하니 불교문헌도 의당 기술의 이점들을 활용해야 했다. 전산화를 하겠다고 목표를 세웠지만, 어디서 시작해야 할지 시점조차 정할 수가 없었다. 13세기에 목판인쇄술로 찍은 한문문헌들, 구두점도 없는 글자들을 컴퓨터에 집어 넣는 일. 어떻게 넣을지는 고사하고, 컴퓨터에 넣어서 뭘 어쩌자는 것인지조차 설명할 줄도 몰랐다.

할 수 있는 일은 선재동자가 이 사람 저 사람 찾아다니며 가르침을 구했듯, 그저 정처없이 가르침과 경험을 구하러 다니는 일뿐이었다. 아무튼 이런 저런 우여곡절을 거치며 대장경은 디지털이라는 새로운 매체, 새로운 그릇으로 옮겨가기 시작했다. 그런 과정들을 직간접적으로 겪으면서 늘 느끼던 '감정'이 있었다. 이 일은 '파장(破藏)', 곧 '그릇을 깨뜨리는 일'이었다.

그 사이 20년 정도의 시간이 흘렀다. 이천오백 년 불전의 역사에서 말 그대로 경천동지의 대혁신이 벌어졌다. 이제까지의 성과들을 바라보며, 많은 사람들이 다시 불전의 미래를 꿈꾸기 시작했다. 앞으로 어째야 하나. 해답은 분명해 보인다. 이전의 그릇을 깨뜨려야 한다는 것이다. 매체의 그릇은 물론이고, 언어의 그릇, 민족이나 국가의 그릇, 문화나 전통의 그릇, 일을 추진하는 연구기관들의 이해관계, 일에 종사하는 담당자들의 공명심이나 경쟁심과 같은 그릇들조차 몽땅 깨버려야 한다.

우리는 그릇의 시대, 그릇이 깨지고 뒤집히는 시대, 그릇을 밥먹듯 깨뜨려야 하는 시대를 살고 있다. 모도잡아 다라니, 결집의 꿈, 대장경의 꿈은 이제 디지털과 인터넷이라는 그릇으로 옮겨가고 있다. 옮겨 담는 일은 깨뜨리는 일에서부터 시작한다. 꺼내기 위해서도 깨뜨려야 하지만, 담기 위해서라도 깨뜨려야 한다. 꺼내고 담는 일은 그릇의 모양을 따라야 하기 때문이다.

부록

● 『고려사』 초·재조대장경 조성 시기 대장경 관련 기사
● 흙_재조본 피휘결획의 사례

부록

『고려사』 초·재조대장경 조성 시기 대장경 관련 기사

시기	기사
태조 11년(928)	신라 스님 홍경(洪慶)이 당나라 민부(閩府)로부터 대장경 1부를 배에 싣고 예성강(禮成江)으로 들어왔다. 왕이 친히 영접하고 제석원(帝釋院)에 안치하였다.
성종 10년(991)	여름 4월 경인일에 한언공(韓彦恭)이 송(宋)나라로부터 돌아와 대장경을 바쳤다. 왕이 내전으로 맞아들여 스님들을 초청 대장경을 읽게 하고 사면령을 내렸다.
현종 13년(1022)	병자일에 한조(韓祚)가 송나라로부터 귀국하였다. 이때에 송나라 황제가 성혜방(聖惠方), 음양이택서(陰陽二宅書), 건흥력(乾興曆), 석전(釋典) 일장(一藏)을 하사했다.
현종 20년(1029)	경자일에 회경전(會慶殿)에서 장경도량(藏經道場)을 열고, 구정(毬庭)에서 1만 명의 스님들에게 공양했다.
정종 7년(1041)	계사일에 회경전(會慶殿)에서 장경도량(藏經道場)을 열었다. 봄 가을로 두 차례 장경도량을 상설했는데, 봄은 6일, 가을은 7일이었다.
문종 17년(1063)	겨울 11월 경오일에 명령을 내려 정종(靖宗)의 혼당(魂堂)에 있는 금은(金銀) 그릇과 북조(北朝)에서 제사 예물로 보내 온 비단으로 대장경을 만들어 정종의 명복을 빌게 하였다.
문종 37년(1083)	3월 기축일에 왕이 태자에게 명령하여 송나라에서 보내 온 대장경을 맞아 개국사(開國寺)에 안치하도록 하고 겸하여 도량을 베풀었다.
선종 4년(1087)	2월 갑오일에 왕이 개국사(開國寺)에 행차하여 대장경의 완성을 경축하였다. 3월 병진일에 구산사(龜山寺)에 행차하여 스님들을 공양했다. 4월 기미일에 흥왕사에서 대장전(大藏殿)의 완성을 경축하였다. 4월 경자일에 귀법사(歸法寺)에 행차하여 대장경 완성을 경축하였다.

부록

시기	기사
숙종 4년(1099)	4월 정해일에 요나라에서 영주(寧州) 관내관찰사 소랑(蕭朗)을 횡선사(橫宣使)로 파견하고 겸하여 대장경을 하사하였다.
숙종 6년(1101)	병진일에 홍원사(洪圓寺) 행차하여 대장당(大藏堂)과 구조당(九祖堂) 낙성식을 가졌다.
예종 2년(1107)	정월 경인일에 요나라에서 고존수(高存壽)를 보내 왕의 생신을 축하하고 대장경을 하사하였다.
고종 38년(1251)	9월 임오일에 임금이 성의 서문 밖에 있는 대장경 판당에 가서 백관을 거느리고 분향하였다. 현종 때에 새겼던 판본은 임진년 몽고병화에 타 버렸으므로 임금이 여러 신하들과 함께 다시 발원을 하여 도감을 설치하였는데 16년 만에 완성하였다.

부록

亨 _ 재조본 피휘결획의 사례

빈도수	경번호	경명(經名)	초조본 유무	초·재조 대조
7	K0056(T.0397)	대방등대집경(大方等大集經)	유	동일
17	K0089(T.0285)	점비일체지덕경(漸備一切智德經)	무	
2	K0096(T.0308)	불설대방광보살십지경(佛說大方廣菩薩十地經)	유	초조 피휘 없음
11	K0102(T.0294)	불설나마가경(佛說羅摩伽經)	유	〃
6	K0103(T.0292)	도세품경(度世品經)	유	〃
10	K0105(T.0374)	대반열반경(大般涅槃經)	무	
5	K0106(T.0376)	불설대반니원경(佛說大般泥洹經)	유	동일
3	K0107(T.0377)	대반열반경후분(大般涅槃經後分)	유	동일
3	K0117(T.0263)	정법화경(正法華經)	유	동일
1	K0120(T.0474)	불설유마힐경(佛說維摩詰經)	무	
7	K0121(T.0476)	설무구칭경(說無垢稱經)	무	
3	K0127(T.0665)	금광명최승왕경(金光明最勝王經)	무	
1	K0129(T.0624)	불설돈진다라소문여래삼매경(佛說伅眞陀羅所問如來三昧經)	무	
2	K0132(T.0815)	불승도리천위모설법경(佛昇忉利天爲母說法經)	무	

부록

빈도수	경번호	경명(經名)	초조본 유무	초·재조 대조
15	K0157(T.0716)	연생초승분법본경(緣生初勝分法本經)	유	동일
2	K0158(T.0717)	분별연기초승법문경(分別緣起初勝法門經)	무	
3	K0162(T.0271)	불설보살행방편경계신통변화경(佛說菩薩行方便境界神通變化經)	유	동일
2	K0174(T.1331)	불설관정칠만이천신왕호비구주경(佛說灌頂七萬二千神王護比丘呪經)	유	초조 피휘 없음
27	K0181(T.0639)	월등삼매경(月燈三昧經)	유	〃
1	K0235(T.0669)	불설무상의경(佛說無上依經)	무	
5	K0238(T.0811)	불설결정총지경(佛說決定總持經)	무	
2	K0584(T.1521)	십주비바사론(十住毘婆沙論)	무	
2	K0649(T.0125)	증일아함경(增壹阿含經)	유	동일
2	K0801(T.0721)	정법염처경(正法念處經)	무	
1	K0890(T.1435)	십송율(十誦律)	무	
12	K0896(T.1428)	사분율(四分律)	유	5권(호림) 초조 피휘 없음
2	K0910(T.1460)	해탈계경(解脫戒經)	무	

387

빈도수	경번호	경명(經名)	초조본 유무	초·재조 대조
1	K0911(T.1472)	사미위의(沙彌威儀)	무	
1	K0922(T.1808)	담무덕부사분율산보수기갈마(曇無德部四分刪補隨機羯磨)	무	
3	K0923(T.1809)	승갈마(僧羯磨)	무	
4	K0924(T.1810)	니갈마(尼羯磨)	무	
1	K0939(T.1463)	비니모경(毘尼母經)	무	
19	K0946(T.1536)	아비달마집이문족론(阿毘達磨集異門足論)	무	
2	K0950(T.1541)	중사분아비담론(衆事分阿毘曇論)	유	4권(성암) 초조 피휘 없음
91	K0951(T.1546)	아비담비바사론(阿毘曇毘婆沙論)	유	14권 남선사 초조 피휘 없음
95	K0952(T.1545)	아비달마대비바사론(阿毘達磨大毘婆沙論)	유	29권 남선사 초조 피휘 없음
28	K0953(T.1559)	아비달마구사석론(阿毘達磨俱舍釋論)	유	9권 성암 초조 피휘 없음 11권 남선사 피휘 없음
32	K0955(T.1558)	아비달마구사론(阿毘達磨俱舍論)	유	1권 남선사 초조 피휘 없음
173	K0956(T.1562)	아비달마순정리론(阿毘達磨順正理論)	유	3권 남선사 초조 피휘 없음
7	K0957(T.1563)	아비달마장현종론(阿毘達磨藏顯宗論)	유	31권 남선사 초조 피휘 없음
5	K0958(T.1551)	아비담심론경(阿毘曇心論經)	유	1권 남선사 초조 피휘 없음

부록

빈도수	경번호	경명(經名)	초조본 유무	초·재조 대조
3	K0959(T.1550)	아비담심론(阿毘曇心論)	유	2권 남선사 초조 피휘 없음
14	K0960(T.1552)	잡아비담심론(雜阿毘曇心論)	유	1권 남선사 초조 피휘 없음
43	K0963(T.1549)	존바수밀보살소집론(尊婆須蜜菩薩所集論)	유	1권 남선사 초조 피휘 없음
1	K0964(T.1554)	입아비달마론(入阿毘達磨論)	무	
2	K0965(T.1506)	삼법도론(三法度論)	무	
25	K0966(T.1646)	성실론(成實論)	무	
2	K0967(T.1644)	불설입세아비담론(佛說立世阿毘曇論)	무	
47	K0968(T.1648)	해탈도론(解脫道論)	무	
1	K1001(T.0203)	잡보장경(雜寶藏經)	유	초조14장 재조 28장, 확인 불가
3	K1047(T.2040)	석가보(釋迦譜)	무	
72	K1050(T.2121)	경율이상(經律異相)	유	3권 남선사 초조 피휘 없음
7	K1051(T.1336)	다라니잡집(陀羅尼雜集)	유	7권 남선사 동일
50	K1052(T.2123)	제경요집(諸經要集)	유	5권 남선사 성암 초조 피휘 없음
28	K1053(T.2145)	출삼장기집(出三藏記集)	유	1권 남선사 동일
1	K1054(T.2146)	중경목록(衆經目錄)	유	5권 남선사 동일

빈도수	경번호	경명(經名)	초조본 유무	초·재조 대조
16	K1055(T.2034)	역대삼보기(歷代三寶記)	유	4권 남선사 동일
1	K1056(T.2148)	중경목록(衆經目錄)	유	1권 남선사 동일
4	K1065(T.2087)	대당서역기(大唐西域記)	유	6권 남선사 초조 피휘 없음
5	K1066(T.2104)	집고금불도론형(集古今佛道論衡)	유	2권 남선사 동일
1	K1067(T.2105)	속집고금불도론형(續集古今佛道論衡)	유	1권 남선사 동일
60	K1075(T.2060)	속고승전(續高僧傳)	유	2권 4권 6권 남선사 초조 피휘 없음
65	K1081(T.2103)	광홍명집(廣弘明集)	유	7권 남선사 동일 13권 초조 피휘 없음 15권 일부 일치 16권 초조 피휘 없음
1	K1406(T.2122)	법원주림(法苑珠林)	무	
15	K1466(T.0882)	불설일체여래진실섭대승현증삼매대교왕경(佛說一切如來眞實攝大乘現證三昧大敎王經)	무	
1	K1467(T.0173)	불설복력태자인연경(佛說福力太子因緣經)	무	
20	K1481(T.0400)	불설해의보살소문정인법문경(佛說海意菩薩所問淨印法門經)	무	
8	K1482(T.1567)	대승중관석론(大乘中觀釋論)	무	
3	K1483(T.0550)	금색동자인연경(金色童子因緣經)	무	
2	K1486(T.0312)	불설여래불사의비밀대승경(佛說如來不思議秘密大乘經)	무	

빈도수	경번호	경명(經名)	초조본 유무	초·재조 대조
6	K1487(T.0316)	불설대승보살장정법경(佛說大乘菩薩藏正法經)	무	
5	K1488(T.1636)	대승집보살학론(大乘集菩薩學論)	무	
17	K1494(T.0728)	제법집요경(諸法集要經)	무	
14	K1495(T.1671)	복개정행소집경(福蓋正行所集經)	무	
31	K1496(T.0320)	부자합집경(父子合集經)	무	

색인

ㄱ

가르침의 그물 185, 187, 358, 359
가섭결경 106
가섭마등 197, 200, 291, 310, 311
가와세 유키오 066
개보대장경 080, 081, 097, 120, 128, 129, 134, 136, 138, 142, 147, 174, 175, 195, 225, 227, 231, 233, 236, 242, 243, 278, 280, 285, 288, 293, 294, 333
개보유진 129, 278, 280
개보장 129, 134, 135, 142, 143, 172, 175, 234, 249, 275, 278, 280, 293, 294, 334
개원석교록 078, 079, 080, 081, 105, 109, 146, 149, 150, 157, 162, 172, 174, 185, 235, 242, 249, 264, 270, 291, 292, 294, 350, 353
경교(景敎) 107
경교삼위몽도찬 107
경록(經錄) 112, 142, 242, 264
경장(經藏) 021, 082, 105, 167, 176
계경장 078, 079
고금(古今)의 문장(文章) 170, 171, 173, 176, 188, 295, 296
고려국신조대장교정별록 225, 233
고려대장경연구소 098, 306, 312, 313, 314, 315, 320
고려대장경 전산화 229, 230, 269, 270, 312, 313, 320, 380
고려대장경지식베이스 026, 098, 226, 231, 338
고려사 098, 168, 170, 179, 180, 384
고려속장조조고 166, 168, 169
고려장본서사목록 118
고무오리 346, 348, 350, 351, 352, 355, 356

고창국 143, 152, 203, 211
과문(科文) 213, 215, 216, 218, 219, 220, 362, 363
관세음보살보문품삼현원찬과문 212
광명운대 367, 369
교망(敎網) 185, 186, 187, 191, 193, 195
교장(敎藏) 085, 147, 165, 166, 167, 168, 169, 170, 173, 174, 175, 176, 177, 178, 180, 181, 185, 196, 188, 190, 191, 193, 196, 197, 203, 206, 208, 210, 212, 215, 219, 295, 309, 310, 319, 322, 355
교장사(敎藏司) 170, 181
교정각판장본 117
교정대장경 025, 111, 116, 131, 224, 234, 236
교정별록 131, 225, 228, 233, 234, 235, 236, 242, 243, 244, 246, 249, 251, 252, 268, 295, 296
구마라집 144, 152, 153, 163, 326
구텐베르크 084
국본(國本) 225, 226, 227, 236, 243, 245, 246, 248, 249, 250, 251, 252, 253, 254, 255, 260, 262, 266, 289
국전본(國前本) 229, 250, 251, 252
국후본(國後本) 229, 250, 251, 252
권말교정기 240, 242, 246, 249, 250, 252, 282
규봉종밀 215
그림찾기 239, 267, 345
근본설일체유부비나야파승사 252
금강정경대유가비밀심지법문의결 104
금구옥설 020, 021, 340
금번(錦繙) 192
금칠십론 106
기독교 029, 090, 107, 108
기세경 360
기억의 기술 059, 062, 063, 343, 375
김굉필 303

- ㄴ
  - 나려인쇄술(羅麗印刷術)의 연구 093
  - 나선비구경 105
  - 남선사 093, 095, 098, 104, 128, 129, 135, 136, 140, 244, 245, 246, 247, 248, 249, 253, 268, 278, 279, 287, 388, 389, 390
  - 남선사일체경 095, 104, 135, 264
  - 남전대장경 103
  - 노사신 123
  - 논장(論藏) 021, 049, 167, 176
  - 능장(能藏) 119, 237, 340, 370, 371

- ㄷ
  - 다라니 059, 061, 062, 063, 073, 176, 381
  - 다문장 031, 082
  - 단본(丹本) 025, 225, 227, 243, 245, 246, 247, 248, 249, 250, 251, 260, 261, 262, 263, 265, 267
  - 단장(丹藏) 025, 227, 228, 229, 248, 262, 265, 295
  - 담무참 192
  - 대각국사 147, 148, 166, 188, 196
  - 대각국사문집 147, 165, 166, 170, 174, 180, 183, 184, 185, 186, 188, 189, 190, 191, 192, 193, 205, 206, 209, 211, 308, 309
  - 대당서역기 150, 151, 152, 390
  - 대당정원속개원석교록 173
  - 대반열반경 031, 034, 036, 038, 042, 109, 192, 226, 227, 386
  - (대방광불)화엄경 144, 175, 189, 192, 207, 208, 209, 213, 214, 236, 240, 241, 247, 264, 282, 283, 327, 328, 329, 330, 331, 353, 354, 357, 361, 363, 365, 366, 367, 369, 377, 378
  - (대방광불)화엄경소 221, 247, 327
  - (대방광불)화엄경수소연의초 177, 221, 366
  - 대법장 078, 079
  - 대보적경론 245, 253
  - 대비바사론 110, 388
  - 대송신역삼장성교서 292
  - 대승입능가경 344
  - 대승지관법문종원기 370
  - 대장각판군신기고문 020, 023, 096
  - 대장경 낙성 179
  - 대장경 전산화 229, 230, 269, 270, 289, 312, 313, 315, 320, 322, 351, 380
  - 대장경강목지요록 292, 293
  - 대장경의 위신력 169
  - 대장대교록 114
  - 대장도감 177, 333
  - 대정신수대장경 084, 085, 093, 107, 172, 234, 236, 256, 259, 264, 268, 271, 296, 314, 315, 318, 320, 321, 345
  - 대지도론 153, 244, 245, 274, 277, 327
  - 돈황(사)본 103, 104, 107, 119, 283
  - 동국이상국집 020, 023, 096
  - 동북본(東北本) 251
  - 디지털 086, 087, 098, 099, 100, 230, 289, 305, 312, 316, 317, 318, 320, 321, 322, 323, 335, 336, 356, 364, 376, 380, 381
  - 디지털대장경 364

- ㄹ
  - 려북양장상위보궐록 118
  - 루이스 랭카스터 102, 312, 313

- ㅁ
  - 마등가경 227, 228, 229
  - 마쓰나가 치카이 113
  - 마쓰모도 시로 372
  - 마인드맵 216, 217, 218, 364
  - 마하연장(摩訶衍藏) 327

색인

만국무쌍(萬國無雙) 113, 121, 125, 126, 137, 164, 169, 180
매체혁명 084
모도잡아 다라니 059, 73, 381
목련문계율중오백경중사 254
목록 체계 081, 130, 291, 292, 293, 294
목판대장경 031, 080, 084, 097, 104, 111, 117, 120, 131, 132, 169, 233, 237, 320, 364
목판인쇄술 032, 083, 084, 097, 111, 120, 182, 218, 232, 319, 320, 340, 380
묘법연화경 073, 212
묘장화(妙藏華) 367
무소장적(無所藏積) 058, 302, 340
문수사리보살급제선소설길흉시일선악수요경 228
문지(聞持) 061
문헌보국 101, 102
밀린다팡하 105

● ㅂ
●
바다 그릇 324, 374
박문총지(博聞總持) 062
반주삼매경 244
방광반야바라밀경 261
방광창 103~105, 129, 278, 280, 283
방산석경 084
백가(百家)의 장소(章疏) 167, 170, 171, 173, 176, 184, 188, 197, 295, 296
백낙준 101, 102
백유경 106
번역 후기 241, 281
법계도기총수록 330, 331, 357~359, 361
법구경 106
법기(法器) 074
법등명(法燈明) 069, 380
법성게 358, 361, 363
법의 그릇 039, 044, 074, 378
법장(法藏) 027, 035, 039, 042, 044, 049, 053, 057, 058, 064, 065, 071, 073~079,

084, 085, 108~110, 189, 373, 375
법장(法藏, 인명) 221, 327, 354
법장을 담는 그릇 057, 065
법장을 지키는 사람 057
변정론 079, 273
별역잡아함경 245
보살본연경 106
보살장 076, 077, 080, 082, 086, 109, 110, 327, 332, 333
보유판 177, 178
북송관판(北宋官版) 135
북송신역경 276, 241
불광대사전 339
불반니원경 050, 051
불본행집경 135, 288
불설대반니원경 192, 386
불설대승보살장정법경 293, 391
불설장아함경 067, 068
불설칠처삼관경 256, 258
불성론 370, 372
불소행찬 079
불전목록 080, 157, 270
불전통합목록 317
비나야(毘奈耶 Vinaya) 028, 252
비장(秘藏) 073, 093, 095, 165, 174
비장방 157, 165

● ㅅ
●
사간본 177, 230
사곡백련사인징화상행업기 113
사본대장경 364
산스크리트 027, 081, 112, 314, 317
삼론종 153
삼장(三藏)의 정문(正文) 165~167, 170, 171, 175-177, 193, 197, 295, 296, 319
삼장의 결집(結集) 054, 056, 057, 064, 072, 075, 108, 110, 169, 319
서유기 151~153, 159, 163, 325
서청미시소경 107
석가보 079, 389

석원사림 171, 173, 175, 176, 188, 190, 219, 319
석지맹(釋智猛) 148, 150
선원제전집 085
선장(禪藏) 085, 086
섭대승론석 372
성문장 076, 078, 080, 082, 109
성중의 기억 057, 065
성현전기록 080, 105
세계문화유산 029, 127
소동파 203, 210
소장(所藏) 119, 237, 304, 340, 370
속장경 097, 121, 166, 167, 169, 176
속정원석교록 175, 292
송대 신역경론 281, 292, 293
송본(宋本) 193, 225, 260
수기(守其) 233, 243, 296
수론종 106
수지(受持) 062
수천태지자대사별전 103
수트라(Sūtra) 027, 028
수행도지경 079, 265
스티브 잡스 336, 337
승론종 106
승종십구의론 106
신역대방광불화엄경총목 221, 282
신편대장경 315~318
신편제종교장총록 168, 170, 188, 203, 213
실크로드 144, 145, 149, 152~154, 158, 163, 203
심지관경 115
십문변혹론 079

-
○
-

아비달마(阿毘達磨 Abhidharma) 028, 047, 049
아비담비바사론 224, 227, 388
야율사제(耶律思齊) 181
양걸 209, 211
양부대법상승사자부법기 104

어제비장전 241, 278, 279
어제신역화엄경서 221, 282
언해본 061, 081, 215
에라스무스 233
여래의 그릇 040, 049, 053, 063, 087, 370, 371, 374, 376
여래의 법장 039, 053, 058, 064, 076, 084, 373
여래의 장 039, 085, 159, 302
여래장(如來藏) 061, 063, 064, 071, 108~111, 338, 343, 363, 364, 370~373, 376
여래장사상 110, 371~373, 376
역대삼보기 157, 390
열반경 056, 192
영명연수 301, 304
오노 겐묘 135, 138
오백성중 057, 058, 076, 085, 087, 375
오야 도꾸죠 168, 188
오장법사 164, 178
와이어드(WIRED) 335
용궁해장 325, 326, 328, 329, 344
원각경대소초 215
원각경약소주언해 215
원소(圓炤) 174, 292
원종문류 188~191, 219, 220, 319
위키리크스 379, 380
위키피디아 376
유네스코 092, 101, 230
유마힐경 140, 386
유식이십론 282
육파철학 106
율장(律藏) 021, 056, 167, 176
은장묘어(隱藏妙語) 052
의천 026, 147, 148, 165~193, 195~200, 202~213, 219, 220, 283, 292, 295, 296, 308~311, 319, 320, 322, 355
이규보 020~023, 025, 027, 031, 040, 044, 096, 110, 169, 181, 339, 340
이능화 102
이부화 293
이어령 091
인다라망 367~369
인쇄술 083, 084, 0102, 120, 237

색인

인징(忍澂) 113~115, 117, 119~121, 123, 231, 232, 290
일본현존조선본연구 095
일승법계도 330, 331, 357
일체경 082, 104
입장(入藏) 177, 271, 281

● ㅈ
●
자등명(自燈明) 069
잡비유경 106
잡아함경 047, 245, 256, 258
장천하어천하 304, 306
재조대장경 023, 025, 031, 081, 097, 115, 128, 134, 137, 141-143, 146, 147, 154, 159, 174, 175, 177, 179, 227, 228, 231~234, 236, 237, 242, 244, 246, 249, 251, 259, 260, 285, 292, 294, 296, 331, 334, 351
전기록(傳記錄) 079
정매(靖邁) 282
정승석 271
정원(淨源) 207
정원속개원석교록 173, 175, 292
정원신집고금제령비표기록 173
제종교장 166, 167, 177, 186
조론약주 302
조복장 078, 079
조선교정각판장본 113, 115
조선왕조실록 122~125
조성금장 129, 242
조성장(趙城藏) 137
조식 303~305
종경록 043, 301, 354
종승(宗乘) 186, 187, 190, 191, 193, 195
주석서 146, 167, 168, 171, 173, 177, 184, 186, 189, 190, 193, 207, 212~216, 218, 220, 229, 253, 331~333, 355, 361, 363, 369
중화대장경 138, 256, 264, 267~269, 277
증일아함경 031, 045~047, 049, 059, 060,

064, 108, 387
지승(智昇) 078, 080, 174, 235, 291
진미진선(盡美盡善) 119, 180, 290
진신역화엄경표 221, 282

● ㅊ
●
천 년의 대장경 086, 101, 115, 289, 311, 322, 337
천 년의 장(藏) 352
천 년의 지혜를 천 년의 미래로 308, 309
천라지망 373
천장(天藏) 304, 335, 338, 374, 378
천하가 대장경을 보는 모범 116, 119, 231
천혜봉 093
초조대장경 023, 025, 031, 086, 089, 091, 092, 093, 095, 096, 097, 098, 100, 104, 120, 120, 128, 132, 134, 141, 142, 148, 167, 172, 175, 176, 177, 193, 233, 236, 237, 243, 249, 252, 253, 285, 286, 307, 310
총지여래장 059, 061, 062, 064, 065, 072, 073, 082
축법란 197, 200, 310, 311
축율염 229
출삼장기집 109, 256, 389
출요경 106, 264

● ㅋ

카시미르 143, 144, 145, 153

● ㅌ
●
타카구스 준지로오 093
통방(通方) 184, 187, 195
통합대장경 271, 314, 317, 318

● ㅍ

파사론 079
팔리 027, 081, 103, 112, 234, 256, 312, 313, 314, 317, 318, 372
팔리대장경 103
팔만대장경 025, 029, 031, 081, 089, 097, 115, 116, 124, 128, 131, 132, 169, 174, 175, 177, 180, 230, 231, 233, 236, 237, 238, 296, 357, 361
피휘(避諱) 285, 286, 287, 288, 289, 386, 387, 388, 389, 390

● ㅎ

한글대장경 234, 296
한문대장경 056, 081, 083, 084, 101, 108, 111, 112, 138, 153, 154, 229, 230, 234, 237, 239, 258, 290, 313, 321
한문불교대장경연구 293
한언공 279, 384
항안(恒安) 161, 175, 292
해인(海印) 359
해장(海藏) 291, 324, 325, 335, 338, 350, 352, 354, 374
향본(鄕本) 248, 249, 250, 251
현성집(賢聖集) 080, 082, 105, 172, 173, 294
현우경 106
현종 2년 023, 025, 089, 096, 097, 179
혜인사 208
호반니원경 157
홍명집 079
화엄경전기 327
화장장엄세계해 366, 367
화쟁국사 184
황벽장 115
후지모토 유키오 095
CBETA 112, 141, 142, 302, 314, 316, 338, 370
EBTI 312, 313, 314, 316, 317, 321
flotsametrics 348
SAT 314, 338
Tripitaka Koreana 029, 101, 102, 103, 112

대장경,
천 년의 지혜를 담은 그릇

2011년 2월 7일 초판 1쇄
2011년 5월 2일 초판 2쇄

글　　　　_오윤희

펴낸이　　_박상근(至弘)
주간　　　_류지호
편집　　　_사기순, 이상근, 정선경, 이기선
책임편집　_이상근
디자인　　_백복자
제작　　　_김명환
홍보마케팅 _허성국, 김대현, 김영수
관리　　　_윤애경

펴낸 곳　　불광출판사
110-140 서울시 종로구 수송동 46-21, 3층
대표전화　02) 420-3200
편집부　　02) 420-3300
팩시밀리　02) 420-3400

출판등록 제1-183호(1979. 10. 10)
ⓒ 오윤희, 2011
ISBN 978-89-7479-593-1. 03900
값 20,000원

독자의 의견을 기다립니다.
www.bulkwang.co.kr
잘못된 책은 바꾸어 드립니다.